教育部人文社科规划基金"技能型社会建设背景下
区域继续教育校企联盟发展逻辑及实现策略研究（22YJA880088）"

区域性继续教育校企联盟
发展路径研究

Research on the Development Path of
Regional Continuing Education School–Enterprise Alliance

张艳超　陈王伟　著

上海交通大学出版社
SHANGHAI JIAO TONG UNIVERSITY PRESS

内容提要

本书探讨了技能型社会、学习型社会建设背景下区域性继续教育校企联盟的发展路径。全书共计八章，首先对技能型与学习型社会的内涵及其国内外建设进展、区域性继续教育校企联盟现状进行概述；其次基于一般系统论、"文化—历史"活动理论、结构功能主义理论、合作教育理论设计了区域性继续教育校企联盟分析框架，并阐释其实践演进逻辑；然后通过问卷调查、现场访谈和案例研究，分析区域性继续教育校企联盟的发展路径；最后系统分析区域性继续教育校企联盟的构建机制，并提出新时期推进继续教育校企联盟发展的策略。本书旨在助力新时期高等继续教育综合改革，加速技能型社会、学习型社会建设。

本书适合从事成人教育、继续教育研究与实践的院校工作者和研究生阅读，也可为企业教育培训领域的人力资源管理者提供借鉴。

图书在版编目(CIP)数据

区域性继续教育校企联盟发展路径研究 / 张艳超，陈王伟著. -- 上海 ：上海交通大学出版社，2025.6.
ISBN 978－7－313－32795－6

Ⅰ. G729.2

中国国家版本馆 CIP 数据核字第 202572AY12 号

区域性继续教育校企联盟发展路径研究
QUYUXING JIXU JIAOYU XIAOQI LIANMENG FAZHAN LUJING YANJIU

著　者：张艳超　陈王伟

出版发行：上海交通大学出版社　　　　　　　　地　址：上海市番禺路 951 号
邮政编码：200030　　　　　　　　　　　　　　电　话：021－64071208
印　制：上海万卷印刷股份有限公司　　　　　　经　销：全国新华书店
开　本：710 mm×1000 mm　1/16　　　　　　　印　张：16.25
字　数：265 千字
版　次：2025 年 6 月第 1 版　　　　　　　　　印　次：2025 年 6 月第 1 次印刷
书　号：ISBN 978－7－313－32795－6
定　价：96.00 元

2021 年 10 月,中共中央办公厅、国务院办公厅印发《关于推动现代职业教育高质量发展的意见》,明确提出 2035 年基本建成技能型社会,技能型社会的特征是"国家重视技能,社会崇尚技能,人人学习技能,人人拥有技能"。2022 年 10 月,中共中央办公厅、国务院办公厅印发了《关于加强新时代高技能人才队伍建设的意见》,全面实施"技能中国行动"。2022 年 12 月,中共中央办公厅、国务院办公厅印发了《关于深化现代职业教育体系建设改革的意见》,提出以深化产教融合为重点,以推动职普融通为关键,以科教融汇为新方向,充分调动各方面积极性,统筹职业教育、高等教育、继续教育协同创新,有序有效推进现代职业教育体系建设改革。关于技能型社会的建设,多个省、自治区和直辖市也都出台了配套的实施意见,例如 2024 年 1 月 1 日,《浙江省人民政府办公厅关于开展省域技能型社会建设的指导意见》开始施行。

《教育强国建设规划纲要(2024—2035 年)》明确指出,要建设学习型社会,以教育数字化开辟发展新赛道、塑造发展新优势,完善和加强继续教育、自学考试、非学历教育等制度保障,建设人人皆学、处处能学、时时可学的学习型社会。到 2035 年,建成教育强国,学习型社会全面形成。学校和企业是技能型与学习型人才培养的主力军,更是建设技能型大国、学习型社会的基石。继续教育和企业教育是校企开展人才培养的重要方式,产教融合、校企联盟是保障技能型、学习型人才继续教育质量的主要途径。区域性继续教育校企联盟的构建,已经成为加快技能型与学习型社会建设的重要路径。

本书总计八章,首先对技能型与学习型社会的内涵及其国内外建设进展、区域性继续教育校企联盟现状进行概述;其次基于一般系统论、"文化—历史"活动理论、结构功能主义理论、合作教育理论设计了区域性继续教育校企联盟分析框架,并阐释其实践演进逻辑;然后通过问卷调查、现场访谈和案例研究,分析区域性继续教育校企联盟的发展路径;最后系统分析区域性继续教育校企联盟的构建机制,并提出新时期推进继续教育校企联盟发展的策略。继续教育校企联盟发展策略包括以下几个方面:一是明确政校企生态位,促进继续教育校企联盟可持续发展;二是采取区域推进方式,因地制宜建设继续教育校企联盟;三是配合"三教"协同创新,发挥继续教育校企联盟衔接作用;四是重视人工智能技术,促进继续教育校企联盟高质量发展。

本书是教育部人文社科规划基金项目"技能型社会建设背景下区域继续教育校企联盟发展逻辑及实现策略研究"(22YJA880088)和浙江省高校重大人文社科攻关计划项目"技能浙江战略下继续教育校企联盟发展路径研究"(2023QN044)的重要研究成果,得到了丽水学院、温州理工学院的出版经费资助。在本书撰写过程中,我们引用了一些学者的观点与理论;在调研过程中,我们得到了多所院校继续教育学院负责人、多家企业人力资源经理的大力帮助;研究生赵杰、丁洁、陈莹、徐昊宇、邵梦楼、莫奥青等在资料收集与文献整理方面做了大量工作;上海交通大学出版社有关同志为本书的出版付出了辛勤的劳动。在此一并表示衷心的感谢!

由于时间仓促,加之笔者及课题组人员视野局限、理论素养水平有限,本书难免存在诸多缺陷,敬请读者指正!

Contents │ **目录**

第一章 技能型与学习型社会建设 ·· 1

  第一节 技能型与学习型社会内涵 ··· 3

  第二节 国内外技能型与学习型社会建设 ································· 9

  第三节 继续教育助力技能型与学习型社会建设 ················· 21

第二章 区域性继续教育校企联盟概述 ································· 27

  第一节 继续教育校企联盟内涵及特征 ································· 29

  第二节 继续教育校企联盟功能 ··· 35

  第三节 继续教育校企联盟的理论困惑与实践挑战 ············· 39

  第四节 区域性继续教育校企联盟组建的关键要点 ············· 48

第三章 区域性继续教育校企联盟理论分析框架 ··············· 51

  第一节 一般系统论 ··· 53

  第二节 "文化—历史"活动理论 ··· 54

  第三节 结构功能主义理论 ··· 58

  第四节 合作教育理论 ··· 60

  第五节 框架构建的学理基础与逻辑描述 ····························· 62

第四章 区域性继续教育校企联盟演进逻辑 ······················· 65

  第一节 工业革命促进继续教育校企联盟发展 ····················· 67

  第二节 我国继续教育校企联盟实践演进过程 ····················· 73

  第三节 我国继续教育校企联盟演进因素分析 ····················· 81

第五章　区域性继续教育校企联盟发展现状调查 ························· 89
第一节　学校继续教育情况调查分析 ························· 91
第二节　企业教育情况调查分析 ························· 112
第三节　校企联盟现状与问题的比较分析 ························· 130
第四节　区域性继续教育校企联盟发展综合剖析 ············· 136

第六章　区域性继续教育校企联盟构建个案研究 ············· 141
第一节　区域性院校继续教育联盟 ························· 143
第二节　区域性企业教育合作联盟 ························· 151
第三节　区域性校企继续教育合作联盟 ························· 158
第四节　区域性终身教育体系建设联盟 ························· 167
第五节　继续教育校企联盟跨个案分析 ························· 174

第七章　区域性继续教育校企联盟机制构建分析 ············· 177
第一节　继续教育校企联盟机制内涵、特征 ················· 179
第二节　继续教育校企联盟内部机制分析 ················· 182
第三节　继续教育校企联盟外部机制分析 ················· 192
第四节　继续教育校企联盟运行机制分析 ················· 196
第五节　区域性继续教育校企联盟机制构建原则 ············· 202

第八章　新时期区域性继续教育校企联盟发展策略 ············· 211
第一节　内外因素驱动联盟发展的策略基石 ················· 213
第二节　多元策略维护联盟运行的构建指南 ················· 215
第三节　继续教育联盟可持续发展的风险防范 ············· 223

附录 ························· 228
附录1：继续教育校企联盟发展路径调查问卷(学校版) ········· 228
附录2：继续教育校企联盟发展路径调查问卷(企业版) ········· 233

参考文献 ························· 239
索引 ························· 252

第一章

技能型与学习型社会建设

本章立足新时代社会发展需求,系统探讨技能型与学习型社会的协同建设路径。第一节从理论层面解构"技能型社会"与"学习型社会"的核心内涵,第二节基于国际比较视野,梳理发达国家以职业教育改革推动技能型社会构建的路径,以及我国推进技能型与学习型社会建设的经验与问题,第三节聚焦继续教育的实践功能,论证继续教育如何助力技能型与学习型社会建设。

第一节　技能型与学习型社会内涵

一、技能型社会内涵

技能型社会是一个强调技能培养和运用的社会形态。有研究者认为,技能型社会不仅被视为推动经济发展和社会进步的关键因素,还蕴含着多元化的技能形成路径与显著提升的技能形成效率。这种社会形态旨在促进劳动者从初级劳动市场向次级劳动市场流动,帮助他们更牢固地把握生涯发展,同时创造人人都能接受职业教育与培训、人人接受劳动精神和工匠精神熏陶的社会氛围与教育机会。[①] 在这样的视角下,技能型社会的建设以培养高素质技能人才为前提,以打造能力建设体系为抓手,旨在实现新常态、新标准、新发展的愿景,与我国经济社会发展相耦合。[②] 更深层次地,技能型社会的最终目的是培养技能型人才,这需要通过重构教育制度、营造新的社会文化以及完善劳动力市场来全面保障。[③]

① 石伟平.发展高质量职业教育　建设技能型社会[J].职教通讯,2021(5):1-2.
② 李梦卿,余静.我国技能型社会建设的时代背景、价值追求与实施路径[J].中国职业技术教育,2021(24):5-11+25.
③ 李玉静.技能型社会:理论根基与建构路径[J].职业技术教育,2021,42(22):1.

技能型社会不仅重视知识的传授,而且注重实际操作能力、问题解决能力和技术创新能力的培养和应用。其内涵广泛,与技能、劳动、就业、教育、文化等诸多因素紧密相连,并非教育学领域的独有概念。在这个社会中,教育体系与产业界保持着紧密的联系,共同确保教育内容、培训方法和技能标准与市场需求和行业趋势的高度匹配,使人才的培养在更加精准、高效的同时,有效适应社会经济发展的现实需求。同时,技能型社会强调平等和包容,致力于消除技能差距,为每个人提供平等的学习和发展机会,鼓励人们不断提升专业技能以适应经济环境和技术发展的快速变化。此外,它还特别强调实用性和创新性,鼓励将理论知识转化为实际操作,通过不断地实践和创新来提升个体的技能水平,进而推动整个社会的经济、文化和技术发展。具体而言,技能型社会建设有如下特征:

(1)以技能为核心。在技能型社会中,技能不仅仅是一种工作能力,更是一种社会价值和身份的象征。这种社会形态下,技能被赋予了前所未有的重要性和地位。它超越了传统意义上作为工作手段的局限性,转而成为衡量个人价值、社会贡献及身份认同的关键指标。这种转变反映了社会对实践能力和创新精神的深切呼唤,以及对知识与实践深度融合的迫切需求。在此社会形态下,个体的技能水平不仅决定了其职业发展的广度和深度,而且成为其社会地位和社会影响力的直接体现。所以,技能型社会强调通过持续地学习、实践和创新,不断提升个体的技能水平,进而推动社会的整体进步。人们追求的不再是单一的知识储备,而是实际操作能力、问题解决能力和技术创新能力。技能的高低直接决定了个人在社会中的地位和发展机会。

(2)紧密结合产业发展。这一特征要求教育体系必须保持高度的敏感性和灵活性,能够迅速捕捉市场需求和行业趋势的变化,并据此调整教育内容、培训方法和技能标准。这种动态适应性不仅有助于确保人才培养的精准性和高效性,还能够促进教育资源的优化配置和有效利用。教育体系与产业界通过构建校企联盟、深化产学研合作等多种形式,实现了深度融合与协同发展,携手推进技能型社会的构建与繁荣。技能型社会要求教育体系、培训机构与产业界保持紧密的联系。这意味着教育内容、培训方法和技能标准都需要与时俱进,与市场需求和行业趋势相匹配。这种紧密的结合确保了人才的培养更加精准、高效。

(3)强调实用性和创新性。与传统教育模式相比,技能型社会更加注重实用性和创新性的培养。它鼓励人们将理论知识与实际操作相结合,通过实践来检验和深化对知识的理解和掌握。不难发现的是,技能型社会还强调创新精神的培养和激发,鼓励人们勇于尝试、敢于创新,不断探索新的技能领域和应用场景。这种实用性和创新性的培养方式不仅有助于提升个体的技能水平和综合素质,还能够为社会的经济、文化和技术发展注入源源不断的动力。

（4）倡导平等与包容。技能型社会还致力于打破技能壁垒,为每个人提供平等的学习和发展机会。这种平等和包容性不仅体现在教育资源的分配上,更贯穿于整个社会的价值观念和行为规范之中。通过实施一系列的政策措施和制度保障,技能型社会努力消除性别、年龄、背景等因素对技能获取和发展的不利影响,确保每个人都能够根据自己的兴趣、能力和需求获得高质量的技能培训和提升。这种平等和包容的社会环境有助于激发人们的积极性和创造力,促进社会的和谐稳定与持续发展。

二、学习型社会内涵

学习型社会是一个以全民学习和终身学习为基石的社会发展形态。它强调学习和知识的重要性,倡导每个社会成员都积极参与到学习中来,形成全民向学的良好氛围。美国教育家罗伯特·梅纳德·哈钦斯(Robert Maynard Hutchins)(1929 年至 1951 年任芝加哥大学校长)在其《学习型社会》(*The Learning Society*)一书中指出,在 21 世纪,教育或许可以最终实现自身的目的。他认为,教育没有"实用的"目的,教育的目的是人性,而非人力。① 联合国教科文组织国际教育发展委员会在《学会生存：教育世界的今天和明天》一书中明确指出,若教育与培训的需求需通过经济报偿来维持,那么任何国家都将难以承受由此产生的学习型社会教育供给及收益补偿的巨大压力。该书强调,只有当教育与培训以人的全面发展为目标时,我们才能从根本上解决学习型社会的动力问题。② 在学习型社会中,持续和积极的学习态度成为每个个体的基本素养。人们自觉地将学习常态化融入工作、生活和社交的各个方面,使学习不仅仅是一种行为,更是一种生活方式和持续进步的动力。这种社会风

① Hutchins R M. The Learning Society[M]. San Francisco: Praeger Publishers, 1968.
② 联合国教科文组织国际教育发展委员会. 学会生存：教育世界的今天和明天[M]. 华东师范大学比较教育研究所,译. 北京：教育科学出版社,1996.

气要求建立相应的机制和手段,以促进和保障全民的终身学习,从而形成一个积极向上、不断适应科技发展和社会变革的社会环境。具体而言,学习型社会建设有如下特征:

(1) 倡导终身学习理念。学习型社会的核心理念是终身学习。这意味着学习不再局限于某个阶段或某个领域,而是贯穿于人的一生,涉及各种知识和技能。在快速变迁的现代社会中,知识更新速度日益加快,职业领域不断拓展与深化,要求个体必须具备持续学习的能力,以应对挑战、把握机遇。终身学习关乎个人职业生涯的持续发展,更是推动社会整体进步与文明演进的关键力量。它促使个体在知识海洋中不断探索、实践与创新,为社会的繁荣与进步贡献智慧与力量。人们需要建立动态的知识更新机制,以适应不断变化的社会环境和职业需求。

(2) 鼓励全民参与和学习。在学习型社会中,学习不再是少数人的特权,而是每个人的责任和义务。[1] 这一理念打破了传统教育体系中的界限与壁垒,使得学习成为一种普遍的社会现象。全民参与学习促进了知识的广泛传播与共享,还增强了社会的凝聚力与向心力。在这种社会生态下,不同年龄、性别、职业背景的人群都能找到适合自己的学习路径与资源,共同推动社会文化的多元化与繁荣。全民学习的氛围还激发了人们的求知欲与创造力,为社会的持续创新与发展提供了不竭的动力源泉。这种社会形态鼓励全民参与学习,无论年龄、性别、职业如何,每个人都有权利和机会获取新知识、新技能。这种全民学习的氛围有助于构建一个更加文明、开放和进步的社会。

(3) 提供多元化的学习资源和途径。学习型社会致力于构建一个多元化的学习生态系统,以满足不同层次人群的个性化学习需求。这一特征体现在学习资源的丰富性与学习途径的多样性上。从传统的学校教育到现代的在线教育、社区教育,学习者的选择空间显著拓宽。随着科技的不断发展与进步,新的学习工具与技术不断涌现,如以人工智能、大数据为代表的智能技术集群正在重塑教育生态。多元化的学习资源和途径提高了学习的便捷性和灵活性,显著提升了学习效果。学习型社会致力于提供多元化的学习资源和途径,包括传统的学校教育、在线教育和社区教育,以满足不同人群的学习需求。人

---

[1] 刘红梅. 大学生创新培养研究:以经济管理类大学生为例[M]. 上海:上海财经大学出版社,2008.

们可以根据自己的兴趣、需求和时间安排来选择合适的学习方式和资源。

（4）保持开放与创新的教育体系。学习型社会要求教育体系保持高度的开放性与创新性以应对时代的变化与挑战。开放性体现在教育内容与教学方法的与时俱进上，要求教育者密切关注社会发展趋势与技术进步动态，及时将新知识、新技术融入教学内容之中；还要求教育者鼓励学生通过跨学科学习来拓宽视野、培养综合能力。创新性则体现在对教育模式的不断探索与实践上，如翻转课堂、项目式学习等新型教学模式的兴起为学生提供了更多主动探索与实践的机会。[①] 创新性还鼓励创新思维与批判性思维的培养，以激发学生的创造潜能与创新活力。开放与创新的教育体系促进了学生的全面发展与成长，也为社会培养了更多具有创新精神与实践能力的高素质人才。

三、技能型社会和学习型社会的区别与联系

技能型社会和学习型社会是两种不同的社会发展理念，它们之间存在区别，但同时也有一定的联系。技能型社会和学习型社会在内涵上有着丰富的层次和深远的意义。它们共同构成了一个全面发展、持续进步的社会蓝图，为人们提供了更加广阔的学习和发展空间。

（一）技能型社会和学习型社会的区别

（1）核心关注点不同。技能型社会与学习型社会展现出了截然不同的价值取向。技能型社会以技能为核心，聚焦于技能的培养、运用与创新，视技能为推动个体成长与社会进步的关键力量。在这一社会形态下，技能不仅是劳动者谋生的手段，更是实现自我价值、促进社会繁荣的重要途径。而学习型社会则强调全民学习与终身学习的理念，将知识的获取、更新与应用视为适应信息社会快速变化的核心策略。学习型社会鼓励个体不断追求新知，以应对知识爆炸性增长带来的挑战，进而提升全民素质，促进社会的整体进步。技能型社会强调将技能作为连接个体发展与社会需求的关键纽带，既关注个人通过掌握技能实现自我价值，也注重通过技能的社会转化促进产业升级和经济发

---

① 谭文君，叶怡伲. 新文科背景下"文书与档案管理"课程的教学改革与实践[J]. 宁波教育学院学报，2024，26（6）：82 - 85.

展。而学习型社会的核心要义在于实现全民终身学习能力的系统化培育,以适应信息社会中知识急剧增长和快速更新的需求。

(2) 目标侧重点不同。技能型社会的建设目标直指提高全体劳动者的技能水平,通过技能的有效传承、发扬与创新,为社会经济发展注入强劲动力。这一过程不仅关乎个体职业能力的提升,更关乎国家竞争力的增强与产业结构的优化升级。而学习型社会则致力于形成全民学习、终身学习的社会风气,旨在构建一个知识丰富、文化繁荣的社会环境。在这一目标导向下,学习型社会注重提升全民的综合素质与创新能力,以适应科技迅猛发展带来的社会变革。

(3) 实践应用中的重点不同。技能型社会更加注重职业教育与技能培训的实效性,注重与产业界的深度协作与联合创新。通过加强产教融合和校企联动,技能型社会能够确保人才培养与行业需求精准对接,实现技能供给与市场需求的动态平衡,为劳动者提供高质量的就业机会与职业发展空间。技能型社会还注重技能的创新与升级,以应对产业升级与转型带来的新挑战。而学习型社会则更加注重知识的普及与传播效率,致力于构建一个开放、包容、多元的学习生态系统。在这一系统中,知识的获取不再受时间、空间与身份的限制,每个人都可以根据自己的兴趣与需求进行学习。学习型社会也注重营造鼓励学习的文化氛围并建立相应的机制,通过政策引导、社会动员、技术支持等手段,激发全民的学习热情与创造力。

(二) 技能型社会和学习型社会的联系

(1) 相互促进。技能型社会和学习型社会在理念上是相辅相成的。技能型社会与学习型社会在理念上呈现出相互促进的态势。技能的培养与提升离不开持续不断的学习,它要求个体在掌握基础技能的同时,不断吸收新知识、新技术,以适应快速变化的社会需求。同样地,学习型社会所倡导的终身学习理念也离不开技能的支撑与引导。在终身学习的框架下,个体通过不断锤炼与提升技能,实现自我价值的最大化,进而推动社会的进步与发展。技能的培养需要持续地学习,而终身学习也离不开技能的不断提升和更新。因此,两者在实践中可以相互促进,共同推动社会的进步和发展。

(2) 目标同向。两者在目标追求上呈现出高度的契合性。尽管技能型社会与学习型社会在侧重点上有所不同,但它们都聚焦于提升个体的能力和素质,促进人的全面发展,以适应不断变化的社会环境。技能型社会通过注重实践能力创造,增强劳动者的岗位胜任力;而学习型社会则通过推动持续性知识更新,培育创新生态,提升全民的综合素质。这两者的最终目标都是推动社会的整体进步与发展,实现人与社会的和谐共生。

（3）改革同频。在教育改革的浪潮中,技能型社会与学习型社会的理念为教育改革指明了方向。它们共同强调了教育与实践的结合、教育与市场需求的对接以及个体的全面发展的重要性。这一理念要求教育体系必须打破传统的束缚,加强与产业界的合作与交流,确保教育内容与实际需求的紧密结合。

综上所述,技能型社会和学习型社会虽然有所不同,但它们在推动社会进步和发展方面都具有重要作用。在未来的社会发展中,我们应该充分融合这两种理念,以全面提升成人学习者个体的能力和素质,推动社会的持续进步。为实现这一目标,我们需要加强校企联盟等合作方式的建设,促进教育与实践的深度融合。通过搭建校企合作平台、共享教育资源、共同开展科研项目等方式,我们可以更好地培养适应市场需求的高素质人才,为社会的繁荣与发展贡献力量。在实际发展过程中,我们需要将两者有机结合起来,通过加强校企联盟等合作方式,共同推动技能型社会和学习型社会的建设。

第二节　国内外技能型与学习型社会建设

一、欧美等发达国家技能型与学习型社会建设

（一）政策与法规支持

欧美国家通过制定一系列政策和法规,为技能型与学习型社会建设提供了强有力的支持。在美国,《职业教育与技术提升法案》不仅增加了对职业教育的资金投入,还强调了技术教育与创新经济的结合,鼓励学校、行业、研究机构等多方合作,共同推动职业教育的发展。[①] 英国则通过《技能白皮书》《职业教育和培训改革计划》等文件,确保了技能培训项目的顺利实施。其中,英国《技能白皮书》详细规划了提高技能培训质量和实用性的路径,鼓励企业与教

---

① 林勇.“城校互动”职业教育发展模式研究［M］. 重庆:重庆大学出版社,2008.

育机构合作,确保培训内容与市场需求紧密结合;《职业教育和培训改革计划》则提出设立技能基金和技能委员会,为技能培训项目提供资金和资源保障,以提升培训质量并推动学徒制的普及。德国通过了《职业教育法》和《双重资格制度法》,依托法律框架保障职业教育和培训体系的运行。德国的双元制体系将学校教育与企业培训相结合,确保学生在学习理论知识的同时获得实际工作经验,进一步明确了企业在职业培训中的责任和作用。[①]

(二) 职业教育与培训体系

欧美这些国家建立了完善的职业教育与培训体系,注重实践性和职业导向。例如双元制职业教育和培训体系是德国职教体系的主要部分,它是一种企业(通常是私营的)与非全日制职业学校(通常是公立的)合作进行职业教育的模式。[②] 如今,德国有 75% 的中学毕业生进入职业教育领域继续接受教育;而作为其职业教育"核心部分"的"双元制"职业培训,每年培训出的技术工人在就业人员中的比重高于 8%,在同龄人中所占的比重达 70%。[③] 美国则通过职业学校、社区学院、技术学院等机构,提供广泛的职业教育和技能培训机会,其内容涉及制造业、信息技术、医疗保健等多个领域。英国则注重与企业合作,开发实践导向的职业教育培训课程,为学生提供与行业接轨的职业教育和培训。

(三) 产学合作与校企联合

欧美国家在技能型与学习型社会建设中,特别注重产学合作与校企联合。校企合作、工学结合教育的产生最早可追溯至 1903 年,英国桑德兰特技术学院在工程船舶与建筑系中率先实施了"三明治"教育模式;随后,1906 年,美国辛辛那提大学与多家大企业携手,共同培养了 27 名工程专业的学生,开创了产学合作教育的经典模式——工学交替模式;1921 年,美国安提亚克大学更是将合作教育推广至所有专业,不仅增加了学生的实践经验和就业竞争力,更将教育目标提升至培养学生综合素质的高度,合作教育的形式也随之不断创新。[④] 此后,产

---

① 王宪磊,张焕波,吕欣. 全球要事报告:2015—2016[M]. 北京:时事出版社,2016.
② 孙宁,张晓军,张桂荣. 德英现代学徒制比较[J]. 职业教育研究,2017(2):82-86.
③ 石伟平. 比较职业技术教育[M]. 上海:华东师范大学出版社,2001.
④ 范青武,郑全英,郑鲲,等. "六面一体"立体化校企深度合作模式的探索与实践[J]. 实验技术与管理,2013,30(12):26-30.

学合作教育的浪潮从英美等国扩展至亚洲、大洋洲等地区的数十个国家。①

在这一模式下,企业积极参与职业教育和培训的规划、设计和实施过程,为学生提供实际的工作机会和实践环境。例如,美国的科技公司开始与教育机构合作,共同开发针对新兴技术的课程和培训项目;德国的大型企业,如西门子、宝马等,积极投身于职业教育和技能培训的实践之中,与教育机构共同制定培训计划,提供实习岗位,甚至直接参与到教学过程中。这种深度的合作模式不仅有助于学生获得宝贵的实际工作经验和技能,也大力推动了教育与产业界的深度融合,保障了教育内容与市场需求的精准契合。同样,在英国,企业与教育机构紧密合作,共同开发实践导向的课程,确保学生能够获得实际工作经验和技能,进一步体现了校企合作在职业教育中的重要作用。

(四) 终身学习与职业发展

"一朝受教,终身受用"的历史已经过去,"活到老,学到老"正成为社会发展的方式和提高个人生活质量的时尚。② 为了顺应劳动市场的动态变迁并紧跟技术革新的步伐,欧美国家致力于提供终身学习与职业发展机会。美国政府设立了多个终身学习账户,鼓励个人为自身的职业发展进行持续投资;各类在线学习平台和微学位项目也应运而生,为劳动者提供了更加灵活和便捷的学习途径。德国政府和企业共同推动了"职业继续教育与培训"计划,帮助在职人员不断更新和提升技能;该计划覆盖了各个行业和领域,为劳动者提供了多样化的学习资源和职业发展路径。这种终身学习的理念有助于保持劳动者的竞争力和适应性,促进经济的持续发展。英国提供终身学习机会,建立开放大学,推动在线学习平台的发展和灵活的职业培训项目的实施,支持劳动者在职业生涯中不断提升和更新技能。

(五) 成果与经验

欧美国家在技能型与学习型社会建设方面取得了显著成果。他们的职业教育和培训体系被广泛认可,培养了大量高素质的技能型人才,满足了不同行

---

① 肖珍教. 国外校企合作、工学结合教育的发展与启示[J]. 职业教育研究, 2007(11): 177-178.
② 中央教育科学研究所调研组. 学有所教: 为制定《国家中长期教育改革和发展规划纲要》提供的六十条建议[J]. 教育研究, 2009, 30(3): 3-25.

业的需求。同时,这些国家也积累了丰富的经验,如产学深度融合、校企紧密合作、终身学习体系建设等,为其他国家的技能型与学习型社会建设提供了有益的借鉴和启示。这些经验强调了实践性教育和职业导向的重要性,注重与行业的紧密合作和与市场需求的对接,同时也关注终身学习和职业发展的机会。例如美国主要通过两方面的举措提升职业教育的质量:一是重视提高技能培训的参与率,通过技能培训计划和学徒制度为学生提供更多就业机会,培养适应新兴行业需求的技术人才;二是推动学校与企业之间的合作,提升职业教育的实用性和就业率,促进校企共同发展。英国通过一系列政策和行动,提高技能培训的质量:技能培训项目和资格认证得到了广泛认可,提升了学生的就业竞争力;实践导向的课程和学徒制度的发展,增强了学生的实际操作能力和职业素养,为他们的职业发展提供了更好的支持。德国双元制职业教育体系被视为国际典范,培育了众多高技能专业人才,为经济腾飞奠定了稳固的基石,帮助学生在职业生涯中取得成功,并为企业提供了源源不断的高技能劳动力。

二、日韩等国家技能型与学习型社会建设

(一) 政策与法规支持

东亚和东南亚国家在技能型与学习型社会建设上,通过一系列精准的政策与法规,为相关实践提供了全面的支持与保障。例如日本《职业能力开发法》和《技能标准法》为职业教育和培训的质量设立了高标准,通过职业技能评价制度,确保了技能认证的公正性和权威性。政府的资助和奖励措施,更是激发了社会各界参与技能培训的积极性。2003 年,日本文部科学省推出了"青年自立·挑战计划",鼓励年轻人接受职业技能培训,并明确了日本职业技能培训的目标:一是提升待就业者的知识技能储备,保障学校教学内容与社会人才需求的有效衔接;二是学习者通过对职业道德、职业技能、职业精神等方面的学习,深化对职业领域的认识,提升整体素质,具备"职人精神"。[①]

韩国《职业教育培训促进法》《数据驱动下的科技人才政策深化战略》等法

---

① 王瑞,蔚志坚,陈炯. 美、德、日三国职业技能培训的模式、经验及对我国的启示[J]. 教育与职业,2023(10):94-101.

规,为职业培训和技术人才培养提供了明确的政策导向和资金保障。① 国家战略性产业的培育和技能培训计划,更是将技能培训与产业发展紧密结合,实现了双赢。《越南社会主义共和国职业教育法》等法规的出台,标志着越南在技能型社会建设上迈出了坚实的步伐。职业标准化政策的实施,不仅提升了技能培训的质量,也为技能认证提供了有力支撑。

(二) 职业教育与培训体系

在职业教育与培训体系的建设上,东亚和东南亚国家展现出了系统性与实践性并重的特色。例如日本职业技术学校、高等职业学校、技能训练机构等构成了一个完善的职业教育网络,这些学校和机构提供的培训课程涵盖了多个领域,满足了不同行业和职业的需求。技术教育与企业的深度合作,确保了教育内容的实用性和前沿性。韩国自 1977 年开始,连续多年在世界技能大赛中获得冠军,金牌数目超过日本、德国、瑞士、美国等国家,这与韩国根据产业发展,强化职业培训,不断提高雇员技术素质密切相关。② 从职业技术学校到职业大学,韩国的职业教育体系为学生提供了多元化的教育路径。与企业紧密合作的职业培训课程和实习项目,使学生能够在学习过程中积累丰富的实践经验。越南职业技术学校、职业培训中心、技工学院等机构,为越南的技能型社会建设提供了有力支撑。政府致力于提升职业教育的质量和实用性,通过与企业合作,确保培训内容与市场需求紧密对接。

(三) 产学合作与校企联合

在产学合作与校企联合方面,东亚和东南亚国家展现出了深度融合与互利共赢的特色。日本企业积极参与职业教育和培训的规划、设计和实施过程,为学生提供了丰富的实践机会。校企联合研发的模式,不仅促进了技术革新与产业转型,也为学生们开辟了珍贵的学习与实践天地。韩国 2009 年推出培训期间生活费用贷款,面向"参加韩国就业与劳动部所资助的 4 周及更长时间的培训项目的失业人群或临时工作人群,目的是减轻失业人群或临时工人群接受长期职业

---

① 刘进, Son Hyejin, 吕文晶. 韩国高等教育如何促进产教融合[J]. 高等工程教育研究, 2023(1): 148-156.
② 张斌, 武宸妤. 国际角度下的职业技能培训:以德国、瑞士、韩国、日本等国家为例[J]. 中国人力资源社会保障, 2020(12): 20-21.

培训所面临的经济压力"。^①韩国企业与学校合作开设实训班、提供实践机会和就业保障,通过职业技能竞赛等形式,鼓励学生展示和提升技能水平。企业导师制度的实施,更是将企业的技术专家和导师引入学校,为学生提供了前沿的行业知识和技能培训。越南政府采取财政资助和税收减免等激励政策,以促进企业投身于职业培训和技能认证的活动中。校企联合项目的推广,使学生在学习阶段就能参与到企业的实际工作中,提升了实践能力和就业竞争力。

(四) 终身学习与职业发展

为了适应快速变化的劳动力市场需求和技术更新趋势,东亚和东南亚国家致力于提供终身学习与职业发展机会。日本在进入 20 世纪 80 年代后,社会就业压力增大,相关部门通过能力提高训练、能力再开发训练等职业培训的方式,提升就业率,让中高龄就业者实现转岗、再就业。日本职业咨询和就业支持中心为学生提供了全面的职业规划和就业指导服务。在线学习平台和远程教育的发展,使学生能够在职业生涯中持续学习和提升技能。韩国政府设立了终身学习账户,鼓励个人为职业发展进行持续投资。多元化的职业培训项目和学习资源,使劳动者能够在职业生涯中不断更新知识和技能,适应岗位需求变化。越南职业教育和培训改革计划的实施,为劳动者提供了灵活多样的学习机会和职业发展路径。越南政府通过提供技能培训补贴、改革职业培训课程等措施,促进了劳动者的持续学习和职业发展。

(五) 成果与经验

东亚和东南亚国家在技能型与学习型社会建设方面取得了显著成果,并积累了宝贵的经验。一方面,在日本政府的引导和带领下,当地企业非常重视员工的职业技能提升,企业对劳动力资源的投资比例往往高于对设备的投资;另一方面,日本政府还积极与民间教育组织共同办学,允许民间教育组织联合政府资源,开展多样性的职业技能培训活动,保证职业技能培训的内容适应时代需求。^②日本高素质技能人才的培养和技术创新能力的提升,使日本的制造业和技术行业在国际

① 张斌,武宸妤. 国际角度下的职业技能培训:以德国、瑞士、韩国、日本等国家为例[J]. 中国人力资源社会保障,2020(12):20 - 21.
② 王瑞,蔚志坚,陈炯. 美、德、日三国职业技能培训的模式、经验及对我国的启示[J]. 教育与职业,2023(10):94 - 101.

市场上具有强大竞争力。技能认证和评价体系的完善,为技能型人才的评价和认证提供了有力支撑。韩国通过产学合作和校企联合,培养了大批具备高技能的人才,推动了关键产业的发展和国际竞争力的提升。教育与产业的紧密结合,为韩国的经济发展提供了坚实的人才保障。越南汲取国际上的先进经验,增强自身技能型社会建设的能力,促使劳动力素质快速提高,吸引大量国际企业前来办厂,为经济快速发展提供了有力支持。东亚和东南亚国家在技能型与学习型社会建设上展现出了高度的前瞻性和强大的实施力。这些国家通过精准的政策引导、完善的职业教育体系、紧密的产学合作以及持续的学习与职业发展机会,成功培养了大量高素质的技能型人才,推动了经济和社会的快速发展。

三、我国技能型与学习型社会建设

(一) 政策与法规支持

我国政府高度重视技能型与学习型社会建设,出台了一系列政策与法规,为职业教育和技能培训提供了坚实的保障。这些政策与法规不仅明确了职业教育的重要地位和发展方向,还从财政、税收等方面给予职业教育大力支持。在政策支持方面,《中华人民共和国职业教育法》的实施和修订明确了职业教育的定位和发展方向,为职业教育提供了法律保障;《国家职业教育改革实施方案》强调职业教育与普通教育同等重要,提出深化产教融合、校企合作的具体措施,推动职业教育与产业发展的紧密结合;《建设产教融合型企业实施办法(试行)》明确强调,要发挥企业在技术技能人才培养和人力资源开发中的重要主体作用;《人力资源社会保障部等七部门关于实施高技能领军人才培育计划的通知》提出,力争用 3 年左右时间,全国新培育领军人才 1.5 万人次以上,带动新增高技能人才 500 万人次左右。①②③ 在投入方面,政府设立专项资金

---

① 高明,林小琦,吉小岑. 改革开放以来中国共产党领导职业教育现代化的历程、经验与展望[J]. 当代职业教育,2022(3):54-61.
② 国家发展改革委,教育部. 国家发展改革委 教育部关于印发《建设产教融合型企业实施办法(试行)》的通知[EB/OL]. (2019-03-28)[2025-02-25]. http://www.moe.gov.cn/jyb_xxgk/moe_1777/moe_1779/201904/t20190404_376681.html.
③ 人力资源社会保障部等. 人力资源社会保障部等七部门关于实施高技能领军人才培育计划的通知[EB/OL]. (2024-01-30)[2025-02-25]. https://www.gov.cn/zhengce/zhengceku/202402/content_6930751.htm.

用于支持职业教育的发展,如完善职业院校的基础设施和更新教学设备。在税收优惠政策方面,政府对参与职业教育和培训的企业给予税收减免等优惠,激励企业积极参与职业教育。①

(二)职业教育与培训体系

我国职业教育与培训机制持续优化升级,形成了多层次、多形式的职业教育格局。中等职业教育、高等职业教育和继续教育相互衔接,为劳动者提供了从入门到精通的完整学习路径。在中等职业教育层面,职业高中和技工学校广泛开设各类专业课程(涵盖制造业、服务业、信息技术等多个领域),培养学生的职业技能和职业素养,并通过举办各种技能竞赛,提高学生的动手能力和实际操作水平。在高等职业教育层面,高职院校和应用型本科院校提供专科和本科层次的职业教育,培养高级技术人才。部分学校也探索双元制教育模式,借鉴德国的双元制模式,推行"学校+企业"的培养模式,提高学生的实践能力,注重培养学生的创新精神。② 在继续教育层面,相关部门通过建立终身学习体系,为在职人员和社会人员提供持续学习和职业发展的机会。教育机构则通过推广在线教育平台、提倡在线教育和远程学习,方便成人学习者利用业余时间学习并提升技能。

(三)产学合作与校企联合

产学合作和校企联合是我国技能型与学习型社会建设的重要途径,我国积极推进产学合作与校企联合,促进教育与产业的深度融合。学校与企业共同参与人才培养,开展实训基地建设、师资培养、实习就业等方面的合作。通过校企合作,学校能够及时了解产业需求和市场变化,调整教学内容和方式;企业则能够获得更多高素质的技能人才,推动产业升级和创新发展。③ 校企合作模式主要有两种:一是职业院校与企业合作建立实习和实践基地,学生在校期间可以到企业进行实习,获得实际工作经验;二是职业院校与企业建立企

---

① 宋维英,柳军. 职业教育集团化办学路径探析[J]. 教育评论,2019(12):15-19.
② 许丽梅,黄华斌,沈金海,等. 地方本科院校"立德树人"+"校企合作"人才培养模式探索[J]. 当代教育理论与实践,2023,15(3):112-117.
③ 周鹏,许艺馨,韦明杰,等."碳达峰、碳中和"背景下高职环保类专业实践教学体系重构研究[J]. 中国教育技术装备,2024(9):127-130.

业导师制度,企业派遣技术专家和导师到学校任教,提供行业前沿的知识和技能培训。产教融合示范区建设主要采取以下措施:一是区域性合作——在某些工业先进区域,政府不仅倡导建设产教融合示范区,以实现教育与产业的无缝对接,还倡导打造创新与创业的孵化平台;二是建立创新创业基地,为学生提供创业指导和支持,培养创新型技能人才。校企合作的常见方式有两种:一是订单式培养,即企业与学校签订合作协议,学校根据企业的需求定向培养人才,确保毕业生能够快速适应岗位需求;二是联合研发项目,即学校与企业共同开展科研项目,推动技术创新和成果转化。

(四)终身学习与职业发展

我国注重为劳动者提供终身学习与职业发展机会,以适应不断变化的劳动力市场需求和技术更新趋势。政府推出继续教育和职业培训计划,鼓励在职人员和失业人员通过学习提升技能;设立终身学习账户,鼓励个人进行职业发展投资,积累学习和培训的积分。国家开放大学和各类在线教育平台提供了丰富的在线课程和学习资源,方便劳动者进行自主学习和技能提升。很多企业建立内部培训平台,有针对性地提供技能培训和职业发展机会。政府设立职业发展咨询服务中心,为劳动者提供职业规划和发展建议。相关部门建立健全职业资格认证体系,提供多样化的职业资格认证。这些措施有助于提升劳动者的职业竞争力和适应能力,促进个人和社会的共同发展。

(五)成果与经验

我国技能型与学习型社会建设取得了阶段性进展,并积累了丰富的经验。2019年2月,中共中央、国务院印发了《中国教育现代化2035》,明确提出构建服务全民的终身学习体系,强调建立全民终身学习的制度环境,建立健全国家学分银行制度。[①] 一方面,职业教育和培训的广度与深度持续拓展,孕育了众多技艺精湛的专业人才,满足了不同行业和企业的需求。我国选手在各类国际技能竞赛中屡获佳绩,展示了中国技能人才的水平和实力。另一方面,劳动者的职业技能水平和就业能力得到显著提升,技能型社会建设推动了产业升

---

① 中共中央,国务院. 中共中央 国务院印发《中国教育现代化2035》[N]. 人民日报,2019-02-24(001).

级和技术创新,提升了中国在全球产业链中的地位。职业教育和技能培训提高了劳动者的就业质量和收入水平,促进了社会的稳定和发展。在政策扶持等举措营造的良好氛围下,职业教育的社会价值认知度持续提升,技术技能型专业逐渐成为学生与家长的重要教育选项。

(六) 问题与挑战

我国在推进技能型与学习型社会建设的过程中也形成了一些宝贵的经验,如加强政策支持和法规保障、完善职业教育与培训体系、深化产学合作与校企联合等。但我国仍面临一系列亟待解决的问题。这些问题主要体现在以下几个方面:

1. 政策与法规执行层面的问题

(1) 地方执行力不足。一些地方政府在执行国家层面支持技能型社会建设的政策时存在滞后性,导致政策落实不到位,政策效果打折扣。在政策执行过程中,地方政府的响应速度、执行力度及资源调配能力不一,导致政策效应在地域间出现显著差异。需强化中央与地方的政策协同机制,确保政策红利能够均衡惠及各地。

(2) 监管和评估机制不完善。职业教育与培训领域的监管空白和评估体系的缺失,不仅影响教育质量,还易滋生腐败。亟须建立健全独立、公正、透明的监管评估体系,引入第三方评估机制,提升政策执行透明度与公信力。若职业教育和培训项目缺乏有效的监管和评估机制,其质量和效果便难以达到预期目标。

(3) 政策覆盖面有限。部分政策仅覆盖特定区域或行业,未能全面推广和普及,限制了政策的整体影响力。政策设计的针对性虽强,但往往忽略了广泛性与普惠性的平衡,限制了政策效益的最大化。应探索更加灵活多样的政策工具,扩大政策覆盖范围,确保所有地区与行业都能享受到政策红利。

2. 职业教育与培训体系的质量问题

(1) 师资力量薄弱。教师资源的地区分布不均与专业能力不足,成为制约职业教育质量提升的关键因素。特别是在偏远和贫困地区,职业教育师资力量严重不足,难以满足教学需求。需加大师资培训力度,改善教师队伍结构,吸引更多杰出人才加入职业教育行列。

（2）课程设置滞后。课程内容的更新速度滞后于产业发展,导致毕业生难以适应市场需求。部分职业教育课程设置与市场需求脱节,课程内容陈旧,无法跟上技术和产业发展的步伐。学校应建立课程动态调整机制,加强与行业企业的合作,确保课程内容与产业需求紧密对接。

（3）基础设施落后。一些职业院校和培训机构的基础设施陈旧,教学设备不齐全,影响了教学效果和学生实践能力的培养。应构建课程动态调整机制,深化与行业企业的协同合作,推动课程内容与产业需求精准对接。

3. 产学合作与校企联合的深化问题

（1）合作模式单一。当前校企合作模式多停留在实习、见习等浅层次阶段,缺乏深度的合作项目和联合研发。单一的合作模式难以满足校企合作的深层次需求。应鼓励校企双方探索更加灵活多样的合作模式,如共建研发中心、联合培养人才等,实现资源共享与优势互补。

（2）企业参与度不高。部分企业对参与职业教育的积极性不足,认为投入高、回报慢,缺乏长期合作的意愿。企业应充分认识到参与职业教育的重要性与长远价值,增强社会责任感,积极参与校企合作。政府可通过税收优惠、资金补贴等方式激励企业参与职业教育。[①]

（3）利益分配机制不完善。校企合作中利益分配不均,影响合作的可持续性和双方的积极性。建立公平合理的利益分配机制是保障校企合作持续性的关键。应明确校企双方在合作中的权利与义务,确保利益分配公开透明、合理合法。

4. 终身学习与职业发展机会的普及问题

（1）学习资源不均衡。城乡之间、地区之间的学习资源分配不均,导致部分人群难以获得优质的学习机会。应通过政策引导与资金投入,缩小城乡、地区间的学习资源差距,确保所有人群都能享受到优质的学习资源。

（2）学习意识淡薄。部分劳动者,尤其是中老年群体,缺乏终身学习的意识,不愿或不主动参与继续教育和职业培训。应通过宣传教育、政策引导等方式提升全民的学习意识,尤其是中老年人群的终身学习意识,培育全社会尊崇学习、追求知识的积极风气。

---

① 魏战刚. 职业教育赋能乡村人才振兴的五维策略[J]. 山西农经,2024(20): 168 - 170.

（3）学习平台和渠道有限。尽管在线教育平台有所发展，但针对职业培训的优质课程和资源相对不足，影响了学习效果。应加强在线教育平台建设，丰富职业培训课程资源，提高课程质量与互动性，为学习者提供更加便捷、高效的学习途径。

5. 社会认同与职业教育、继续教育吸引力的问题

（1）社会认同度低。社会对职业教育的认同度普遍偏低，往往认为职业教育、继续教育是"次等教育"。应通过媒体宣传、政策引导等方式提升职业教育的社会地位与认可度，改变社会对职业教育的偏见与误解。

（2）职业教育、继续教育吸引力不足。由于就业前景不明朗、薪资水平较低，职业教育、继续教育对学生和家长的吸引力有限。为增强职业教育的市场竞争力，建议从优化投入产出比和提高社会认可度两方面着手，改善职业教育毕业生的就业前景与薪资水平。同时，应着力构建职业教育与普通教育的立交桥，打破教育类型壁垒，建立学分互认、课程互通、学籍互转的机制，为学生搭建多元化的成长通道，实现不同类型教育间的有机衔接与协调发展。

（3）职业发展路径不清晰。职业教育毕业生的职业发展路径不够清晰，部分学生面临就业困难或遭遇职业发展瓶颈。应建立健全职业教育毕业生的职业发展指导体系，构建全程化职业生涯发展支持体系，通过专业化、个性化的职业咨询与就业辅导服务，帮助学生顺利实现职业过渡与发展。

6. 技能认证与评价体系的问题

（1）技能认证体系不完善。当前技能认证体系存在认证标准不统一、认证过程不规范等问题，影响了技能认证的权威性和公正性。应统一认证标准、规范认证流程、加强认证监管，确保技能认证的权威性与公正性。同时，应推动国际技能认证的互认与交流，提升我国技能人才的国际竞争力。

（2）评价体系不科学。职业教育评价体系过于注重理论考核，忽视实践能力和职业素养的评价，难以全面反映学生的真实水平。应改革传统的评价方式与方法，注重实践能力与职业素养的评价，建立多元化、全面性的评价体系。同时，应通过引入行业企业参与评价、实施第三方评价等方式提升评价的科学性与客观性。

针对以上问题，我国需要进一步加强政策引导和支持，优化职业教育和培训体系，加强校企协同与产教融合，提升职业教育与继续教育的社会认可度与

吸引力。此外,还需建立科学的技能认证和评价体系,以推动技能型与学习型社会的建设。

第三节　继续教育助力技能型与学习型社会建设

《中华人民共和国国民经济和社会发展第十四个五年规划和 2035 年远景目标纲要》提出了"建成文化强国、教育强国、人才强国""全民受教育程度不断提升""建设高质量教育体系""稳步发展职业本科教育""完善终身学习体系,建设学习型社会""推进高水平大学开放教育资源"等内容。[①] 继续教育在技能型与学习型社会建设中扮演着至关重要的角色。继续教育不仅为个体提供终身学习的机会,提升个人技能和职业发展能力,还能促进社会整体的经济发展。

一、提升劳动者的技能水平和就业能力

(1) 持续更新知识与技能。随着科技的不断进步和行业的快速发展,传统技能逐渐过时,新的技术需求不断涌现。继续教育为劳动者提供了一个宝贵的学习平台,使他们能够与时俱进,持续更新知识体系并实现技能层级进阶。通过投身于多元化的培训课程和实践活动,劳动者能够掌握最新的行业知识和技能,从而保持自己在劳动力市场上的竞争力。

(2) 促进职业转型与发展。在经济结构调整和产业升级的大背景下,许多传统行业逐渐衰退,而新兴产业则迅速崛起。劳动者面临着职业转型的压力和挑战。继续教育通过多元化的培训课程和职业发展指导,帮助劳动者了解新兴产业的发展趋势和岗位需求,为他们提供职业转型的路径和机会。劳动者可以通过学习新的技能和知识,顺利过渡到新兴产业中,避免技能过时和失业风险,实现个人职业发展的新飞跃。

---

① 侯兴蜀. 我国高等教育、职业教育与继续教育融合发展实践与推进策略[J]. 中国职业技术教育, 2021(28): 19-25.

二、推动终身学习理念的普及

(1) 树立终身学习意识。在社会迅猛进步与知识持续迭代的背景下,终身学习已成为每个人适应时代变迁、实现自我提升的必由之路。继续教育作为终身教育的重要组成部分,通过广泛地推广和宣传,有效增强了全民的终身学习意识。它鼓励人们将学习当作一种持续不断的过程,使学习不再局限于特定的阶段或场所,而是成为一种习惯和生活方式。这种理念的普及为学习型社会的构建奠定了坚实基础,促进了社会的持续进步和个人的全面发展。

(2) 提供多样化的学习途径。为了满足不同人群的学习需求,继续教育提供了丰富多样的学习途径。在线课程以其灵活便捷的特点,成为许多人学习的首选。无论身处何地,只要有网络,人们就能随时随地进行学习。业余培训班则为那些希望在工作之余提升自己的人群提供了宝贵的学习机会。此外,职业证书课程则针对特定行业或岗位的技能需求,为学习者提供系统的培训和认证服务。这些多样化的学习途径不仅降低了学习的时间和经济成本,还提高了学习的针对性和实效性,使更多人能够享受到学习的乐趣和成果。

(3) 政策引导与支持推动终身学习普及。"学分银行"就是在终身学习理念的推动下应运而生的一种新型学习制度和教育管理制度,它主要应用于不同类型的教育(包括学历教育和非学历教育)间,以学分认定、累积和转换为主要内容。[①] 这种制度也被称为学分互认制度。[②] 随着终身学习理念逐渐深入人心,政府政策的引导与支持成为推动其普及的重要力量。通过制定鼓励终身学习的政策,如提供学习补贴、税收优惠等,政府有效激发了个人和机构参与终身学习的积极性。同时,建立终身学习学分银行或认证体系,认可非正式学习成果,进一步激发了人们持续学习的动力。这些政策的实施为终身学习的推广奠定了坚实基础,推动了学习型社会的形成与发展。

(4) 教育体系改革促进终身学习发展。为了适应终身学习时代的需求,教育体系也在不断进行改革。教育机构调整课程设置,使教育模式更加灵活

---

① 张荷, 詹王镇. 高职学分银行社会化衔接的构建[J]. 西北成人教育学院学报, 2016 (6): 25 - 27+77.
② 郝克明. 终身学习与"学分银行"的教育管理模式[J]. 开放教育研究, 2012, 18(01): 12 - 15.

多样,以适应不同年龄段和学习需求的人群。在线教育、混合学习等新型教育模式的推广,打破了时空限制,让更多人能够便捷地获取学习资源。同时,加强职业教育和技能培训,提高劳动力的市场竞争力,也为终身学习的发展提供了有力支撑。这些改革措施共同推动了终身学习的普及和深入发展。

三、促进产学合作与校企联合

(1) 搭建产学合作平台。继续教育项目积极寻求与企业和行业协会的深度合作,共同搭建产学合作平台。这一平台不仅加强了学校与企业之间的紧密联系,还推动了课程内容与实际工作需求的紧密结合。通过共同开发课程、制定教学大纲和提供实习实践机会,参与继续教育项目的各方确保了学习的实用性和针对性,使学员在学习过程中能够接触到行业前沿知识和技能,更好地适应未来职业发展的需求。

(2) 提升教育培训质量。与企业的紧密合作使得继续教育能够引入行业专家和先进技术设备,从而显著提升教育培训的质量。企业专家的参与不仅为学员提供了宝贵的行业经验和见解,还使课程内容更加贴近实际工作场景。同时,先进技术设备的引入则使学员能够在学习过程中接触到最新的技术工具和平台,提升他们的实际操作能力和技能水平。这种校企联合的模式不仅提升了教育培训的质量,还为学员提供了更广阔的职业发展空间和更多机会。

四、满足多样化的职业发展需求

(1) 个性化职业发展路径。继续教育为不同职业背景和职业发展阶段的个体提供了极为丰富的课程选择。无论你是初入职场的新人,还是寻求职业转型的中坚力量,抑或是希望进一步提升专业技能的资深人士,都能在这里找到适合自己的学习内容。从基础技能培训到高级管理课程,从新兴行业探索到传统行业深耕,继续教育为每个人的职业发展量身定制了学习方案,帮助每个人实现自己的职业梦想。

(2) 职业认证与资质提升。除了丰富的课程选择,继续教育还为劳动者提供了职业认证和资质提升的机会。通过参加继续教育课程并成功完成相关考核,劳动者可以获得各种权威的职业认证和资质证书。这些证书不仅是劳动者专业技能的有力证明,更是他们职业信誉和就业竞争力的权威印证。拥有这些证书,劳动者在求职、晋升和薪资谈判中将更具优势,能够更顺利地实现自己的职业目标和梦想。

五、增强社会整体创新能力

(1)培养创新人才。继续教育不仅仅关注基础技能的传授,更注重创新思维和创业能力的培养。在继续教育的课程体系中,创新课程被置于重要地位。这些课程通过引入前沿的创新理论、实践案例以及创新的工具和方法,帮助学员掌握创新的基本要素和流程。通过系统地学习和实践,学员们能够逐渐培养起创新思维,激发创新潜力。此外,继续教育还积极搭建创新平台,为学员提供创新实践的机会。这些平台可以是创新实验室、创业孵化器等,学员们可以在这里将所学的创新理论应用到实际项目中,通过实践不断磨炼自己的创新能力。这种实践性的教学方式,使学员们能够更深入地理解创新的重要性,培养起真正的创新精神。

(2)推动技术转移和应用。在科研和技术领域,继续教育发挥着桥梁和纽带的作用。通过继续教育平台,科研成果和新技术可以被快速传播和应用到实际生产中。继续教育机构与企业、行业协会等携手建立了紧密的合作纽带,协力促进技术转移与产业升级。继续教育机构会定期举办技术研讨会、成果展示会等活动,邀请科研人员、企业家、技术专家等共同参与。这些活动为科研成果和新技术的展示和交流提供了平台,促进了技术信息的传播和共享。同时,继续教育机构还会根据企业的实际需求,为其量身定制技术培训课程,帮助企业掌握和应用新技术,提高生产效率和市场竞争力。此外,继续教育还积极推动产学研合作,促进科研成果的转化和应用。携手企业、学府及科研院所等合作伙伴,协同推进技术研究、产品创新与市场拓展等多元化活动,推动技术成果从实验室走向市场,实现产业化发展。

六、应对人口老龄化和劳动力结构变化

(1)延长职业生涯。在医疗科技日新月异和生活品质不断提升的背景下,人类的平均寿命得到了显著延长,中老年劳动者在劳动力市场上的占比逐渐增加。然而,这些劳动者往往面临着技能过时和难以适应新工作环境的挑战。终身职业教育与培训能有效填补技能差距,特别是在技术快速变革时期。它不仅可以帮助个人保持就业成功率并持续进步,还能提高发展动力、工作绩效和生产力,最终惠及劳动者个人、雇主和社会。继续教育为中老年劳动者提供了宝贵的学习机会,帮助他们更新知识和技能,适应劳动力市场的需求变化。[①] 通过参与多样化的培训项目和实践课程,中老年劳动者能够重新获得竞争力,延长自己的职业生涯。这不仅有助于他们保持经济独立和社会地位,还能激励他们为社会创造更多的价值。此外,继续教育还为中老年劳动者提供了心理支持和职业规划服务。这些服务帮助他们更好地应对职业转型和就业市场的变化,缓解心理压力和焦虑情绪。通过继续教育,中老年劳动者能够保持积极的心态和活力,继续在职业生涯中发光发热。

(2) 提升劳动力素质。人口老龄化不仅导致劳动力数量的减少,还可能引发劳动力素质的下降。随着大量经验丰富的劳动者退休,新一代劳动力需要不断学习技能和积累经验,只有这样才能填补空缺。从人口质量上看,我国人口受教育水平明显提高,人口的素质不断提升。第七次全国人口普查结果显示,具有大学文化程度的人口为 21 836 万人。与 2010 年相比,每 10 万人中具有大学文化程度的由 8 930 人上升至 15 467 人,文盲率由 4.08% 下降为 2.67%。该数据反映了我国人口素质已经得到很大提高。[②] 在当前劳动力规模不断萎缩的情况下,劳动力素质的提升,有利于弥补劳动力数量的不足,以质量取代数量,推动我国从人口大国走向人力资源强国,从而为国家发展注入持续动力。终身教育体系通过打造多元学习平台与实训机制,有效支撑成人学习者快速掌握行业最新知识与实践技能。该体系聚焦能力矩阵拓展与创新素养培育,依托三大核心路径——分层课程架构、线上线下融合教学及校企协同育人模式,推动从业者实现三重突破:构建动态知识迭代系统、形成跨界问题解决范式、提升技术应用效能。这种教育创新不仅加速了产业知识向现实生产力的转化进程,更通过人才能力结构与经济形态演进的同步优化,为智能化时代产教协同发展提供了新的范式。

---

① Cedefop. Continuing Vocational Training in EU Enterprises[EB/OL]. (2019 - 06 - 24) [2025 - 02 - 25]. https://www. cedefop. europa. eu/files/5573_en. pdf.

② 童玉芬. 中国人口的最新动态与趋势:结合第七次全国人口普查数据的分析[J]. 中国劳动关系学院学报, 2021, 35(4): 15 - 25.

七、促进社会公平与包容

（1）促进教育公平。继续教育致力于打破传统教育体制中的壁垒，为各类社会群体提供平等的学习机会。特别是对于低收入群体、失业人员和农村居民而言，继续教育为他们打开了一扇通往知识和技能的门。通过设立各种奖学金和助学金，并制定补贴政策，继续教育降低了学习的经济门槛，让更多人能够负担得起学费，接受高质量的教育和培训。此外，继续教育还注重课程的多样性和灵活性，以满足不同人群的学习需求，如为在职人员提供夜间或周末课程、为残障人士提供无障碍学习环境等。这种多样化的课程设计确保了教育的普及性和包容性，让更多人能够享受到优质的教育资源。通过继续教育，我们不仅能够提高个体的技能水平和就业能力，还能够推动社会的整体进步和发展。教育公平是社会公平的基础，继续教育为实现这一目标提供了有力的支持。

（2）减少社会分化。社会分化是一个复杂的问题，但继续教育可以在一定程度上改善这一状况。通过提升弱势群体的技能和就业能力，继续教育帮助他们更好地融入社会，减少因技能不足而导致的失业和贫困问题。当这些群体能够通过继续教育获得更好的就业机会和更高的收入时，社会的整体收入差距也会逐渐缩小。此外，继续教育还有助于培养人们的社会责任感和公民意识。社会公益活动和志愿服务项目的开展，不仅增强了学员们的社会认同感和归属感，还能减少社会矛盾和冲突。这种积极的社会态度和行为将有助于构建和谐稳定的社会环境。总之，继续教育在促进社会公平与包容方面发挥着重要作用。通过为各类社会群体提供平等的学习机会和提升他们的技能和就业能力，继续教育有助于缩小社会差距、减少社会分化、构建和谐社会。

第二章

区域性继续教育
校企联盟概述

本章聚焦区域性继续教育校企联盟的内涵、特征、功能、理论困惑与实践挑战，明确区域性继续教育校企联盟组建的关键要点，揭示其核心属性、运行机制及现实意义。

第一节　继续教育校企联盟内涵及特征

一、继续教育内涵

继续教育是产生于工业社会、在终身教育背景下迅速发展起来的一种教育形式，也是当今世界教育发展和改革的重要趋势。由于社会发展水平不同且文化存在差异，各国对继续教育的概念与内涵（包括教育对象、教育内容、教育形式、教育功能等维度）尚未形成统一的界定，但是都强调继续教育应该在社会成员接受或完成一定阶段的学校教育后，持续贯穿其生命历程，以适应社会和人类自身不断发展和进步的需求。从唯物主义发展观来看，继续教育的内涵与特征在不同的历史时期有着不同的描述：从最初面向工程技术人员，逐步扩充至面向其他专业技术人员，继而延伸至面向大学后成人，最终泛化为面向所有完成学校教育的社会成员。可见，继续教育本身是一个发展演化的过程，在加快建设技能型社会的新时代，继续教育的内涵和外延将进一步变化：其服务对象将面向学校教育之后的所有社会成员，其服务时间将变成能随时提供学习支持服务，其服务地点将变成处处可以作为学习场所，学有所成、学有所用、学有所乐将成为继续教育的出发点和落脚点。①

---

① 张艳超. "互联网＋"视阈下我国地方高校继续教育与企业教育融合发展研究［M］. 沈阳：东北大学出版社，2020.

2011 年,联合国教科文组织修订的《国际教育标准分类法》(International Standard Classification of Education, ISCED)关于高等教育的一般定义为:高等教育建立在中等教育之上,在专业化的教育学科提供学习活动。它是高度复杂和高度专业化的学习。高等教育包括通常所理解的学术教育,还包括高级职业或专业教育。①《中华人民共和国高等教育法》第一章第二条指出,本法所称高等教育,是指在完成高级中等教育基础上实施的教育。因此,高等继续教育是面向学校教育之后所有社会成员(特别是成人)开展的高等教育活动。高等继续教育包括高等学历继续教育和高等非学历继续教育两大部分。本书重点研究的是高等教育领域的继续教育校企联盟。

唯物主义发展观认为事物是变化发展的,要用发展的观点看问题。在我国教育政策法规的表述中,我们可以发现成人教育、继续教育的发展变化。1987,国务院批转了《国家教育委员会关于改革和发展成人教育的决定》,对于成人教育的地位、作用、方针、政策、任务、措施等都做了明确的规定,促进了成人教育研究与实践在我国的快速发展。② 2010 年,中共中央、国务院颁布实施《国家中长期教育改革和发展规划纲要(2010—2020 年)》,首次从国家政策层面系统阐述了"继续教育"的概念,明确了其内涵与任务,并从国家层面对继续教育进行整体规划,提出建立健全继续教育体制机制,将加快发展继续教育作为构建灵活开放的终身教育体系的重要途径和手段。③该文件对"继续教育"与"成人教育"概念的解释有效避免了概念的语义学误解,保持了语言系统的一致性。④ 在行政管理、办学实践领域,"继续教育"概念的使用逐渐普及开来。

二、企业教育内涵

企业教育总存在于一定的环境中,并受制于一定的外部环境。改革开放

---

① 顾明远. 中国教育大百科全书(第 1 卷)[M]. 上海:上海教育出版社,2012.
② 王鹏,张元钊,黄鸿鸿. 改革开放以来我国成人高等教育政策历史嬗变分析[J]. 长春工业大学学报(高教研究版),2013,34(4):136-139.
③ 《国家中长期教育改革和发展规划纲要(2010—2020 年)》第八章提出:"继续教育是面向学校教育之后所有社会成员的教育活动,特别是成人教育活动,是终身学习体系的重要组成部分。"
④ 龙汛恒,张妙华,武丽志. 成人教育与继续教育:概念的内涵与发展[J]. 中国成人教育,2013(14):5-8.

后的企业教育,必须与世界市场经济变化、中国市场经济运行和企业发展目标相适应,在办学理念、教学思想、培训内容、办学形式、教学方法、绩效考核等方面应有新的态势和实践。从发达国家的经验来看,它们已在大力提倡工作场所的学习。对美国企业培训的研究显示,美国工商业每年用于员工培训的经费高达数千亿美元,其中三分之二的培训是由企业进行的,其余的三分之一由社会负责。研究还显示,美国的大企业一般都设有自己的专业培训机构。

从校企联盟的视角出发,彼德·圣吉对于企业教育的定义得到了新的诠释。企业教育不仅是企业在结合员工个人发展目标的基础上,以企业目标为指向,向员工提供的持续不断地改变其思想和工作能力的活动的总和,更是在校企联盟框架下,企业与学校共同合作,为员工提供的一种综合性的教育服务。这种教育服务既遵循企业的一般规律,也符合教育的一般规律,是校企合作、共同发展的产物。在校企联盟的背景下,企业教育的任务也呈现出新的特点。一方面,它仍然需要促进员工的更好发展,提升员工的专业技能和综合素质;另一方面,它也要促进企业的更好发展,通过教育培训提升企业的整体竞争力和创新能力。这两个任务在校企联盟中相互交织、相互促进,共同推动着企业和员工的共同发展。然而,在校企联盟的实际运作中,企业教育往往首先需要满足企业的生存需求,这是校企合作的基础和前提。校企联盟只有在保障企业生存和发展的基础上,才能更好地关注员工的发展需求,实现员工的个人价值和企业的长远目标。因此,在校企联盟中,企业教育需要在满足企业内需和服务企业战略发展的同时,注重员工的个人成长和职业发展,实现企业与员工的共赢。企业教育与院校教育、社区教育提供的教育不同,它是在市场竞争中与企业生存、战略发展及员工职业生涯发展相融合的那部分教育,是与企业的核心竞争力和核心价值观紧密相关的那部分教育。[1] 企业教育体现了三个基本特征。[2]

第一,自主性。自主性是其核心特质之一。尤其对于大型企业及企业集团而言,企业教育体系的构建与实施必须高度自主化。这是因为,在激烈的市场竞争中,企业制胜的关键在于打造独一无二且难以模仿的核心竞争力,这种

① 张艳超. 资源依赖论视阈下高校成人教育与企业教育深度融合研究[J]. 成人教育, 2013, 33(11): 11-14.
② 上海市学习型社会建设与终身教育促进委员会办公室. 上海企业教育实务研究[M]. 北京: 中国人民大学出版社, 2014.

能力无法通过市场上现成的教育资源直接获得。因此,企业必须根据自身的发展战略、行业特点及市场需求,自主设计并构建教育体系,确保教育内容与企业实际紧密结合。这种自主性不仅体现在教育内容的定制上,更贯穿于教育方式的创新、教育效果的评估与反馈等各个环节。由于市场无法提供企业所需的现成的能保持和发展其核心竞争能力的教育,企业必须自主构建工作场所学习机制。工作场所的教学相长是企业教育的实质。

第二,全员性。全员性是企业教育的另一显著特征。企业教育并非针对特定群体或阶层的精英教育,而是面向企业全体员工的一种普及性教育,旨在通过教育提升全员素质,激发团队活力,促进企业的整体发展。全员性教育有助于构建学习型组织,使每位员工都能成为企业成长道路上的积极参与者与贡献者,进而共同推动企业的持续进步与创新。

第三,实用性。实用性是企业教育区别于其他教育形式的关键所在。企业教育的目标直接指向企业的生产经营与员工的职业发展,因此其教育内容必须高度实用,能够直接应用于工作实践,解决企业面临的实际问题,提升员工的工作效率与创新能力。这种实用性不仅要求教育内容与企业实际需求紧密对接,更强调教育过程中的实践导向与问题解决能力的培养,从而确保教育成果能够转化为企业生产力与员工职业成长的强大动力。企业教育的内容必须实用,要对企业组织和员工个体的生存和发展产生实质成效。

从唯物主义发展观的视角审视,企业教育的内涵与特征在历史的长河中经历了显著的变迁。这一变迁体现在三个方面:办学形态从培训中心转型为企业大学,服务对象从管理层延伸到基层员工,以及教学手段从单一面授升级为"面授+网络"模式。这一系列深刻的变化表明,企业教育本身就是一个不断发展和演化的过程,它随着时代的变迁而不断适应新的需求。在新时代背景下,随着学习型组织建设的加速推进,企业教育的内涵和外延将进一步拓展。其服务范围将突破特定群体的限制,延伸至完成学校教育后的全体社会成员,无论其身份、背景或职业如何。同时,其服务时间也将变得更加灵活和便捷,学习者能够随时获得个性化的学习支持。而其服务地点也将无处不在,无论是线下实体空间还是线上虚拟平台,均可成为学习的重要场景。以"学以致用、学以成才、学以乐享"为核心理念和发展目标,继续教育将持续推动企业教育向更高层次迈进。而企业大学作为这一变革的重要产物,不仅承载着传统大学的教育功能,更在组织结构、学习内容、学习技术、知识管理等方面带来了深刻的创新变革,成为推动企业持续发展和创新的重要力量。

企业教育的本质属性体现在两个方面。首先,它以企业发展和企业人力资源开发为核心。企业教育以企业发展为根本出发点,旨在通过提升员工的能力、扩充员工的知识、强化员工的技能来推动企业的持续发展和创新。同时,它也以企业人力资源开发为核心,注重培养员工的综合素质,激发员工的潜力,为企业的发展提供有力的人才保障。企业发展本位和企业人力开发本位作为企业教育的两个本质属性,相互制约、相辅相成,共同构成了企业教育的基石。其次,企业教育充分关注企业员工的自身发展。这不仅是企业提升管理水平的重要手段,更是凝聚员工向心力的重要途径。在现代管理理论中,人被视为管理系统的首要因素,是搞好各项管理的基础和前提。而企业管理作为最典型的管理活动之一,更需要注重人本原理的应用。① 因此,企业教育在关注企业发展和人力资源开发的同时,也必须给予员工自身发展足够的重视和关注。这意味着企业教育要关注员工的个人成长、职业发展、心理健康等方面,为员工提供全面的学习和发展机会,以实现企业和员工的共赢。

三、区域继续教育校企联盟内涵

(一) 内涵描述

区域性继续教育校企联盟的内涵可以表述为:在一定的社会区域内,由学校、企业、政府等多方共同参与,以学历继续教育和职业技能培训为内容,基于合作共赢理念而构建的协同创新平台。② 其中,学校继续教育是指学校为处在职业生涯中的社会成员所提供的以更新、重组或扩展知识和技能结构为目的的教育和培训活动。学校包括普通高等学校、职业高等学校(含技师学院)、成人高等学校、职业高中、普通中专、成人中专和技工院校。而企业教育则是指企业在结合员工个人发展目标的基础上,以企业目标为指向,向员工提供的持续不断地改变其思想和工作能力的活动的总和。区域划分是指将社会按照一定的方式进行划分,以便更好地了解不同区域之间的特征和差异。常见的

---

① 张艳超. "互联网＋"视阈下我国地方高校继续教育与企业教育融合发展研究[M]. 沈阳: 东北大学出版社, 2020.
② 张艳超, 徐昊宇, 赵杰. 技能型社会构建中的继续教育校企联盟: 内涵特征、演进分析和发展策略[J]. 终身教育研究, 2024, 35(5): 30 - 39.

区域划分方式包括政治划分、经济划分、文化划分等。政治划分是指将一个地区划分为不同的行政单位,比如省、市、县等;经济划分是指依据经济发展水平、产业结构、失业率等,将一个地区划分为不同的经济区域;文化划分是指依据宗教信仰、语言文字、艺术形式等,将一个地区划分为不同的文化区域,从而更好地反映一个地区的文化特色和历史底蕴。

(二)内涵解析

继续教育校企联盟是在继续教育基础上形成的一种教育改革模式,旨在通过校企双方的深度合作,实现资源共享、优势互补、共同发展。在当前社会经济发展的大背景下,继续教育校企联盟构建显现出其重要性和必要性。这种合作模式强调校企双方在人才培养、课程建设、技术研发、创新创业等方面展开深入合作,共同推动继续教育的发展。在这一过程中,校企双方的优势得到了充分发挥,教育资源得到了有效整合,继续教育的质量和社会效益得到进一步提高。[①] 首先,校企双方在合作中不断探索和完善合作模式,以适应不断变化的社会需求。其次,校企双方在合作中不断优化资源配置,提高合作效率,降低合作成本。再次,校企双方在合作中不断拓展合作领域,实现校企双方在更多领域的深度合作。最后,校企双方在合作中不断注重人才培养,提高学生的实践能力,培养其创新创业精神。此外,校企双方在合作中注重合作机制的建立,确保校企合作的长效运行;注重合作文化的培育,增强校企双方的合作意识和责任感;注重合作效果的评估,以期提高校企合作的质量和效益;注重合作成果的共享,推动校企双方协同发展。在经济社会高质量发展的新阶段,校企双方应持续加强战略合作,通过资源整合与优势互补,构建互利共赢的发展格局,以期为我国继续教育的发展提供有力的支持。

四、区域性继续教育校企联盟特征

继续教育校企联盟的特征显著且多维,主要体现在四个方面。首先,其活

---

① 卢鲭宇,李阳倩. 新时代地方高校服务区域经济社会发展研究[J]. 成都中医药大学学报(教育科学版),2020,22(4):96-98.

动具有区域性,即继续教育校企联盟在特定的空间范围内构建与运行。继续教育伴随人的终身发展,因此在空间纵向上展现出历时性的特点,为技能型社会的地域性、时段性建设提供支撑。① 其次,联盟成员具有多元性,涵盖了政府有关部门、多种类型的学校与企业,这种多元性为技能型社会的构建提供了丰富的资源基础和多样的合作可能。再次,服务内容具有多样性,能够满足技能型社会不同层次、类型、领域的成人学习者的终身学习需求,促进人人学习技能、人人拥有技能。最后,其目的具有明确性,联盟主要以企业员工为服务对象,旨在满足企业和学校的发展诉求,间接推动继续教育成为学校服务社会的重要窗口,助力社会崇尚技能氛围的形成。

政府部门日益重视技能型社会建设,通过政策扶持与引导,在区域性继续教育校企联盟构建过程中扮演越来越重要的角色。一方面,政府部门通过充分发挥企业的主体作用,引导企业积极开展职业技能培训、技术攻关、带徒传艺等技能交流活动,鼓励龙头企业、上市企业面向中小企业开展技能培训服务。另一方面,政府部门通过促进地方高校、职业学校等教育资源的合作,向社会提供教育类准公共服务产品,大力开展针对农村转移劳动力、失业人员、高校应届毕业生、退役军人等重点群体的就业创业培训和企业职工岗位技能提升培训。这些举措旨在提高区域性人力资源要素的质量,强化大中专毕业生的就业竞争力,缓解就业结构性矛盾,为技能型社会的建设奠定坚实的人才基础。②

第二节　继续教育校企联盟功能

从国家级到地方级的《中长期教育改革和发展规划纲要》中,我们不难发现,企业与教育的紧密联系被反复强调。特别是在《国家中长期教育改革和发展规划纲要(2010—2020 年)》中,有多达 13 章 20 条内容直接关联到企业角色,而在《上海市中长期教育改革和发展规划纲要(2010—2020 年)》中,"企业"

---

① 姜大源. 论空间与教育空间:职业教育与继续教育[J]. 国家教育行政学院学报,2024
　(5):63 - 73.
② 张艳超,徐昊宇,赵杰. 技能型社会构建中的继续教育校企联盟:内涵特征、演进分
　析和发展策略[J]. 终身教育研究,2024,35(5):30 - 39.

一词更是被高频提及,达到 31 次。这些规划不仅指出了企业参与继续教育、职业教育以及高等教育的重要性,也突显了校企联盟在推动这些进程中的核心作用。① 继续教育校企联盟,作为一个由学校、企业和其他教育机构共同构建的合作平台,其目的明确——推动继续教育的深入发展。通过联盟这一形式,各方能够汇聚资源,形成一个强大且协同的合作网络。

一、推动资源整合与高效利用

继续教育校企联盟的核心理念在于推动资源的全面整合与高效利用,以此助力继续教育的蓬勃发展。这一联盟的构建,不仅打破传统组织间的壁垒,更实现资源的优化配置和高效利用,为继续教育注入新的活力。在联盟内部,资源的整合工作被赋予极高的优先级。学校带来的深厚的学科知识和丰富的教学资源,企业提供的最新行业信息和实践经验,以及其他教育机构贡献的专业能力和独特视角,都在这个平台上得到了充分融合。这种跨界的资源整合,不仅拓展了教育内容的广度和深度,更确保了教育服务的时效性和实用性。然而,资源的整合仅仅是第一步。如何高效利用这些资源,才是联盟真正面临的挑战。在这方面,联盟可以展现智慧和策略。通过精细化的课程设计和实施,联盟致力于为每位学员提供个性化的学习方案,无论是理论知识的系统传授,还是实践技能的锤炼,都能找到最适合的教学资源和方式。

此外,联盟还通过共同策划研讨会、研究项目等活动,进一步提升了资源的高效利用。这些活动不仅为联盟成员提供深度交流和学习的机会,更推动知识和经验在更广泛范围内的共享与传播。每一次的研讨和交流,都是对资源整合成果的一次检验和提升,也是对高效利用资源策略的一次优化和调整。值得一提的是,联盟在推动资源整合与高效利用的过程中,始终坚持以市场需求为导向,以学员需求为中心。这种以需求为驱动的策略,确保联盟在快速变化的市场环境中始终保持敏锐的洞察力和强大的适应能力。

总的来说,继续教育校企联盟通过推动资源整合与高效利用,不仅提升了继续教育的质量和效率,更在全社会范围内营造了一种开放、共享、协同的教

---

① 上海市学习型社会建设与终身教育促进委员会办公室. 上海企业教育模式研究[M]. 北京: 中国人民大学出版社, 2012.

育生态。这种生态的形成,无疑将为继续教育事业的可持续发展注入强大的动力。

二、促进产教融合与实践性培训

在继续教育领域,学校与企业的资源互补性显得尤为重要。学校作为知识的殿堂,积累了深厚的学科知识和丰富的教育经验,为继续教育提供坚实的理论基础和系统的课程设计。而企业,作为市场经济的主体,紧密连接着实际产业,掌握着最新的行业动态、实践经验和技术发展趋势。这种资源的互补性,正是继续教育校企联盟得以构建并蓬勃发展的基石。继续教育校企联盟不仅将这种互补性资源进行有效整合,更在整合的基础上推动了产教融合与实践性培训的发展。产教融合,即产业与教育的深度融合,是联盟追求的重要目标之一。它要求学校与企业之间在知识交流的基础上,进一步在人才培养、教育内容设计、实际案例应用等方面展开深度合作。这种融合确保了教育培训与实际产业需求的紧密对接,提高了培训的针对性和实效性。

实践性培训是产教融合的重要体现。在继续教育校企联盟中,培训过程不再局限于传统的课堂教学,而是更加注重学员的实践参与。企业提供的实际案例、场地和设备,为学员创造真实的学习环境,使他们能够将所学的理论知识与实际操作相结合,从而提升实际操作能力。这种实践性培训方式,不仅增强了学员的学习兴趣和动力,也为他们未来的职业发展奠定了坚实基础。此外,联盟成员还共同设计实践案例、项目或实训课程,以进一步推动实践性培训的发展。这些课程以市场需求为导向,紧密结合实际工作场景,使学员能够在真实环境中进行学习和实践。通过这种方式,学员不仅能深入理解所学内容,更能将其有效运用于实践场景,最终实现知行合一的目标。

总体而言,继续教育校企联盟通过深化产教融合与强化实践导向,为学员提供一种全新的、高效的学习方式。这种学习方式不仅有助于提升学员的综合素质和职业技能,也为他们的未来发展开辟了更广阔的道路。同时,这种合作模式也为学校和企业之间的深度合作提供有益的探索和实践经验。

三、提升人才培养质量与水平

人才培养始终是教育的根本使命,特别是在继续教育领域,它承载着成人学习者不断学习和职业成长的重要任务。这不仅仅涉及知识的传授和技能的培养,更深层次地关乎实操能力的提升、问题解决能力的锤炼以及创新思维的激发。

(一) 精进课程品质与丰富性

在校企联盟的框架下,合作伙伴得以共同研发课程,巧妙地将学术理论与职场实践相融合。这种结合使得每一门课程都更加贴近现实,确保学员所学能够无缝对接到工作实际中。学校以其深厚的学科积累和教学资源,为继续教育夯实理论基础;而企业则凭借前沿的行业经验和市场动态,为课程内容注入了实战元素。双方携手,根据企业需求精心筛选知识点,同时将真实案例嵌入教学之中,从而确保每一堂课都兼具理论深度与实践指导意义。在实际教学中,学员不仅在课堂上汲取理论知识,更有机会在企业的真实环境下进行实操,这种"学以致用"的教学模式显著提升了学员的专业技能。

(二) 强化师资队伍建设

师资队伍的建设是提升教育质量的关键。校企联盟通过搭建教师与企业专家的交流平台,促进了学术与实践的深度融合。学校的专业教师以其深厚的学术造诣和严谨的教学态度,为学员提供了坚实的学术支撑;而企业的行业精英则以其丰富的实战经验和敏锐的市场洞察力,为学员带来了宝贵的实践指导。这种复合型师资队伍的构建,不仅提升了教学质量,也增强了学员的综合素质和竞争力。校企联盟成为连接教师与企业专家这两大群体的桥梁,推动他们之间的交流与合作,进而组建起一支兼具理论与实践经验的复合型师资队伍。这样的团队构成,无疑为提升培训效果和质量奠定了坚实基础。

(三) 实现资源优势的完美互补

资源优势的互补是实现教育目标的重要保障。学校和企业在教育资源上各具特色:前者擅长理论传授和基础知识教育,后者则专注于实践技能的培养和应用能力的提升。学校提供的理论指导和基础知识教育为学员打下了坚实的学科根基;而企业则通过实践技能培训和应用能力提升等方式,帮助学员将所学知识转化为实际能力。通过校企联盟,这两大类资源得以有机整合,为学员打造一个既系统又实用的学习平台,全方位满足他们的成长需求。此外,联盟还提供企业实地参观、项目实操等多元化学习体验,有效锻炼学员的实际操作能力,帮助他们更好地融入职场环境。

(四)推动经验共享与创新实践

在校企联盟的大家庭中,成员间的沟通与协作成为常态。这不仅为学校和企业提供一个分享最佳实践、交流成功经验的平台,更激发了双方在教学方法和内容上的创新思维。通过跨界的合作与研讨,双方能够结合各自的优势与资源,开发出更加符合市场需求与学员需求的教育产品和服务。这些创新成果不仅丰富了教育培训的内涵与形式,也提供了更加多样化、个性化的学习体验。这种经验的互通有无,极大地丰富了教育培训的内涵,使其更加贴合时代需求,课程和培训方式也得以持续优化。

(五)量身定制个性化培训方案

随着校企联盟影响力的不断扩大,其灵活多变的合作模式受到越来越多学校和企业的青睐。联盟能够根据不同企业的具体需求,为其量身打造培训计划,助力企业员工在专业技能上实现质的提升。同时,联盟还提供全方位的职业规划和发展指导服务,帮助学员明确职业方向、规划成长路径,从而培养出更多具备长远发展潜力的优秀人才。这种个性化的培训有助于更精准地培养人才,从而更好地适应现代社会的职业需求。

第三节　继续教育校企联盟的理论
困惑与实践挑战

一、继续教育校企联盟的理论困惑

继续教育校企联盟作为一种特殊的产学研战略联盟形式,旨在通过学校与企业的深度合作,提升继续教育的质量和效果。然而,在构建这一联盟的过程中,我们面临着诸多理论上的困惑和挑战。这些难题不仅关乎学术的严谨性,更触及教育体制与市场经济相互作用的复杂现实。

(一)理论的适用性问题

现有的产学研战略联盟相关理论,如三螺旋理论、协同理论等,大多是在特定的经济政治制度下,针对特定时期的现象和问题归纳出来的。这些理论在自由竞争的市场经济环境下产生,对于新时代中国特色社会主义经济建设背景下的继续教育校企联盟活动而言,其解释力和指导力可能会有所不同。例如,三螺旋理论强调学校、企业、政府三者之间的平等关系,但在政府主导的继续教育校企联盟中,如何平衡这三者的关系,确保联盟的稳定性和效率,是一个值得探讨的问题。

(二)理论创新的缺乏

理论创新的匮乏,尤其是本土化理论的缺失,是当前制约继续教育校企联盟发展的重要瓶颈。西方理论虽具借鉴意义,却难以精准对接中国特有的文化、制度及市场环境。因此,构建符合中国国情的继续教育校企联盟理论体系,成为学界与业界的共同呼唤。这要求我们在深入研究国内外成功案例的基础上,提炼共性规律,同时立足中国实际,充分考虑政策环境、文化观念、资源分配等因素对联盟运行的影响,进而形成具有中国特色的理论框架和概念体系。目前,我国在继续教育校企联盟相关理论的研究上进展缓慢,缺乏理论创新,本土化水平较低。现有的理论大多源自西方,虽然具有一定的参考价值,但难以完全适应中国的实际情况。因此,我们急需发展本土化的继续教育校企联盟理论,以更好地指导实践。

(三)体制机制的限制

在构建继续教育校企联盟的过程中,我们面临着一些体制机制的限制。例如,国有企业、学校在产权、治理结构、政策等方面存在诸多相似之处,这导致它们在合作过程中缺乏特色、互补性和竞争优势,从而影响了合作的动力和效果。要突破这一困境,需从制度创新入手,探索建立更加灵活、高效的合作机制。例如,通过产权制度改革、治理结构优化、政策环境优化等措施,激发合作双方的积极性和创造性;同时,充分发挥行业协会、中介机构等第三方组织的作用,为校企联盟提供信息交流、资源整合、纠纷调解等全方位服务。如何在当前体制机制下推动继续教育校企联盟发展,是我们需要深入思考的问题。

(四)理论与实践的脱节

当前,继续教育校企联盟的理论发展严重滞后于实践。随着社会的快速发展和技术的不断进步,继续教育校企联盟的形式和内容也在不断更新和变化。然而,现有的理论还未能及时跟上这些变化,导致理论与实践之间存在较大的脱节。这种脱节不仅影响了理论的指导意义,也限制了继续教育校企联盟的持续深化与拓展。

总而言之,建立继续教育校企联盟在理论层面仍面临诸多难题与挑战。为了解决这些问题,我们需要加强理论研究,推动理论创新,提高理论的本土化水平;同时,也需要关注实践的发展,及时调整和完善理论框架,以确保理论与实践的紧密结合。

二、继续教育校企联盟的实践挑战

随着知识经济的不断发展,继续教育校企联盟作为一种新型的教育合作模式,日益受到社会各界的关注。然而,在构建继续教育校企联盟的过程中,实践者面临着诸多挑战。

(一)联盟目标难以形成和保持一致

继续教育校企联盟作为一种复杂的社会经济系统,其目标的形成与保持不仅受到参与主体自身动机和利益诉求的影响,还受制于外部环境的多重因素。继续教育校企联盟涉及学校、企业等多方主体,各方在合作动机、利益诉求上存在差异,导致联盟目标难以形成和保持一致。因此,联盟各方应充分沟通,明确共同愿景,制定具体、可量化的目标,并通过签订契约等方式确立执行标准。同时,应建立目标动态调整机制,以适应市场环境、制度环境等条件的快速变化。

（二）合作动力不足

由于学校和企业属性不同,合作动机各异,双方合作动力不足。在继续教育校企联盟中,单一的经济激励或教育激励往往难以满足各方的多元化需求。学校可能更注重教育教学、科研成果的转化,而企业则更看重经济效益和市场竞争力。为破解这一难题,政府应强化对校企合作的政策扶持,激发双方参与合作的主动性。同时,学校和企业也应深入挖掘合作潜力,寻找更多利益共同点,以增强合作动力。学校和企业还需关注激励机制的公平性和可持续性,确保激励效果的长远性。心理学、社会学等相关理论也可为激励机制的设计提供有力支持。

（三）合作模式缺乏灵活性和稳定性

继续教育校企联盟的合作模式需要兼具灵活性和稳定性。然而,在实践中,很多联盟缺乏创新,习惯于套用已有合作模式,导致合作模式既缺乏灵活性,又难以适应发展需求,联盟双方亟须创新合作机制,探索协同发展的新路径。继续教育校企联盟结合双方资源和优势,设计出既符合市场需求又具有可持续性的合作模式。同时,应建立合作模式动态调整机制,以确保合作模式的稳定性。

（四）风险抵御机制不健全

风险抵御机制的不健全是继续教育校企联盟面临的一大挑战。继续教育校企联盟在协同发展进程中,正面临着一系列潜在挑战,包括市场环境的不确定性、技术迭代的快速性、知识产权保护的复杂性等问题。然而,很多联盟的风险抵御机制并不健全,导致风险识别和评估产生偏差,利益分配不均等问题频发。因此,联盟应建立完善的风险管理机制,包括风险识别、评估、监控、应对等环节。同时,联盟还需具备前瞻性,提前预判可能出现的风险,并制定相应的预防措施。[①] 在这一过程中,风险管理理论、决策理论等将为我们提供有力的理论支撑。应明确各方在风险分担中的责任和义务,确保风险得到合理分散。

---

① 王岩峰. 有色金属勘查设计企业供应链管理与成本控制[J]. 世界有色金属,2024 (14): 199-201.

（五）合作伙伴关系缺乏稳定性

继续教育校企联盟的合作伙伴关系往往因受到领导班子换届、机构改革等因素的影响而不稳定。为有效应对这一挑战，联盟双方亟须构建可持续的战略合作伙伴关系，通过制定清晰的合作周期框架与续约机制，确保合作的连续性与稳定性。同时，联盟双方应加强沟通与交流，还需关注合作伙伴间的文化融合和价值观认同问题，以确保合作关系的可持续发展。在这一过程中，关系营销理论、组织间关系理论等将为我们提供有益的启示。联盟双方还应当建立健全沟通协调机制，对合作过程中产生的分歧与矛盾进行及时研判与妥善处置，以确保合作关系的持续稳定发展。

（六）互信关系难以形成和保持

信任是继续教育校企联盟合作的基础。然而，在实践中，部分参与主体信任意识淡薄，导致信任关系难以建立。为此，联盟双方应加强信任建设，通过签订保密协议、建立信息共享机制等方式增进互信。同时，应完善相关法律法规和监管机制，确保各方履约守信。

综上所述，构建继续教育校企联盟面临着诸多实践挑战。为应对这些挑战，政府、学校和企业应共同努力，加大政策引导和支持力度，明确共同愿景和目标，探索创新的合作模式，建立完善的风险管理机制和信任机制，并加强沟通与交流，以维护合作关系的稳定性和持久性。

三、继续教育校企联盟进展分析

（一）建设水平现状研究

21世纪初，我国关于继续教育校企联盟的研究多是体现在校企合作办学上。刘晓明和杨如顺将校企合作形式按合作的深度分为初级合作、中级合作、高级合作三个层次，他们认为我国校企合作整体上还是处于"浅层次的初级阶段和刚刚开始的中层次的起步阶段，其合作深度与深层次的高级阶段相距甚远"。[①] 董奇和郭苏华通过对教育部高教司组织的全国高职教育校企合作情况调查问卷的统计分

---

① 刘晓明，杨如顺. 高职校企合作的现状、问题及模式选择[J]. 职教论坛，2003(14)：30-31.

析,认为虽然我国高职教育校企合作已达到一定规模,合作领域也比较宽广,但还存在一些问题和矛盾:校企合作大多还停留在经验探索的阶段,缺乏系统、科学的总结、思考和提炼,尚未形成比较有效的可供全面推广的教育合作模式。① 2013年,教育部明确提出积极发展继续教育。② 继续教育校企联盟建设在我国教育主管部门的推动下,得到较快发展。但是,《国务院办公厅关于深化产教融合的若干意见》(国办发〔2017〕95号)提出,受体制机制等多种因素影响,人才培养供给侧和产业需求侧在结构、质量、水平上还不能完全适应,"两张皮"问题仍然存在。③ 邓小华认为,将高等继续教育定位于职业教育类型,并推进继续教育校企联盟的建立,是高等教育在技能型社会建设进程中实现自身可持续发展的基本路径。④ 许日华认为,目前学校继续教育还缺乏真正意义上的开放合作型办学思维,在以校政合作、校企合作、校际合作、中外合作等途径推动与其他众多主体的联动治理上还很不够。⑤《教育强国建设规划纲要(2024—2035年)》明确指出,要建设学习型社会,以教育数字化开辟发展新赛道、塑造发展新优势;还要完善和加强继续教育、自学考试、非学历教育等制度保障,建设人人皆学、处处能学、时时可学的学习型社会。⑥《中国教育现代化2035》提出,2035年主要发展目标是:建成服务全民终身学习的现代教育体系,形成全社会共同参与的教育治理新格局,等等。⑦ 在此背景下,如何加快推进技能型社会与学习型社会建设,已成为关乎国家发展全局的紧迫战略使命和亟待突破的历史性课题,继续教育校企联盟建设水平需要尽快提升。

---

① 董奇,郭苏华. 高职院校开展校企合作办学的现状分析[J]. 职教论坛,2007(23):22-25.
② 教育部职业教育与成人教育司. 职业教育与继续教育工作贯彻落实《教育规划纲要》取得显著进展[EB/OL]. (2013-06-26)[2025-02-25]. http://www.moe.gov.cn/jyb_xwfb/xw_zt/moe_357/s7093/s7419/s7429/201306/t20130627_153556.html.
③ 高泽金. 专创融合方法论[M]. 北京:中国铁道出版社,2021.
④ 邓小华. 技能型社会建设进程中的高等继续教育发展:危机、战略与路径[J]. 终身教育研究,2022,33(1):39-46.
⑤ 许日华. 转入善治:高校继续教育迈向治理现代化的时代议题[J]. 职教论坛,2022,38(1):112-120.
⑥ 中共中央,国务院. 中共中央 国务院印发《教育强国建设规划纲要(2024—2035年)》[EB/OL]. (2025-01-19)[2025-02-25]. https://www.gov.cn/zhengce/202501/content.6999913.htm.
⑦ 中共中央,国务院. 中国中央 国务院印发《中国教育现代化2035》[N]. 人民日报,2019-02-24(001).

（二）建设模式理论研究

在继续教育领域,徐世浩和陈龙根开展了成人高等教育人才培养与企业人力资本提升耦合机制的比较研究,构建了二者耦合机制模型,提出了促进校企继续教育合作的建议。[①] 吴家瑞开展了企业大学与高校继续教育的合作模式研究,认为企校合作联盟以优劣势互补和共同愿景为基础,以人才培养和竞争力提升为目的,激发合作绩效,为校企合作提供了可行的路径选择。[②] 杨彬和张艳超在高校继续教育领域深化了"产学研"模式的内涵,强调协同创新,提出成人教育"产学研"融合模式。[③] 郭宏芳进行了高校与企业继续教育资源共享研究,认为资源共享是解决社会发展对继续教育资源需求不断增加与教育资源有限之间矛盾的途径之一,高校和企业作为继续教育的两大主体,其继续教育资源存在着互补性,可以促进继续教育的创新性发展。[④] 李永珍分析了目前我国校企合作开展继续教育遇到的问题:主体权责不明确,利益驱动不足;目标定位不一致,共育人才观念不强;资源共享不充分,培养环节衔接不到位;缺乏稳定、有效的过程监管机制;等等。[⑤] 王慧慧以中冶集团人才学院为例,分析了校企合作的继续教育模式,认为校企合作将呈现国际化或集团化、内容综合化、层次高级化、体制产业化等发展趋势。[⑥] 童娟、张金华认为,"互联网＋"国家发展战略为我国继续教育建立全新的校企合作信息化教学与管理模式提供了有力支持。[⑦] 陈宝江认为,"互联网＋"为校企继续教育合作提供了难得的机遇和创新改革的切入点,成为推动深度合作的重要动力。[⑧] 杨彬借助协同创

[①] 徐世浩,陈龙根. 成人高等教育人才培养与企业人力资本提升耦合机制的比较研究[J]. 教育学术月刊,2012(1):80 - 82.
[②] 吴家瑞. 企业大学与高校继续教育的合作模式研究[D]. 上海:上海交通大学,2008.
[③] 杨彬,张艳超. 成人教育"产学研"融合模式路径探索:基于温州地区企业教育改革的思考[J]. 高等农业教育,2013(2):114 - 117.
[④] 郭宏芳. 高校与企业继续教育资源共享研究[D]. 大连:大连理工大学,2016.
[⑤] 李永珍. 我国校企合作开展继续教育的问题与对策研究[D]. 大庆:东北石油大学,2017.
[⑥] 王慧慧. 校企合作的继续教育模式研究:以中冶集团人才学院为例[D]. 西安:西安建筑科技大学,2010.
[⑦] 童娟,张金华. "互联网＋"时代继续教育的校企合作信息化建设[J]. 中国成人教育,2018(5):134 - 137.
[⑧] 陈宝江. "互联网＋"背景下校企继续教育深度合作模式创新[J]. 中国成人教育,2018(15):111 - 114.

新理论分析继续教育校企联盟各创新主体的利益诉求与相互关系,认为协同创新理论有助于形成继续教育校企联盟平台协同创新架构。① 白炳贵在面向企业开展继续教育的研究与实践过程中,搭建了"三主体、五共同、三中心、四类型"的自上而下的区域性继续教育校企联盟平台。② 乐传永和刘兰兰指出,合作参与是高校继续教育内生发展的基础,构建高校继续教育联盟可以促进区域内企业教育、社区教育与继续教育的深度融合。③

(三) 建设实践探索研究

1. 针对特定行业继续教育的实践

学校与行业继续教育融合包含两个维度:在宏观层面建立与行业协会、主管部门的战略合作框架;在微观层面开展与具体企业的项目化协作。这种双重合作体系对学校的资源整合能力提出更高要求。例如,中国矿业大学探索了行业继续教育"校企合作"新体制及"会员制"运行新机制。④ 首先,行业协会、学校与部分企业联合成立行业继续教育协调委员会,做好继续教育校企联盟的规划、决策、监督和协调。中国矿业大学积极参与了煤炭行业继续教育规划的制定、政策的制定以及行业继续教育的组织与实施。其次,行业协会、学校与部分企业实行"会员制"。学校以人才培养和服务为目标,在"校企合作"机制的背景下,将分散的行业企业及需求不同的学习者"虚拟"地集中起来,开展不同层次、不同类型的教育活动;通过现代教育技术,构建对"会员"企业学习者个人免费开放的教育服务体系,并为"会员"企业提供通用的及专属的教育服务。⑤

2. 面向区域职业技能教育的实践

广东职业教育网络学院,由中山大学、华南理工大学等 7 家重点高校参与组建,面向广州的汽车、物流、建筑、电力等 10 个行业,开发了 6 个专业、74 个职业教育项目。这些项目以提升职业能力为目的,以职业教育为导向,以学历

① 杨彬. 协同创新视角下的继续教育校企联盟研究[J]. 教育发展研究, 2013, 33(9): 64-68.
② 白炳贵. 成人高校面向企业开展教育的研究与实践:以温州大学为例[J]. 高等继续教育学报, 2016, 29 (1): 24-28+43.
③ 乐传永, 刘兰兰. 高校继续教育内生发展的理论模型与实现路径[J]. 职教论坛, 2022, 38(1): 95-104.
④ 周跃, 李道永, 高山. 中国矿业大学继续教育学院:坚守服务行业初心 办高质量继续教育[N]. 光明日报, 2024-04-23(10).
⑤ 刁庆军. 继续教育理论探索:上[M]. 北京:清华大学出版社, 2015.

教育为支持,以培养市场紧缺型人才为核心,为社会培养实用、专业复合型人才。广东职业教育网络学院通过构建"统一平台、统一教学内容、统一评价标准"的公共支持平台,初步实践学分银行体系,促进初级技能与中专学历、中级技能与大专学历、高级技能与本科学历的融合。① 在省、市职业技能鉴定部门的指导下,广东职业教育网络学院为区域范围内 500 万企事业单位在职人员提供"三证人才"快速培养通道,有力地促进了广州学习型城市的建设。②

3. 建立终身学习服务体系的实践

清华大学、浙江大学、宁波大学等 11 所院校近年来对继续教育管理体制机制进行了调整改革,建立了归口管理、各负其责的管理模式。③ 湖北大学、上海财经大学、江南大学、中国石油大学(华东)、西南科技大学等院校对继续教育管理体制机制也进行了许多创新性探索和实践。许多高校还在继续教育校校合作、校地合作、校企合作、政校企合作方面建立了新模式。面向行业企业、地方区域、西部贫困地区、城乡社区、特定人群的终身学习服务体系逐步建立和完善。例如西藏大学建立了覆盖全西藏的继续教育服务体系;河海大学建立了面向基层水利队伍的终身学习服务体系;中国农业大学联合 8 所院校成立了"高校农业科技与教育网络联盟",探索建设面向"三农"的现代教育培训和科技推广服务体系。④ 随着我国提出技能型社会的建设目标,继续教育领域的校企合作已经从校企联盟的内涵和价值研究逐渐向运行机制设计和政策支持保障体系构建发展,其中校企联盟的内在动力、外在制约因素、融合推进机制的定性和定量研究已成为研究热点。

4. 教育主管部门主导的校企联盟实践

教育部完善继续教育管理制度,成立教育部继续教育办公室,统筹管理继

---

① 严冰,张晓华. 开辟数字化学习新疆域:广州市推进学习型城市建设的创新探索[M].
北京:中央广播电视大学出版社,2013.
② 中华人民共和国教育部. 高校继续教育改革发展研讨会暨高校继续教育服务学习型城市、学习型企业发展论坛在四川成都召开[EB/OL]. (2012 - 10 - 11)[2025 - 02 - 25]. http://www.moe.gov.cn/jyb_xwfb/gzdt_gzdt/moe_1485/201210/t20121011_143132.html. 此部分信息来源于广州广播电视大学终身教育指导中心在会上的发言材料.
③ 纲举目张 硕果累累:教育部举行新闻发布会介绍职业教育改革创新进展情况[J]. 职业技术,2013,(03):9 - 11.
④ 中华人民共和国教育部. 高校继续教育改革发展研讨会暨高校继续教育服务学习型城市、学习型企业发展论坛在四川成都召开[EB/OL]. (2012 - 10 - 11)[2025 - 02 - 25]. http://www.moe.gov.cn/jyb_xwfb/gzdt_gzdt/moe_1485/201210/t20121011_143132.html. 此部分信息来源于清华大学在会上的发言材料.

续教育相关工作。教育部创新继续教育服务机制,推动北京大学等 103 所普通高等学校成立普通高等学校继续教育数字化学习资源开放联盟,建立高等学校向社会开放继续教育资源的新机制;推动清华大学等 112 所高校与用友集团等 101 家企业成立大学与企业继续教育联盟,建立高校人才培养与企业人才使用相结合的新机制;推动常州市等近 20 个城市组建继续教育城市联盟,建立继续教育服务地方经济的新机制;批复 50 所普通高校建设继续教育基地,建立高校服务行业的新机制。①

第四节　区域性继续教育校企
联盟组建的关键要点

区域性继续教育校企联盟本质上是一种合作机制,旨在促进教育机构和企业之间的合作,共同推动区域内的继续教育发展。该联盟通常由当地的教育机构(如高等院校、职业培训机构等)和企业组成,两者共同制定并实施继续教育项目和计划。区域性继续教育校企联盟的成员可以通过共享资源、经验和专业知识,开发适应当地经济和社会需求的教育培训项目。这种深度协同机制能够有效促进教育机构实时把握产业动态与人才市场需求变化,进而实现课程体系的动态优化与迭代升级,培养符合企业要求的人才。同时,企业可以通过联盟与教育机构建立联系,获取高质量的培训资源,提升员工的技能和素质。

区域性继续教育校企联盟的具体形式和运作方式可以根据地区和成员的需求来进行调整。一些联盟可能会设立专门的委员会或工作组,负责制定计划和组织培训活动、评估项目效果等工作。联盟成员可以共同筹集资金、分享设施和设备,并在培训项目中提供专业指导和实习机会。区域性继续教育校企联盟的建立,为教育机构与企业搭建了深度协同的创新平台。产教资源的有机整合与优势互补,不仅推动了教育链与产业链的深度融合,更为区域经济转型升级提供了强有力的人才支撑和创新动能。这种联盟模式可以提高继续

---

① 教育部职业教育与成人教育司. 职业教育与继续教育工作贯彻落实《教育规划纲要》取得显著进展[EB/OL]. (2013 - 06 - 26) [2025 - 02 - 25]. http://www.moe.gov.cn/jyb_xwfb/xw_zt/moe_357/s7093/s7419/s7429/201306/t20130627_153556.html.

教育的质量和实效,推动就业和经济增长。总体而言,区域性继续教育校企联盟遵循"产教融合、协同创新"的发展逻辑,将教育和就业需求紧密结合起来,提供符合市场需求的培训和人才培养服务。组建区域性继续教育校企联盟时,通常需要注意以下关键要点。

(1)需求分析。需求分析是构建区域性继续教育校企联盟的逻辑起点,其目的在于确保联盟发展方向的精准性与前瞻性。研究过程应当采用混合研究方法论,通过量化数据采集与质性研究相结合的范式,系统运用问卷调查、深度访谈等传统研究工具,同时整合大数据挖掘、机器学习等现代分析技术,构建多维度的研究框架,深入挖掘当地经济结构、产业升级趋势对人才技能的具体要求,以及就业市场的动态变化。同时,需注重对未来趋势的预测,构建具有前瞻性的人才培养体系,使联盟的教育供给与产业发展的战略需求保持动态适配,为行业转型升级提供持续的人才储备和智力支持。此外,还需通过需求分析了解该地区的继续教育需求和就业市场的需求,具体可通过与当地的企业、行业协会和政府部门合作,进行调研和数据分析,系统把握当前和未来的技能需求和人才供需情况。

(2)合作伙伴选择。根据需求分析的结果,确定适合加入联盟的合作伙伴,包括教育机构和企业。合作伙伴的选择直接关系到联盟的整体实力与运行效率。在联盟建设的关键阶段,应当坚持开放协同、价值共创的发展理念,建立健全科学的准入评估体系,通过多维度的资质审查与能力评估机制,确保加入的教育机构具备丰富的教学资源与深厚的学术底蕴,而企业则应是行业内的佼佼者,拥有先进的技术水平、丰富的市场资源与广阔的实践平台。此外,还需关注合作伙伴之间的文化契合度与协作意愿,为后续的深度合作奠定坚实基础。应选择具有相关专业背景和实践经验,并与各行业的领先企业建立联系的教育机构,确保联盟成员能够提供高质量的教育培训和实际工作机会。

(3)制定发展战略。发展战略的制定是联盟发展的指南针。基于需求分析与合作伙伴选择的结果,应明确联盟的发展愿景、使命与核心价值观,并围绕区域经济发展战略与人才培养需求,细化出具体的发展目标与阶段性任务。在发展战略的制定过程中,应注重战略的前瞻性、可行性与灵活性,确保联盟能够灵活应对外部环境的变化,持续推动区域继续教育的高质量发展。根据需求和资源情况制定的联盟发展战略和目标可能包括确定重点培训领域、签订合作协议、制定合作计划、确定资金筹集方式等。此外,应确保联盟的发展方向与区域经济发展和人才培养需求相匹配。

（4）资源整合。资源整合是联盟高效运作的关键。联盟成员需要共享资源，可以设立共享平台或资源库，方便成员之间的交流和合作。完善的合作机制与资源共享平台的建立可以实现联盟成员间师资、设施、设备及课程资料等资源的优化配置与高效利用。在此过程中，应强化成员间的沟通与协作，打破信息壁垒，消除资源孤岛现象，实现资源的最大化利用与价值创造。同时，还需注重资源的动态调整与持续优化，确保联盟资源始终与区域经济发展与人才培养需求保持高度契合。

（5）课程设计与实施。课程设计与实施是联盟核心竞争力的体现。应紧密围绕区域经济发展与行业需求变化，设计具有针对性、实用性与前瞻性的培训课程与项目。教育机构需积极与企业合作，共同制定课程大纲与教学计划，确保课程内容与行业要求紧密对接。着力构建"做中学、学中做"的实践育人体系，通过共建产教融合实训基地、开发校企协同育人项目等多元化路径，打造沉浸式实践教学平台，实现人才培养与产业需求的零距离对接，提升人才的实际操作能力与职业素养。联盟成员可以共同开发符合需求的培训课程和项目。教育机构可以根据行业要求调整课程内容，与企业合作开展实践教学和实习项目，提供学生和企业接触的机会。

（6）监测与评估。监测与评估是确保联盟培训质量与效果的重要保障。应建立科学、全面、系统的监测与评估体系，对联盟的培训项目与活动进行定期评估与反馈。应通过收集学员满意度、企业认可度及就业率等多维度数据指标，全面评估联盟的培训成效与影响力。基于评估结果，构建培训质量闭环管理系统，依托多维评估指标体系，建立有效的监测与评估机制，通过大数据追踪分析、利益相关者满意度调研、专家评议等多元评估手段，形成周期性质量诊断报告，据此设计精准的培训方案迭代路线图，确保人才培养供给与产业需求保持动态适配，持续提升联盟教育服务的核心竞争力。

（7）政策支持。政策支持是推动区域性继续教育校企联盟发展的重要力量。当地政府与相关部门应对联盟给予政策支持和资金投入，通过出台促进联盟壮大的政策法规，并辅以财政补贴或税收减免等激励手段，激发企业和教育机构投身联盟建设的积极性，为联盟营造良好的发展环境。政府还需加强与行业协会、社会组织等第三方机构的沟通与协作，形成政府引导、市场主导、多方协同的良好局面，共同推动区域性继续教育校企联盟的繁荣发展。

第三章

区域性继续教育校企联盟理论分析框架

本章通过整合一般系统论、"文化—历史"活动理论、结构功能主义理论、合作教育理论，构建兼具系统性、文化性、功能性与协同性的区域性继续教育校企联盟理论分析框架，为后续实践研究提供多维理论工具。

第一节　一般系统论

一、一般系统论简介

　　一般系统论的产生与 20 世纪 30 年代前后生物学中的机体概念以及有机体研究密切相关，可以说，一般系统论来源于生物学中的机体论，是在复杂的生命系统研究中诞生的。人们公认该理论是由美籍奥地利人、理论生物学家 L. 冯·贝塔朗菲(L. von Bertalanffy)创立的。一般系统论这一术语包含非常广泛的内容，所谓一般，是指其适用性比较广泛。贝塔朗菲等对一般系统论的研究范围作了划分：① 系统科学，又称数学系统论，指研究原理在各种事件中的应用；② 系统技术，又称系统工程，指用系统思想和系统方法来研究工程系统、生命系统、经济系统、社会系统等复杂系统；③ 系统哲学，指研究一般系统论的科学方法论的性质，并把它上升到哲学方法论的高度。① 一般系统论的创始者贝塔朗菲认为马克思的辩证法是其系统理论的"先驱"，这反映出系统科学与辩证唯物主义具有密切的联系。随着一般系统论的持续演进，特别是其与信息论、控制论以及新兴的耗散结构理论、协同论和突变论的融合，它已发展成为一门横跨自然科学与社会科学的综合性学科。这一进展使其方法论的重要性日益凸显。

---

① 彭扬，吴承健，张晓萍. 物流系统建模与仿真[M]. 杭州：浙江大学出版社，2015.

二、一般系统论对于本研究的适切性

近年来,一般系统论不仅被广泛应用于哲学、经济学、社会学、管理学、政治学、法学、历史学等学科,极大地推动了这些学科的发展,而且在教育学领域也得到了广泛的应用。① 按照一般系统论的观点,继续教育校企联盟属于社会大系统中的一个子系统,是一个多样的、开放的、综合的系统,而不是一个孤立的系统。因而,继续教育校企联盟必须向全社会开放,汲取社会中的信息与能量,以保证系统的有效运转。既然区域性继续教育校企联盟是有机综合的继续教育系统,那么作为系统的体系的构建,就得遵循一般系统论的基本原理——整体相关性。所谓整体相关性,即系统的整体与部分、部分与部分、系统与环境之间的整体联系统一性。

具体来说,继续教育校企联盟的构建,既要考虑继续教育系统的"整体与部分""部分与部分"的整体联系统一性,又要考虑继续教育的"系统与环境"的整体联系统一性。前者聚焦于继续教育校企联盟内部的一体化,后者聚焦于继续教育校企联盟与外部经济社会生态环境的协调发展。基于一般系统论来研究区域性继续教育校企联盟,有利于从整体上更清晰地找出该系统目前存在的问题和解决问题的途径。

第二节 "文化—历史"活动理论

一、"文化—历史"活动理论简介

辩证唯物主义关于人类活动、意识、反应以及历史发展过程的学说是活动理论的哲学基础。"文化—历史"活动理论(Cultural-Historical Activity Theory,CHAT)起源于德国康德和黑格尔的古典哲学,由苏联著名心理学家维果茨基正式提出,先后经过列昂节夫、鲁利亚和恩格斯托姆等人的发展,已

---

① 王有英. 系统科学方法论与教育研究[J]. 雁北师范学院学报,2004(3):1-5.

成为当代社会科学研究领域中非常重要的理论流派。[1][2]　该理论认为人的一生中存在多种类型的活动,其中"游戏、学习和工作"是学前期、学龄期和成人期占主导地位的三种活动形式,且这三种活动中都蕴涵着丰富的学习因素,学习也因此贯穿于人的一生,成为推动人类生存与发展的最基本手段。[3]　该理论以"活动系统"作为基本分析单元,关注事物间的相互联系,重视系统内部或不同活动系统要素间的矛盾与相互联系,认为矛盾是整个活动系统运转发展的动力源。活动理论研究者重视关注人的主体性和文化的复杂性,将所有活动形式看作一个由内部、外部矛盾驱动的动态发展过程。依据主要分析单元的变化,可以将"文化—历史"活动理论的发展划分为以下阶段。[4]

　　第一代活动理论模型(见图 3-1)主要由主体、客体、工具等要素构成,强调把"文化中介的行动"作为分析单元,代表性学者是维果茨基。维果茨基认为人的心理分为低级心理机能和高级心理机能,而"工具"就是前者向后者转换的中介,所有中介工具都属于文化制品,面向客体的活动是一种社会文化过程。

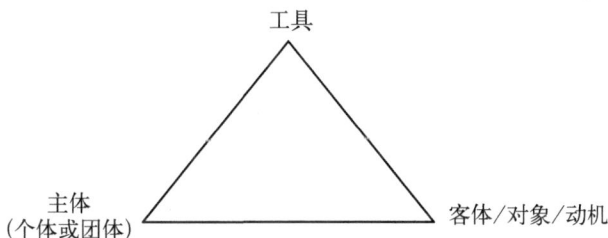

图 3-1　第一代活动理论模型

　　第二代活动理论模型(见图 3-2)主要由主体、客体、工具、规则、共同体、分工等要素构成,强调以整个"活动系统"为分析单元,代表性学者是列昂节夫。列昂节夫在维果茨基关注个体层面的基础上,关注活动系统内部六要素

① 也有学者将"维果茨基"译为"维戈茨基"。
② 张艳超,吴刚,马香媛. "文化—历史"活动理论视角下科学家精神与企业家精神融合研究[J]. 河北工程大学学报(社会科学版),2023,40(2):87-93.
③ 吴刚,洪建中. 一种新的学习隐喻:拓展性学习的研究:基于"文化—历史"活动理论视角[J]. 远程教育杂志,2012(3):23-30.
④ 吴刚,赵军,苏静逸,等. "工作—学习"理论的创新与发展:第四代"文化—历史"活动理论及应用价值[J]. 远程教育杂志,2022,40(2):86-95.

之间的互动关系,进而扩展到关注人与人之间的互动。第二代活动理论模型经常被用于分析人类实践活动中的矛盾。

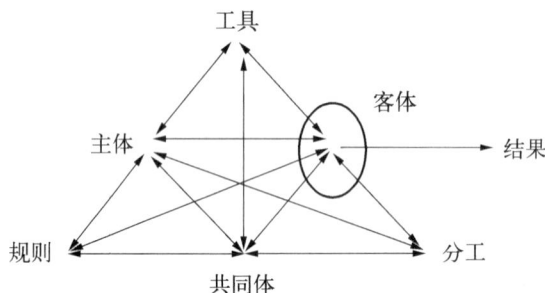

图 3 - 2　第二代活动理论模型

第三代活动理论模型(见图 3 - 3)主要由三个核心要素(主体、客体与工具)、三个社会要素(规则、共同体与分工)、四个体系(生产、消费、交换与分配)等构成,代表性学者是恩格斯托姆。恩格斯托姆将活动理论进一步结构化和模型化,开始关注多个活动系统之间的交互关系,提出了"共享目标"(也被称作潜在共享客体)这一概念,突破了仅研究单一个体和单个活动系统的局限。

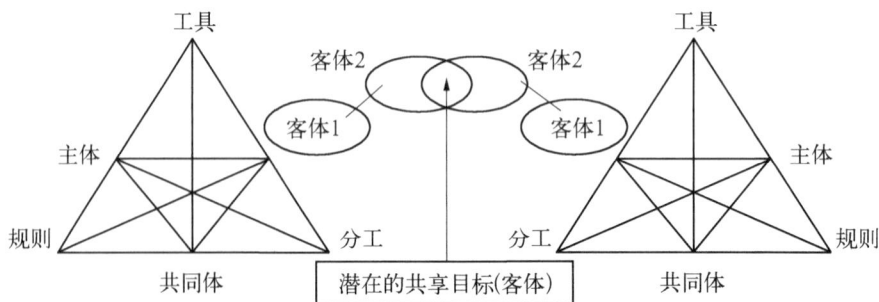

图 3 - 3　第三代活动理论模型

第四代活动理论模型(见图 3 - 4)以活动联盟(activity coalitions)作为新的分析单元,由不同组织及活动类型构成,强调联盟的异质性和跨界性,代表性学者为恩格斯托姆等。这些学者认为分析单元需要围绕最核心、最关键的"共享客体"构建。与前三代理论不同,随着所解决问题的复杂性提升,第四代理论利用多个相互关联的革新实验室作为干预手段及工具,从强调结构关系转向强调过程关系,从强调空间转向强调时间。

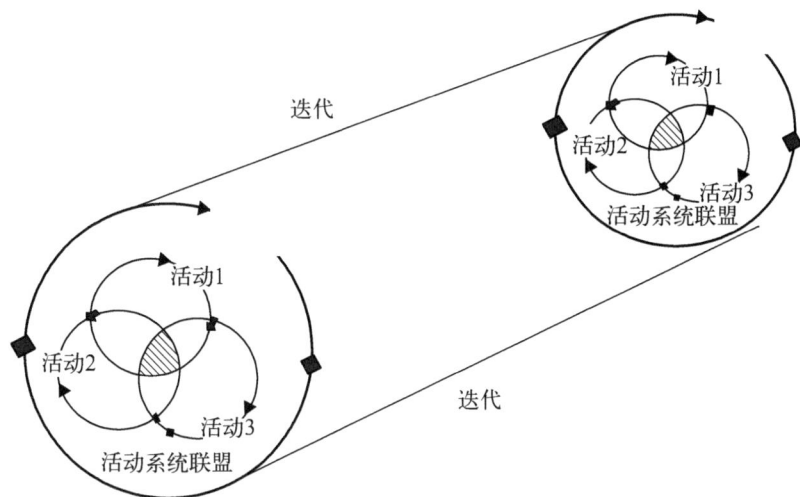

图 3-4 第四代活动理论模型

二、"文化—历史"活动理论对于本研究的适切性

近年来,在中华文明传统智慧与现代西方科技文明的双重作用机制下,学术界围绕产教融合与校企协同创新的研究呈现出显著的学理聚焦趋势:既有研究多着力于概念谱系的辨析、本质属性的阐释以及共生价值的论证,形成了较为系统的认知框架。然而需要指出的是,当前研究在融合创新的实践范式构建层面仍存在明显的研究洼地,特别是在校企协同创新机制建设、产学研协同创新体系运行等方面,亟须突破传统思维定式,构建具有中国特色的产教融合理论模型,为深化推进教育链、人才链与产业链、创新链的有机衔接提供可操作的学理支撑。作为科学社会学的奠基人和结构功能主义流派的代表,罗伯特·金·默顿(Robert King Merton)提出科学界的社会关系结构,即科学共同体(scientific community)。恩格斯托姆将"文化—历史"活动理论发展成为一种方法论,该理论在科技发展和企业经营实践中得到广泛应用,例如马香媛以中国某高校科学家团队为研究对象,尝试用活动理论变革现有团队合作及学习模式;于文浩以活动理论和共创性学习原理为主要分析框架,在案例企业的具体工作情境中阐释共创性学习的多层次互动过程,利用微观层次的主体行动展现跨层次互动的

活动结构。①② 恩格斯托姆的活动理论揭示,价值共识是协同创新的基石性要素。当校企主体间缺乏目标耦合时,合作将面临动能衰减与机制虚化的双重困境,导致创新共同体难以实现知识增值与持续发展。在我国复杂的文化历史背景下,学校继续教育和企业教育两个社会活动系统具有一定的共享目标,即通过教育培训来促进成人学习者综合能力提升和自身的可持续发展,该目标符合一定的文化历史发展规律。③

第三节　结构功能主义理论

一、结构功能主义理论简介

结构功能主义理论的起源可追溯至 19 世纪末至 20 世纪初的社会学思想,它深受 A. 孔特(A. Comte)、赫伯特·斯宾塞(Herbert Spencer)和 E. 迪尔凯姆(E. Durkheim)等思想家的启迪。在这一时期,迪尔凯姆尤为突出,他主张运用结构功能主义来阐释社会现象,并认为每一个制度都承载着特定的功能,并与其他制度相互关联,共同构成一个整体。在这个整体框架中,每个组成部分都必须发挥其独特的作用,以确保整体的稳定运行。因此,在探究任何社会现象时,我们都应从整体的角度出发,深入考察其在社会结构中的位置及其所起的作用。

随着 20 世纪中期社会学的蓬勃发展,结构功能主义逐渐成为主流的社会学理论。其中,塔尔科特·帕森斯(Talcott Parsons)作为该理论的杰出代表,进一步丰富了结构功能主义的理论内涵。他着重强调了社会子系统的互补性和功能性,深入分析了社会系统的适应性、目标达成、整合以及潜在模式维系的机制。帕森斯的理论涵盖了社会系统、文化、社会结构和个体四个核心层

---

① 马香媛,吴刚. 革新实验室:一种新的工作场所学习方法在中国的实践[J]. 浙江社会科学,2016(8):82-89+158-159.
② 于文浩. 工作场所中知识型专业人才的共创性学习:基于一家咨询企业的案例研究[J]. 终身教育研究,2020,31(2):34-41.
③ 张艳超,吴刚,马香媛. "文化—历史"活动理论视角下科学家精神与企业家精神融合研究[J]. 河北工程大学学报(社会科学版),2023,40(2):87-93.

次,并提出了著名的 AGIL 模型。① 这一模型包含了四种必要的功能:① 适应性功能(adaptation),即确保系统从环境中获取所需资源,并在系统内部进行合理分配;② 目标达成功能(goal attainment),即制定系统的目标,明确各目标之间的优先级,并调动资源和引导社会成员去实现这些目标;③ 整合功能(integration),即使系统的各个部分能够协调一致,形成一个有效运作的整体;④ 潜在模式维系功能(latent pattern-maintenance),即维护价值观的基本模式,确保其在系统内部制度化,处理行动者的内部及相互间的关系紧张问题。② 在帕森斯之后,罗伯特·金·默顿作为结构功能主义的另一位杰出代表,对帕森斯的理论进行了批判性的继承和发展。他建立了经验功能主义,对结构功能主义进行了修正,并明确了"功能"与"功能障碍"之间的区别。默顿提出了"功能失调"的概念,深入探讨了社会中不同结构和行为的功能及其影响。

二、结构功能主义理论对于本研究的适切性

帕森斯的 AGIL 模型作为结构功能主义的具体化,为社会学提供了系统化的分析框架。在区域性继续教育校企联盟建设中,这一模型同样具有指导意义。从校企联盟的视角出发,AGIL 功能模式,即适应、目标达成、整合和潜在模式维系,能够为校企联盟的稳定发展提供有力支持。③ "适应"在校企联盟中体现为政府、学校、企业等利益相关者的紧密协作。这种协作不仅有助于校企联盟适应外部环境的变化,还能为其提供必要的资源支持,从而推动技能型社会区域性继续教育的持续发展。"目标达成"则是校企联盟通过有效调动和引导各利益相关者的力量,共同实现既定目标的过程。这一过程不仅有助于形成技能型人才培训体系的一般制度架构,还能确保校企联盟在技能培训方面的专业性和有效性。"整合"在校企联盟中发挥着至关重要的作用。它通过

---

① 杨丽茹. 比较教育研究方法论中的结构功能主义:从帕森斯、安德森到卢曼、施瑞尔[J]. 外国教育研究, 2009, 36 (12): 27 - 32.
② 王浩斌. 马克思主义社会结构理论的结构功能主义审视[J]. 曲靖师范学院学报, 2010, 29(5): 6 - 10.
③ 吴刚, 邵程林, 王书静, 等. 产业工人技能形成体系研究范式的新思考[J]. 现代远距离教育, 2020(2): 23 - 31.

将继续教育培训体系的一般制度架构与校企联盟的各个部分进行有机整合，形成一个协调一致的整体。这种整合不仅有助于发挥个体社会化功能和社会选择功能，还能确保校企联盟在技能培训方面的全面性和系统性。个体社会化功能使各利益相关者在技能人才继续教育培训体系的构建与路径优化中，不仅提升了自身能力，还强化了责任感。与此同时，社会选择功能通过对各继续教育校企联盟平台的甄别与筛选，进一步推动了体系的完善与发展，使其更加适应技能型社会的建设需求，从而在培训市场中形成独特的生态位。综上所述，AGIL功能模式在校企联盟中的应用，不仅有助于保持其相对稳定的发展状态，还能推动技能型社会的持续发展。通过适应、目标达成、整合、潜在模式维系等功能的共同作用，继续教育校企联盟将为技能型社会建设提供有力的支持。

第四节　合作教育理论

一、合作教育理论简介

合作教育理论（Cooperative Education Theory）是一种系统整合学校教育与职业实践的教育范式，其核心在于通过制度化协作机制实现人才培养主体间的资源互补与效能协同。[1] 该理论起源于16世纪劳动教育思想的萌芽。1516年，托马斯·莫尔（Thomas More）在《乌托邦》中提出劳动与教育融合的构想；1648年，威廉·佩蒂（William Petty）则通过"科学工厂"概念构建了技术教育与基础教育结合的早期模型。[2][3] 早期劳动教育思想以及工读模式都为后面美国、德国、日本等国家开展的"合作教育运动"提供了一定的借鉴，同时为现代合作教育理论的产生和发展奠定了坚实的基础。至20世纪初，格奥尔格·凯兴斯泰纳（Georg Kerschensteiner）提出了"劳作教育"的概念，建议把公立学校办成劳作学校，进行职业教育

---

[1]　金海和等. 产学研战略联盟及其机制研究[M]. 北京：中国社会科学出版社，2024.

[2]　莫尔. 乌托邦[M]. 戴镏龄，译. 北京：商务印书馆，1982.

[3]　陈解放. 合作教育的理论及其在中国的实践[D]. 上海：华东师范大学，2002.

和职业技能训练。① 美国辛辛那提大学赫尔曼·施奈德（Herman Schneider）教授于 1906 年正式提出结构化合作教育计划，标志着现代合作教育理论的确立。②

理论发展呈现显著的地域性特征：北美模式以加拿大滑铁卢大学的"工学交替"（Work-Integrated Learning）体系为代表，通过立法保障带薪实习的规范性；英国形成"三明治"（Sandwich Programme）教育范式，将本科教育解构为"学术学期—产业实践—学术深化"的循环结构；日本则在经济转型期发展出"官产学"三维协同机制，通过共同研究中心、委托研发等制度设计实现教育链与产业链的深度嵌合。③ 该理论区别于传统校企合作的本质特征在于其建构了"教育主体—产业主体—科研主体"的三螺旋互动模型，通过课程模块化改造、双导师制实施、能力本位评价等创新机制，使学习者得以在真实生产场域中完成知识建构与技能迁移，最终实现人力资本增值与组织创新需求的结构性匹配。④ 当前中国语境下的实践探索，正着力破解教育供给侧与产业需求侧的张力矛盾，通过继续教育校企联盟等制度创新，推动应用型人才培养范式的转型升级。

二、合作教育理论对于本研究的适切性

合作教育理论对于本研究的适切性具体体现在：合作教育理论既能提供历史维度的范式参照，又可作为分析工具解构校企联盟的运行机理，其理论边界的外延性特征恰好容纳继续教育情境的特殊性需求。这种理论适配关系为构建中国特色的继续教育校企联盟模型奠定了坚实的学理基础。

（一）理论演进的同构性

从劳动教育思想到现代合作教育体系的理论嬗变，本质上反映了教育

① 杜利. 我国职业教育发展的理论与实证研究[D]. 武汉：武汉理工大学，2008.
② 刘须群，陈星. 产学研合作问题研究综述[J]. 江西社会科学，2002(12)：159-161.
③ 王玲，张义芳，武夷山. 日本官产学研合作经验之探究[J]. 世界科技研究与发展，2006(4)：91-95+90.
④ Etzkowitz H, Leydesdorff L. The Dynamics of Innovation: From National Systems and "Mode 2" to a Triple Helix of University-Industry-Government Relations[J]. Research Policy, 2000, 29(2)：109-123.

系统与产业系统从松散耦合到结构化协同的演化规律。① 这种演变轨迹与继续教育校企联盟的发展逻辑具有显著同构特征：二者均致力于破解教育供给侧与产业需求侧的结构性矛盾，通过制度创新实现知识生产场域与知识应用场域的深度融合。合作教育理论提出的"教育主体—产业主体—科研主体"三螺旋模型，为解析校企联盟中多元主体的互动机制提供了关键理论工具。

（二）实践范式的可迁移性

北美"工学交替"体系、英国"三明治"教育范式、日本"官产学"协同机制等典型范式，为继续教育校企联盟的构建提供了可资借鉴的实践模板。其核心经验体现在三个方面：① 制度化的交替学习机制设计；② 标准化的质量保障体系构建；③ 市场导向的能力评价模型创新。这些要素在成人教育情境中展现出特殊的适配价值——通过弹性学制、模块化课程和双元导师制等创新设计，有效破解在职学习者工学矛盾这一核心难题。

第五节　框架构建的学理基础与逻辑描述

本书基于系统科学的整体性思维与教育生态学的交互性特征，结合一般系统论的结构化分析范式、"文化—历史"活动理论的动态演化视角、结构功能主义理论的适应性功能解构以及合作教育理论的协同创新机制，构建"四维一体"的区域性继续教育校企联盟分析框架（见图 3-5）。该框架通过系统结构—功能适配—活动演化—协同创新的整合性分析路径，揭示区域性继续教育校企联盟的生成逻辑、运行机理与优化策略。

区域性继续教育校企联盟作为技能型社会的一个教育培训子系统，与所依存的外部环境动态地进行着物质、能量、信息等资源的交互，进而实现自身

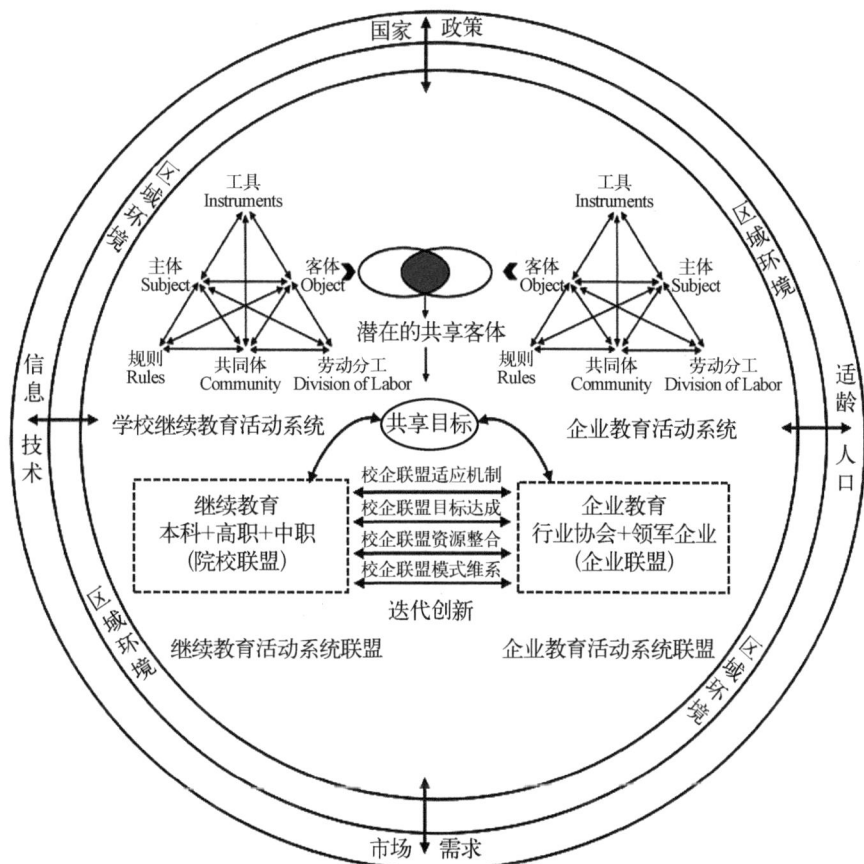

图 3－5　区域性继续教育校企联盟分析框架

的演替发展。① 相较于传统合作教育聚焦于继续教育阶段的"学校—企业"二元结构，继续教育校企联盟在多个维度实现功能拓展（见表 3－1），这种功能拓展并未消解合作教育理论的核心价值，反而通过引入成人学习理论和技术创新理论，形成了更具张力的理论解释框架。②③

---

① 张艳超. 生态视角下我国高等学历继续教育可持续发展研究[M]. 武汉：武汉大学出版社，2021.

② Knowles M S. The Modern Practice of Adult Education: From Pedagogy to Andragogy [M]. Rev. ed. Chicago: Association Press, 1980.

③ Freeman C. Technology Policy and Economic Performance: Lessons from Japan[M]. London: Pinter Publishers, 1987.

表 3-1　继续教育校企联盟多维度功能拓展

维　　度	传统合作教育	继续教育校企联盟
目标定位	职业准备教育	终身学习体系建构
主体构成	院校＋企业	院校＋企业＋政府＋行业组织＋科研机构
作用机制	教学实践衔接	教育链＋人才链＋产业链＋创新链协同
核心功能	技能习得与就业促进	人力资本增值＋技术创新＋组织变革

第四章

区域性继续教育校企联盟演进逻辑

本章通过系统梳理伴随着全球企业革命和技术革新的继续教育校企联盟的发展路径，以及我国继续教育校企联盟的实践轨迹，揭示区域性继续教育校企联盟的动态演进规律。

第一节　工业革命促进继续教育
校企联盟发展

纵观人类社会发展历程，教育活动的变迁与经济发展水平和技术进步程度呈现出显著的协同演进关系。生产力的提升和经济形态的转型升级，不仅为教育发展提供了必要的物质基础，而且也推动着教育内容和形式的不断创新与完善。这种双向互动关系在教育史的发展脉络中得到了充分印证。然而，要在复杂而又互相制约的各种因素中厘清其因果关系却并非易事。[①] 从历史发展的视角来看，校企协同育人模式的演进同样印证了这一规律。作为现代工业文明的重要标志，职业导向的教育形态伴随着产业革命和技术革新而不断发展。特别是在全球化进程中，工业化与信息化的深度融合推动了产教融合模式的创新与实践，使其逐步演化为现代教育体系中不可或缺的组成部分，并在人才培养领域发挥着日益重要的作用。工业革命被视为"把人类历史分开的分水岭"。[②] 18 世纪中叶以来，世界先后发生了四次工业革命，产教融合模式的兴起与发展主要源于欧美发达国家的实践探索，这些国家通过制度

---

① 联合国教科文组织国际教育发展委员会. 学会生存：教育世界的今天和明天[M]. 北京：教育科学出版社, 1996：4.

② North D. Structure and Change in Economic History [M]. New York: W. W. Norton & Company, 1981: 158.

创新推动了学术机构与产业界的深度协作。①

一、机械时代的继续教育校企联盟

第一次工业革命使世界进入了以蒸汽技术为代表的"机械时代",标志着农耕文明向工业文明的过渡。18 世纪 60 年代,随着第一次工业革命的兴起,现代有组织的成人教育最先出现在工业革命发源地——英国。② 1815 年,移居英国的美国人托马斯·波尔(Thomas Pole)撰写了《成人学校的起源及发展》(*History of the Origin and Progress of Adult Schools*),首次将"成人教育"(adult education)作为一个特殊的术语,用来描述与普通学校教育不同的成人学校教育活动。③ 工业化进程催生了大规模的技术培训需求,数以万计的产业工人亟须掌握新型生产技能。与此同时,大量从农业转移出来的劳动力群体也面临着基础文化素养提升的迫切需求。在这一背景下,旨在提升劳动者文化素质与职业技能的成人教育体系应运而生,并迅速获得社会各界的广泛认可。著名教育学家波尔指出,此类教育形式不仅能够提升个体的知识储备、技术能力与综合素质,更具有维护社会秩序、推动经济发展的重要功能。历史研究表明,早期的成人教育实践虽未明确提出"继续教育"这一概念,但其核心内容已聚焦于产业工人的技能提升,并承担着促进社会和谐的重要使命。

二、电气时代的继续教育校企联盟

第二次工业革命使世界进入了以电力技术为代表的"电气时代"。第二次工业革命期间,以能源革新为驱动力的产业变革推动了新型工业体系的建立。石油资源的开发利用不仅推动了钢铁、化工、汽车制造等重工业部门的蓬勃发展,更促进了交通运输业的革命性进步,从而加速了全球经济一体化进程。在

---

① 一些学者认为工业革命是一个突然发生的历史现象,有时间段;也有很多学者,例如道格拉斯·诺思(Douglas North)、卡洛·M. 奇波拉(Carlo M. Cipolla)等,认为工业革命并非一个局限于某一时期的现象,而是一种持续现象。

② 王茂荣,朱仙顺. 成人教育学基础[M]. 北京:职工教育出版社,1988:2.

③ 张艳超. "互联网+"视阈下我国地方高校继续教育与企业教育融合发展研究[M]. 沈阳:东北大学出版社,2020.

此背景下,作为工程技术人员知识更新的重要途径,继续工程教育于 20 世纪 40 年代率先在美国萌芽,并在随后的 20 年间逐步扩展至各主要工业化国家,成为现代教育体系中的重要组成部分。由于受世界新技术革命的影响,科学技术日新月异,"知识半衰期问题"日益显著。① 面对技术革新带来的挑战,工程技术人员亟须通过系统培训提升专业能力。各国政府逐步认识到终身学习的战略意义,纷纷通过政策引导和制度保障,大力推进继续教育体系建设。例如,加强继续教育立法,提供法律保障;推行"有薪学习假",确保受训者利益;鼓励社会各方积极举办继续工程教育,形成多样化办学格局;设立继续教育基金,保障经费来源;紧密联系社会发展,着重培养应用型人才。②③ 1971 年,联合国教科文组织成立了继续工程教育国际专家组,推动世界各国继续教育的发展与合作。可以说,继续工程教育是第二次世界大战后新技术革命发展的"产物"。④ 从国际继续工程教育协会历届会议的演进轨迹可以明显看出,继续教育的战略地位已获得多方共识。教育机构、政府部门、社会组织及学习者个体均日益重视其在人才培养中的独特价值。世界继续工程教育大会信息统计如表 4-1 所示。⑤

表 4-1　世界继续工程教育大会信息统计表

会议时间	会议地点	参加人数	主要议题与内容
第一届 1979 年	墨西哥墨西哥城	约 600 人	讨论面临的世界工业革命浪潮问题;介绍继续工程教育的意义、作用,以及各国的开展情况和传播手段。
第二届 1983 年	法国巴黎	约 300 人	讨论电子技术方面的继续工程教育;介绍发展中国家的继续工程教育、妇女继续工程教育,以及部分国家的相关立法情况。

① 据国外一些科学家统计,软件工程知识的"半衰期"在 20 世纪 80 年代已缩短为 2.7 年。
② 1971 年 7 月 16 日,法国通过了著名的《继续教育组织法》,该法令被一些教育专家称为"继续工程教育的一个重要里程碑"。德国、英国、加拿大等国家也先后进行了继续教育立法。
③ 刘奉越. 发达国家继续工程教育经验及借鉴意义[J]. 继续教育研究,2005(6): 16-19.
④ 张换子. 继续工程教育的历史发展及国外情况[J]. 华南地震,1987,(S1): 105-109.
⑤ 数据来源于国际继续工程教育协会(https://www.iacee.org/)、中国继续工程教育协会(http://www.cacee.org.cn/)等组织的网站以及叶忠海的《大学后继续教育论》(参见叶忠海. 大学后继续教育论[M]. 上海: 同济大学出版社,2011: 147-148.)。

续　表

会议时间	会议地点	参加人数	主要议题与内容
第三届 1986年	美国佛罗里达州奥兰多市	400人	讨论新技术领域的继续工程教育;介绍了多元主体办学和传播手段的创新、美国高技术企业的办学情况和现代信息技术在继续教育教学中的应用探索。
第四届 1989年	中国北京	550人	讨论大型企业和公司中的继续工程教育;报告和研究了大专院校的继续工程教育经验;分别介绍了中国、法国、美国的继续工程教育研究与实践;成立国际继续工程教育协会(International Association for Continuing Engineering Education,IACEE)。
第五届 1992年	芬兰爱斯堡市	466人	议题为"2000年世界继续工程教育的发展及其对世界经济产生的重大影响"。
第六届 1995年	巴西圣保罗市、里约热内卢市	197人	议题为"在全球科技进步过程中继续教育所起的作用",联合国教科文组织代表到会致辞并作报告。
第七届 1998年	意大利都灵市	255人	议题为"知识革命——技术对学习的影响",就教育新技术的有效运用、教育过程的评估与控制、远程教育的环境与管理、知识的测量与识别、中小型企业的继续教育、教育与全球经济竞争等问题进行了讨论。
第八届 2001年	加拿大多伦多市	237人	议题为"信息时代的职业技能:网络、知识和技巧",讨论了以能力为基础的继续职业发展、领导者的工具袋、继续职业发展市场化项目、学习科技、良好教育的价值、远程学习的应用战略规划、产教结合等。
第九届 2004年	日本东京	200人	议题为"国际竞争中的继续工程教育战略",内容大致为继续工程教育的管理、思路和方法,在线网络教育,大学和企业的合作,案例分析和报告。
第十届 2006年	奥地利维也纳市	138人	会议主题为"继续教育的革新与发展";8个专题为继续工程教育管理、继续工程教育合作、继续工程教育教学方法和成人教育、网络和移动学习、继续工程教育的质量管理、能力和知识管理、个案研究、有关继续工程教育的其他值得关注的方面。
第十一届 2008年	美国亚特兰大市	约300人	会议主题为"为工程技术拔尖人才应对全球性挑战做好准备";专题分别针对继续工程教育的现状、挑战、培训需求调查、模式、评估、与企业的合作、创新等方面进行了深入交流。主论坛的学术报告涵盖了工程技术应对全球挑战的具体案例,如自然灾害应急处理、Web2.0学习模式等。

会议时间	会议地点	参加人数	主要议题与内容
第十二届 2010 年	新加坡	约 200 人	会议主题为"教育无边界——全球视野下的继续工程教育";3 个分专题为继续工程教育在应对工程学领域重大挑战时所发挥的作用,全球工程技术人员队伍的发展趋势——校企合作,以及继续工程教育经营、管理和质量问题。
第十三届 2012 年	西班牙巴伦西亚	约 100 人	会议主题为"继续工程教育——竞争、创新和面临的挑战,新思路、新使命和新型服务"。
第十四届 2014 年	美国斯坦福	约 150 人	会议主题为"加强和促进满足工程师需要的 21世纪教育";3 个分专题为未来全球劳动力、教育创新、企校合作。
第十五届 2016 年	葡萄牙波尔图市	约 130 人	会议主题为"专业技术人员继续教育的当前形势、最佳实践和未来发展";会议围绕"校企商联盟促进继续教育""未来继续教育发展模式""发挥各方作用推动继续教育发展"等专题进行了深入研讨。
第十六届 2018 年	墨西哥蒙特雷市	100 多人	会议主题为"筑造继续教育的未来";3 个分专题为侧重"创新"——继续教育模式变革的需求,侧重"合作"——填补终身学习与组织发展需求之间的差距,侧重"学习者"——适应未来终身学习者的需求。
第十七届 2021 年	线上会议	/	会议主题为"工作与学习的未来";该会议旨在探讨如何通过继续工程教育应对快速变化的工作环境和学习需求,强调了创新、可持续性和包容性的重要性,意在推动工程教育的发展以适应未来社会的需求。
第十八届 2022 年	美国布法罗市纽约州立大学	/	会议主题为"继续工程教育的全球当务之急";3 个分专题为可持续发展在继续工程教育中的必要性,创业精神和领导力在继续工程教育中的紧迫性,多元化、公平、包容以及社会公正在继续工程教育中的紧迫性。
第十九届 2024 年	西班牙科米利亚斯	/	会议主题为"面向可持续未来的继续工程教育";3 个分专题为继续工程教育的技术与创新趋势、继续工程教育助力可持续未来、继续工程教育助力多元化和包容性未来。

三、信息时代的继续教育校企联盟

第三次工业革命使世界进入了以计算机及信息技术为代表的"信息时代",本书聚焦于新兴技术领域的人才培养模式创新,系统探讨了继续工程教育的多元化发展路径。本书重点分析了办学主体的结构性变革,特别是以美国高科技企业为代表的产业办学实践。同时,本书对现代信息技术在教学内容传递、教学方法创新等方面的应用进行了深入探讨,揭示了数字化时代继续教育转型的发展趋势。通过案例研究,本书阐述了多元协同育人机制在提升工程技术人才专业能力方面的创新实践与显著成效。但在第三次科技革命条件下,在行业企业层面,大量的新兴行业和企业对从业人员的素质、知识结构和实际技能不断提出新要求;在个体层面,随着社会生产力的不断提高和人们生活的日益改善,人们对自身修养的期望日益提高,对物质生活和精神生活都提出了更高要求。[①] 1998 年在意大利都灵市召开的第七届世界继续工程教育大会以"知识革命——技术对学习的影响"为会议议题,强调新的信息和通信技术正在迅速地改变着工业、商业和其他行业的面貌,在促进新的求知需求产生的同时,也为专业人员的终身教育开辟了新的机遇。[②] 因此,不论是发达国家还是发展中国家都十分重视继续教育,把终身教育和终身学习当成国家经济发展的重要手段。[③] 建设终身学习社会成为世界教育改革和发展的共同趋势。[④]

四、智能时代的继续教育校企联盟

第四次工业革命使世界进入了以人工智能、机器人、量子通信为代表的"智能时代"。近年来,随着慕课(massive open online course,MOOC)、小规模限制性在线课程(small private online course,SPOC)、翻转课堂等新兴模式的

---

① 张艳超. "互联网+"视阈下我国地方高校继续教育与企业教育融合发展研究[M]. 沈阳:东北大学出版社, 2020.
② 贺炜. 第七次世界继续工程教育大会主题和论题[J]. 继续教育, 1997(2): 19.
③ 付跃钦,陈晋南,冀鼎全, 等. 历史的盛会 辉煌的事业:第九次世界继续工程教育大会中方代表与会感言综述[J]. 继续教育, 2004(7): 7-11.
④ 张国安. 服务的力量[M]. 武汉:华中科技大学出版社, 2013.

兴起,以及大数据、语言识别、人工智能等科技的快速发展和关键性技术的突破,信息技术对教育正在产生革命性的影响。[①] 处于成人教育最高层次的继续教育,是终身教育体系的重要组成部分,在信息时代相对于其他层次的教育而言,具有更明显的前瞻性和未来性。[②] 数字化浪潮推动继续教育向智能化、个性化方向转型,其服务范畴已突破传统职业培训的局限,延伸至全民终身学习领域。2022年在美国布法罗市举办的第十八届国际继续工程教育大会上,生成式人工智能(Generative Artificial Intelligence,GAI)的教育应用引发广泛关注。该技术通过创造文本、图像等新型知识载体,不仅对现有数据进行分析或推断,而且为构建全纳性终身教育体系提供了创新解决方案。其在教育中的应用包括评估和评价、学生成绩预测、智能辅导系统和学习管理。会议还对GAI在教育中的应用进行了伦理和管理层面的批判性反思,探讨了如何在技术应用中确保教育的公平性和透明度。随着全球继续教育体系向全方位、多维度方向发展,人工智能技术展现出强大的应用潜力与创新活力,为教育模式的转型升级提供了新的发展动能。

第二节　我国继续教育校企联盟 实践演进过程

一、继续教育校企联盟的探索发展阶段

考虑到继续教育领域的广泛性和研究的聚焦性,本书借助中国知网,搜索国内继续教育校企联盟领域的研究成果,检索语句充分考虑到成人教育、继续教育、终身教育等名词语义的相近性,以及校企合作和校企联盟的语义相通性。[③] 本书通过系统检索共获得 1 654 篇有效文献作为分析样本,运用

---

① 张艳超. "互联网+"视阈下我国地方高校继续教育与企业教育融合发展研究[M]. 沈阳:东北大学出版社, 2020.

② 叶忠海. 大学后继续教育论[M]. 上海:同济大学出版社, 2011.

③ 检索条件:(主题:继续教育校企合作)OR(主题:继续教育校企联盟)OR(主题:成人教育校企合作)OR(主题:成人教育校企联盟)OR(主题:终身教育校企合作)OR(主题:终身教育校企联盟)。

CiteSpace 知识图谱分析工具对样本数据进行可视化处理,绘制出国内继续教育校企联盟研究的关键词时间线知识图谱(见图 4－1)。[①] 研究数据显示,我国产教融合实践的理论探索最早可追溯至 20 世纪 80 年代,而系统性的校企协同育人研究则始于 20 世纪 90 年代(这一发现较既有研究将起源时间向前推进了 10 年)。

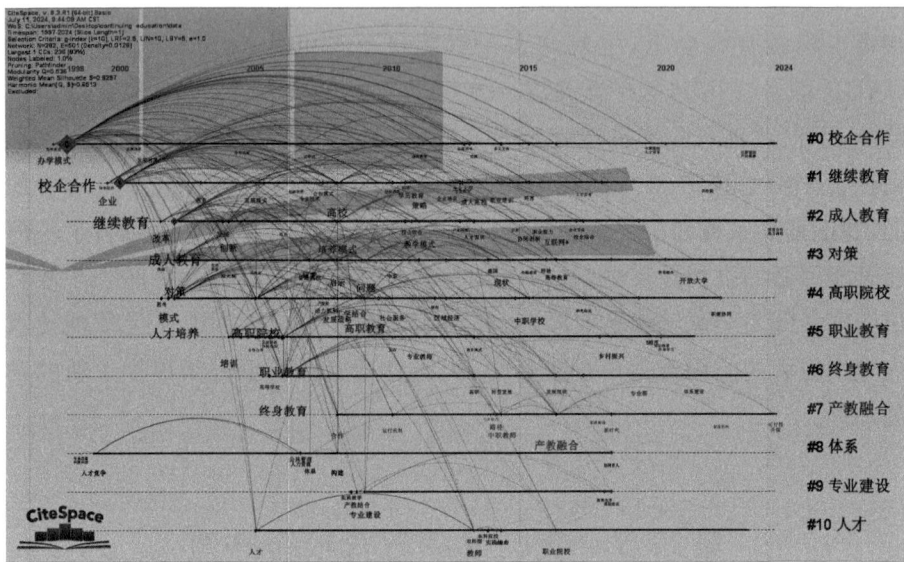

图 4－1　国内继续教育校企联盟研究的关键词时间线知识图谱

随着社会主义市场经济体制的逐步确立,我国经济社会发展模式发生深刻变革。[②] 在此背景下,产业界与教育界积极探索创新发展路径,推动校企协同育人模式的形成与发展。教育行政部门相继出台多项政策文件,为产教融合提供制度保障。1981 年 2 月,《中共中央、国务院关于加强职工教育工作的决定》的颁布实施,标志着我国职工教育培训体系进入制度化、规范化发展阶段。1982 年,国家相继发布《中共中央、国务院关于国营工业企业进行全面整顿的决定》和《全国职工教育管理委员会、教育部、国家劳动总局、中华全国总工会、共青团中央关于切实搞好青壮年职工文化、技术补课工作的联合通知》,

---

① 中国知网数据库导出的研究样本,不含每篇文献的参考文献数据信息,故不能做参考文献共被引分析。

② 张艳超,徐昊宇,赵杰. 技能型社会构建中的继续教育校企联盟:内涵特征、演进分析和发展策略[J]. 终身教育研究,2024,35(5):30－39.

明确将青年职工的文化素质提升与技能培训纳入企业改革的重要内容,为后续校企合作的深入开展奠定了政策基础。显然,此时行业内企业迅猛发展的势头与人力资源质量滞后的现状形成了鲜明对比,行业迫切需要大量的文化教育及技术技能培训师资力量,以推进成人继续教育项目。这一需求为成人教育范畴内的校企合作铺设了道路。1986 年,《国家教育委员会、国家计划委员会、国家经济委员会关于经济部门和教育部门加强合作促进就业前职业技术教育发展的意见》明确指出,职业技术教育对于提升企业员工整体素质具有关键作用,并强调国内外实践案例均验证了经济界与教育界携手合作,是加快职业技术教育发展的关键策略。① 此文件极大地推动了企业与教育机构之间的协作,尤其是在成人教育与高等职业教育板块,为继续教育领域校企联盟的萌芽与成长奠定了稳固基石。② 在这一时期,成人教育通过校企合作的模式深入实施岗位培训,灵活采用多元化的教学方法,高效整合现有资源,致力于提升从业人员的职业能力和生产技术。同时,这一合作模式还涵盖了制定岗位标准、组织专家团队规划培训方案、设计课程体系、编纂教学材料、协同考核机构对培训成效进行评估等多方面工作。由于能够即时且显著地提升劳动者的综合素养,进而直接带动经济效益与工作效能的提升,成人教育已逐步成为我国教育体系中不可或缺的一环,与基础教育、职业技术教育及普通高等教育并肩而立,共同发挥着至关重要的作用。

进入 20 世纪 90 年代,随着我国改革开放步伐的不断加快,市场经济体系逐步构建成型,我国的经济架构与发展模式正经历着根本性的转型。在此背景下,产业界与高等教育机构纷纷着手探索各自改革与发展的新方向及实施路径。企业与教育机构之间的携手合作,逐渐成为一种被广泛认可的趋势。例如 1997 年,刘平等学者以哈尔滨工程大学与河南柴油机厂在计算机辅助设计工程技术领域的合作中开展的科技人员的互访研修活动为例,提出校企科技人员互访研修是继续教育的一种有效形式。③ 校企之间开展科技人员互访研修的特点是"灵活、互补、互助",学校与企业要发挥各自在地缘和学缘方面

① 国家体改委办公厅. 十一届三中全会以来经济体制改革重要文件汇编(下)[M]. 北京: 改革出版社, 1990.
② 吴震. 高考选报志愿的技巧方法[M]. 北京: 中国城市出版社, 1995.
③ 刘平, 莫荣寿, 于险波. 校企科技人员互访研修是继续教育的一种有效形式[J]. 继续教育, 1997(5): 22-23.

的有利条件,摆正"依靠"与"服务"的关系。企业与学校之间的合作模式之一即为校企合作,其核心旨在促进双方资源的有效整合与共享。而校企联盟,作为校企合作的深化形态,其主旨在于通过更为紧密的合作机制,实现校企在资源共享、信息共享、人才培养等方面的合作,促进校企之间的深度合作,提高教育质量,促进企业发展。当然在初始阶段,校企合作的形式较为单一,主要以校企联合办学、校企合作开发课程等为主。校企双方在合作中存在着很多问题,如合作机制不健全、合作内容单一、校企双方利益分配不均等。

二、继续教育校企联盟的多元发展阶段

随着经济的持续增长和教育体系的深化改革,校企合作在我国职业教育领域逐渐占据核心地位,成为职业教育发展的关键趋向。1996 年,《中华人民共和国职业教育法》的正式实施是我国职业教育法制化进程的开端,该法不仅明确了行业组织、企事业单位在职业教育中的法定职责,还详细规定了企业参与职业教育的具体途径,为校企合作的深入发展奠定了坚实的法律基础。1999 年,国务院批转了教育部拟定的《面向 21 世纪教育振兴行动计划》,该计划着重推行现代远程教育项目,致力于构建开放式的教育网络体系,以推动终身学习理念的实现。进一步地,《国家中长期教育改革和发展规划纲要(2010—2020 年)》强调了信息技术对教育的深远影响,着重指出要扩大应用型、复合型、技能型人才的培育规模,并鼓励学校、科研机构、企业等多方力量携手开展继续教育项目,共同促进教育事业的繁荣与发展。

随着校企合作机制的不断成熟与完善,现代化教育技术的应用加速了继续教育校企联盟向多元化发展阶段迈进。这一进程始于基础性的合作模式,如将教师直接送入企业进行面对面授课、设立学生实训实习基地、开发纸质教育材料等。随后,合作范围逐步拓宽,涵盖了共同构建继续教育在线学习平台、实现数字学习资源的共建与共享、联合探索成人"学历融合技能"的人才培育新路径等,这些举措有力地推动了区域性学习型社会的建设,以及企业内学习型组织的形成与发展。

此种多元化的协作模式为校企双方开辟了更为广阔的发展空间,促进了各类继续教育校企联盟的创新涌现。就跨区域合作而言,经教育部的引领与推动,2012 年,清华大学、北京大学等 15 所高校,与用友集团、中国邮政集团、

中智集团等 10 家知名企业作为发起单位,在成都"高校继续教育改革发展研讨会暨高校继续教育服务学习型城市、学习型企业发展论坛会议"上共同发起并成立了大学与企业继续教育联盟,致力于探索校企合作在继续教育领域的新机制与新模式。2014 年,在清华大学顺利召开的"校企合作经验交流会暨大学与企业继续教育联盟建设会议",见证了 45 所高等院校与 53 家企业作为常务理事单位积极参与继续教育校企联盟的建设,为联盟的蓬勃发展注入了鲜活的动力。[①] 在省级范畴内,2016 年的郑州大学企业发展论坛成为一个重要节点,其间,10 所高等院校、10 家企业以及 10 个行业或商业协会携手,共同倡议并成立了河南省大学与企业继续教育联盟,旨在联合探索继续教育的新路径,深化人才培养与产业需求的对接,为河南省的经济与社会进步提供坚实的人才基石与智力援助。至于市级层面,继续教育校企联盟虽然规模相对较小,但数量众多,特别是在民营经济蓬勃发展的宁波、温州等地,各式各样的继续教育校企联盟应运而生,例如"温州大学企业联盟继续教育平台",该平台专注于为区域内行业企业的员工提供学历继续教育与多样化的非学历培训服务。[②]

　　在学历继续教育范畴,本科自考与专科函授教育实现了学历层次的顺畅衔接,校企双方携手制定教学目标、培养蓝图、教学流程、课程体系及评估体系。至于非学历培训领域,则涵盖了岗前研修班、高级技工研修项目等,校企双方开始探索共建实训基地、协同开发培训教程,并联合了组织技术技能竞赛及毕业生双选会等活动。随着合作的深化,校企双方日益重视合作内容的深度与广度,合作机制逐渐完善,双方的角色定位也越发清晰合理。在此背景下,应用型、复合型、技能型人才的培育质量及教学模式赢得了企业的肯定与员工的好评,继续教育中"学历＋技能"的人才培育模式也吸引了学术界的广泛关注,成为研究的焦点议题。如图 4-2 与图 4-3 所示,迈入 21 世纪以来,随着高等教育普及化的持续推进,特定时期内,"发展"(2004—2010)、"成人教育"(2007—2008)、"创新"(2009—2013)、"高职教育"(2009—2012)、"工学结

①　本刊记者. 建设校企合作平台推进人才培养创新: 大学与企业继续教育联盟访谈[J]. 继续教育, 2015, 29(8): 3-5.
②　服务地方, 回馈社会: 记"温州大学企业联盟继续教育平台"低压电器行业人才培养校企合作研讨会[EB/OL]. (2013-02-01)[2025-02-02]. https://wdcj.wzu.edu.cn/info/1136/3292.htm.

合"(2009—2014)、"模式"(2012—2014)等关键词成为突显热点,标志着继续教育校企联盟步入了快速发展阶段。在成人继续教育及高等职业教育领域,工学结合、校企合作、校企联盟的研究重心逐渐由实践摸索转向模式构建与理论深化。校企联盟的发展和演进,不仅对我国的教育体制产生了深远的影响,也对我国的企业发展产生了积极的推动作用。在这个阶段,继续教育校企联盟实践逐渐走向多元化,校企双方开始尝试更多的合作形式,例如,校企双方共同建立实训实习基地、联手开发教育教材、合作举办技能竞赛等活动逐渐增

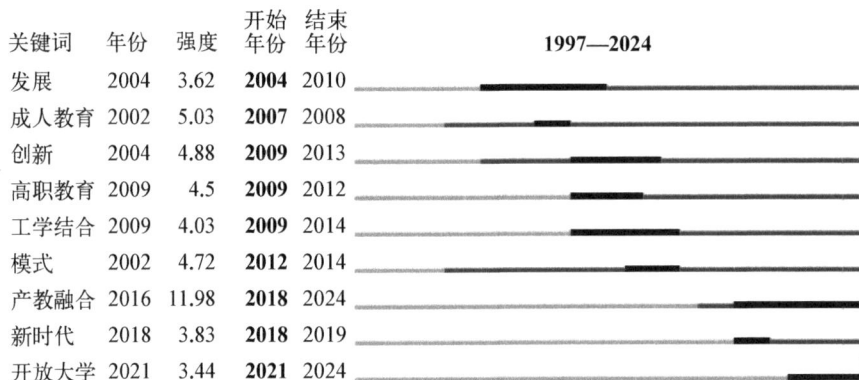

关键词	年份	强度	开始年份	结束年份	1997—2024
发展	2004	3.62	**2004**	2010	
成人教育	2002	5.03	**2007**	2008	
创新	2004	4.88	**2009**	2013	
高职教育	2009	4.5	**2009**	2012	
工学结合	2009	4.03	**2009**	2014	
模式	2002	4.72	**2012**	2014	
产教融合	2016	11.98	**2018**	2024	
新时代	2018	3.83	**2018**	2019	
开放大学	2021	3.44	**2021**	2024	

图 4-2　国内继续教育校企联盟研究的关键词突显知识图谱

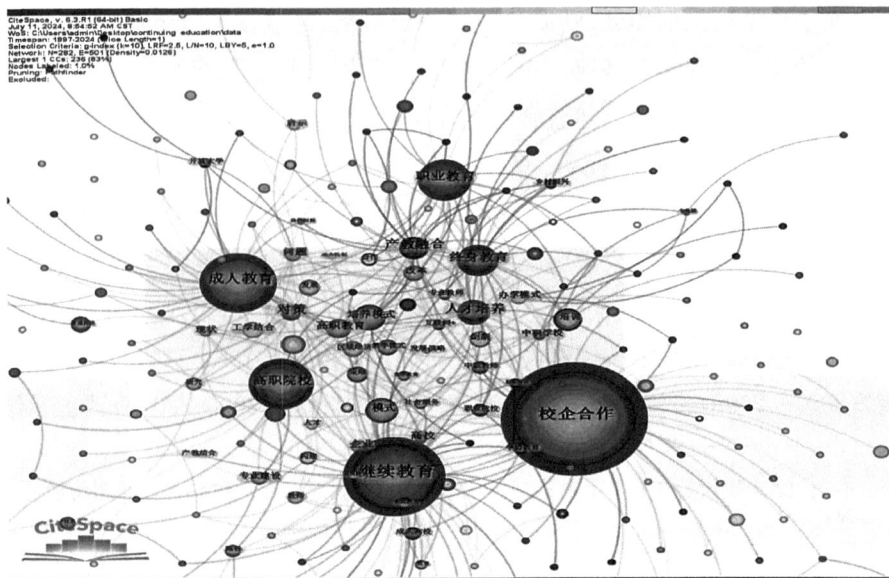

图 4-3　国内继续教育校企联盟研究的关键词共现分析知识图谱

多。然而,在这一进程中,校企之间的合作依然面临着诸多挑战与问题,如校企合作的利益分配机制不完善、校企双方在合作中的角色定位不清晰、继续教育人才培养质量不高、社会认可度低等。

三、继续教育校企联盟的创新发展阶段

作为全球制造业的中心,我国对高素质技能人才的渴求越发强烈。2021 年4 月,全国职业教育大会开创性地提出了构建技能型社会的理念与战略导向。2021 年 10 月,中共中央办公厅与国务院办公厅联合印发了《关于推动现代职业教育高质量发展的意见》。该意见清晰指出,技能型社会建设将于 2025 年全面推进,并预计到 2035 年,技能型社会基本建成,这标志着我国职业教育改革迈入了一个崭新的发展阶段。政策的驱动、国家战略的引领、经济社会发展的实际需求、信息技术的飞速发展、人口老龄化和生育率下降等外部环境因素,共同推动了继续教育校企联盟迈向创新发展的新阶段。从政策层面分析,随着技能型社会建设的深入、新型城镇化战略的推进以及积极应对人口老龄化挑战的需求,构建一个纵向衔接、横向贯通的学分互认教育体系,以服务于全民终身学习,已成为当务之急。党的二十大报告强调,要"统筹职业教育、高等教育、继续教育协同创新",而如何更有效地发挥高等继续教育与职业教育的职后教育作用,是统筹"三教"协同创新发展的关键所在。从市场需求层面观察,科技进步与产业升级带来了新兴产业的蓬勃发展与传统产业的持续升级,这对教育体系提出了与之相匹配的要求,即通过产教融合的方式,培养出符合市场需求的高素质技能型人才,从而缓解毕业生就业的结构性矛盾,促进教育链、人才链、产业链与创新链的深度融合。随着第四次工业革命的到来,特别是生成式人工智能技术的迅猛发展,职业岗位更迭加速,专业技能升级频繁,继续教育的定位已转变为满足个人终身学习的需求。在我国大力发展银发经济、推动智慧健康养老产业发展的背景下,继续教育与培训已成为促进服务消费高质量发展,优化服务供给结构,释放服务消费潜力,更好满足民众个性化、多元化、高品质服务需求的重要途径。

技能型社会是一种崭新的社会形态。[①] 随着技能型社会构建步伐的加速以

---

① 韩通,郄海霞. 面向 2035:我国技能型社会建设的内涵实质、现实逻辑与机制路径[J]. 职业技术教育,2022,43(19):20 - 26.

及产业工人中老年群体的日益壮大,继续教育校企联盟不仅被视作一种先进的教育合作模式,更成为顺应时代潮流的产业发展新范式。加速培育新型生产力的核心在于塑造一支新型劳动者大军,而继续教育校企联盟将在孕育能够引领新生产力发展的战略型人才以及众多能熟练操作新型生产资料的实用型人才方面展现积极作用。随着区域性校企合作政策环境的持续优化,产教融合型企业将迎来"金融、财政、土地、信用"等多维度激励政策,学校凭借校企合作、技术服务、社会培训等项目取得的收益,可按一定比例纳入绩效工资范畴。这些措施极大地提振了校企合作的热情,使得合作内容更为丰富多元,合作机制越发完善,合作的深度与广度也得到了显著拓展。以合作驱动发展,这一理念在教育界与企业界已达成共识,并催生了众多具有代表性的继续教育合作典范。

面对国家发展的战略需求,继续教育校企联盟进入创新发展阶段。校企双方开始注重合作的深度和广度,校企双方开始将校企合作与人才培养、企业创新、产业升级等战略目标相结合,形成校企合作的共识。在这个阶段,校企双方开始注重合作中的资源共享和互利共赢,合作内容更加注重创新和实用。校企创新联合体构建本质上就是实施创新驱动发展战略、构建和谐经济生态系统的过程。区域应用型本科高校、高职院校、中职院校形成的集群,发挥着知识主体功能,是培养创新型应用人才的重要基地;行业企业是人才使用、技术应用、成果转化的最终归宿。通过图4-4可以看出,在我国继续教育校企联盟研究领域,关键词"校企合作"被引用最多,年轮环最大,关于校企合作的研究占有非常重要的地位,大多数的研究都是围绕其展开的;"继续教育""成人教育""终身教育""高职院校""职业教育""人才"等关键词引用频次较高,同时网络中心性值也很高,是该知识图谱的关键节点。[1][2] 这表明在构建技能型社会和学习型社会的大背景下,继续教育领域的校企合作既是研究热点,也是研究的核心所在。校企合作不仅是一种教育模式,也是一种产业发展模式。随着我国经济的不断发展,校企合作将会越来越受到重视,以适应新的经济发展需求。在继续教育校企联盟的实际运作中,其发展历程呈现出鲜明的阶段性特点。在初步探索期,校企之间的合作尚处于浅层次,实践模式相对单一;步入多元发展时期后,校企合作的深度与广度均有所拓展,实践模式也趋向多样化;而在创新发展阶段,区域创新联

---

[1] 年轮环反映了节点在引文网络中的地位。某个节点被引用次数越多,其年轮环就越大;某个节点在某个年份内被引用的次数越多,相应颜色的环层就越宽。

[2] 张艳超,周志峰.文献挖掘与可视化实验教材[M].沈阳:东北大学出版社,2020.

合体建设成为继续教育校企联盟的新样态,并随着技能型社会建设的推进、经济社会的发展和国家战略需求的升级而不断演进。

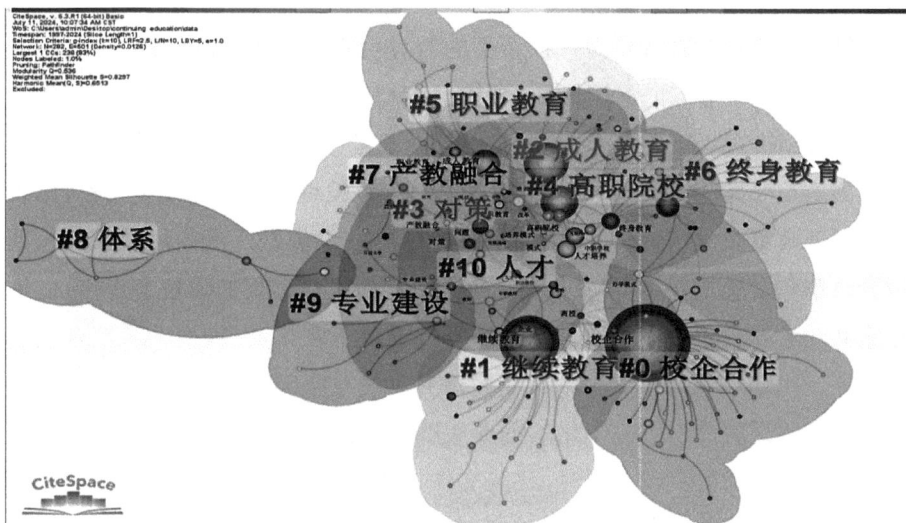

图 4-4　国内继续教育校企联盟研究的关键词聚类分析知识图谱

第三节　我国继续教育校企
联盟演进因素分析

　　本书基于一般系统论、"文化—历史"活动理论、结构功能主义理论、合作教育理论设计了区域性继续教育校企联盟分析框架(见图 3-5),其外部环境主要由宏观与微观两大层面构成。宏观环境的变化主要由国家政策导向、市场需求动态、信息技术革新以及适龄人口变动这四个核心要素所映射,而微观环境的变化则主要体现在区域环境的特异性上。[1] 在系统内部,学校继续教育与企业培训作为两个具有差异性的活动体系,共同肩负着培养技能型人才的使命。两者潜在的共同目标,通过持续的迭代与创新,促进了兼具异质性与跨界性特点的继续教育校企联盟的形成和发展。

---

[1]　张艳超. 生态视角下我国高等学历继续教育可持续发展研究[M]. 武汉:武汉大学出版社,2021.

一、国家政策因素影响

继续教育校企联盟作为一种新型的教育合作模式,旨在促进校企之间的资源共享、技术创新和人才培养。然而,这种模式的发展并非一帆风顺,政策因素对其演进过程产生了重要影响。首先,政府政策的支持和引导是校企联盟发展的重要推动力。近年来,我国政府高度重视继续教育和校企合作,出台了一系列政策文件,为校企联盟的实践提供了政策依据。例如,《国家中长期教育改革和发展规划纲要(2010—2020年)》明确指出,要加强校企合作,促进校企共同培养人才。这为校企联盟的实践提供了政策支持,推动了校企联盟的发展。[①] 其次,政策因素也对校企联盟的实践内容产生了影响。政府政策鼓励校企联盟开展产学研一体化的创新实践,这有助于校企联盟在技术创新和人才培养方面取得突破。同时,政策文件也明确要求校企联盟要注重学生的实践能力和就业能力的培养,这为校企联盟的实践提供了方向。2022年10月,中共中央办公厅、国务院办公厅印发了《关于加强新时代高技能人才队伍建设的意见》,该意见着重强调了技能人才是支撑中国制造、中国创造的重要力量。文件指出,至"十四五"规划期末,我国将致力于构建一个更为完善的高技能人才政策体系,推动技能人才队伍持续壮大,使技能人才在就业人员中的占比达到30%以上,且高技能人才在技能人才中的比例达到三分之一。为此,将建立以行业企业为主体、职业学校为基础、政府推动与社会支持相结合的高技能人才培养体系,并积极探索具有中国特色的学徒制模式,进一步深化产教融合与校企合作,推行定制化培养方案与灵活多样的培训体系。2023年12月8日,浙江省人民政府办公厅发布了《浙江省人民政府办公厅关于开展省域技能型社会建设的指导意见》(浙政办发〔2023〕66号),该文件提出到2027年,全省技能人才总量达到1 500万人以上,占从业人员比重超过37%;高技能人才总量达到550万人以上,占技能人才比重超过37%;构建三大技能体系,分别是技能培育体系、技能创富体系和技能生态体系。具体措施是瞄准产业需求完善技能人才培养规划,打造"30分钟职业技能培训圈",深化产教融合、校企

---

① 朱小军. 多元合作共治:职业教育校企合作的路向选择[J]. 职教论坛,2016(7):31-35.

合作,推进行业、区域间技能人才协同培养等。2024 年 3 月,河南省发布了《2024 年"人人持证、技能河南"稳规模优结构增实效建设工作方案》,该文件明确了全年完成职业技能培训 200 万人次以上,新增技能人才 150 万人,新增高技能人才 90 万人。① 该文件还提出实施"十大专项"行动,包括制造业技能根基培训专项、现代服务业技能提升培训专项等,旨在紧密对接产业链需求,大规模培养培训急需紧缺技能人才。贵州省人力资源社会保障厅发布了《省人力资源社会保障厅关于做好 2024 年职业能力建设工作的通知》,提出实施"贵州技工"工程、"黔菜师傅"工程、"黔灵家政"工程、"黔旅工匠"工程等,以提升职业技能培训质量和效果。这些政策的出台和实施,对新时期继续教育校企联盟的创新发展提出了更高的要求,旨在通过健全培养体系、创新培养模式、加大培养力度、完善激励机制等措施,推动技能人才队伍规模不断壮大、素质稳步提升,为经济社会发展提供有力支撑。

二、市场需求因素影响

《2024 年全球人力资本趋势》报告由德勤(Deloitte)发布,该报告详细探讨了当前和未来的人力资源管理领域中的七大关键趋势,如人的可持续发展、企业人员绩效、管理透明度、多元化组织等。这些趋势旨在揭示业务与人才产出如何共同助力组织获得成功。随着全球经济的发展和科技的迅猛进步,人力资本正成为企业竞争的关键因素之一。特别是生成式人工智能、虚拟现实等技术的飞速发展,正在显著改变工作方式和员工能力提升的方式。此外,报告还强调了信任和人的可持续发展的重要性,建议企业更新组织架构,运用这些新技术来提升人才能力。企业需求的变化必然导致劳动力就业市场需求的变化,成人学习者需具备持续汲取新知与掌握新技能的能力。这一需求为继续教育提供了施展身手的机会与平台。随着传统阶段性学校教育向终身教育理念的转变,继续教育的办学领域正在不断拓展,其影响力也在不断深化。

市场需求因素对继续教育校企联盟实践演进的影响是多维度且深远的。市场经济的发展极大地拓展了校企合作的广度和深度。在这样一个动态变化

---

① 陈微娴. 全年完成职业技能培训超 200 万人次[N]. 河南工人日报,2024 - 03 - 26(1).

的经济环境中,企业为了保持竞争力,必须不断更新和升级自身的技术与管理模式。与此同时,很多学校的继续教育学院或培训中心,通过与企业的紧密合作,能够为大学毕业生提供更加贴近市场需求的实践性教育,从而有效提升学生的实际应用能力和市场竞争力。在激烈的市场竞争下,企业不断寻求新的合作伙伴,以扩大市场份额和提升品牌影响力。面对日新月异的市场环境,企业需不断革新合作模式与策略,以灵活应对市场的快速变迁。继续教育校企联盟恰好充当了这样一个高度灵活且适应性强的合作桥梁。借助与企业的深度协作,学校能够不断探索和尝试更加多样化的校企合作模式,从而为学生提供更加全面和实用的教育体验。随着市场经济的不断发展和变化,继续教育校企联盟的实践演进逻辑将继续深化和完善,为继续教育和企业教育领域的发展带来更多的机遇和挑战。

构建学习型城市、学习型社会及技能型社会已成为全球各国的普遍共识,而区域性继续教育校企联盟则被视为应对多重挑战的关键策略与基本途径。联合国教科文组织界定了学习型城市的核心特征,该特征涵盖三大建设目标、六大支柱及三大基础保障,共计 60 项具体指标,其中六大支柱(见表 4 - 2)与继续教育紧密相连。当前,全球超过半数人口居住于城市,预计到 2050 年,这一比例将攀升至 70%。由此可见,继续教育在推动学习型城市与技能型社会建设的过程中扮演着至关重要的角色,学习型城市建设步伐的加快无疑将为继续教育校企联盟的发展开辟更为广阔的空间。

表 4 - 2 联合国教科文组织界定的学习型城市核心特征的六大支柱①

序号	支 柱 名 称
1	全面提高从基础教育到高等教育的入学率
2	鼓励社区学习
3	提升职业培训和工作场所学习的效率
4	扩展现代学习技术应用
5	改善并优化学习质量
6	创造充满活力的终身学习文化

① 谢浩. 学习型城市评价工具的国际比较研究[J]. 开放学习研究,2017,22(03):14.

三、信息技术因素影响

继续教育校企联盟的发展，还需要技术的推动。随着科技的进步，新的教育方式和培训模式不断涌现，为校企联盟提供了新的发展机遇。例如，在线教育、虚拟现实、人工智能等技术的发展，为校企联盟提供了更多的教育方式和培训手段，可以更好地满足企业和社会的需求。美国公布《2016—2045 年新兴科技趋势》预测报告，强调数字技术和网络科技在科技进步中的核心地位将持续增强，虚拟现实与增强现实技术将迎来更为迅猛的发展，预计在未来 30 年间，这些技术将占据主流，对于弥补现代远程教育中情境学习能力的短板具有深远意义。① 据预测，至 2030 年，全球将有 75% 的人口接入移动网络，60% 的人口能享受到高速有线网络的便利。② "智慧城市"在信息与通信技术的驱动下持续壮大。我国教育部印发了《教育信息化 2.0 行动计划》，明确提出认定百个典型区域、千所标杆学校、万堂示范课例，汇聚优秀案例，推广典型经验，并启动"人工智能＋教师队伍建设行动"。③ 此外，工业和信息化部等四部门印发了《国家人工智能产业综合标准化体系建设指南（2024 年版）》，工业和信息化部等三部门印发了《制造业企业数字化转型实施指南》，这些政策措施旨在加速技术创新步伐，促进产业升级，推动经济社会高质量发展。

人工智能技术作为继续教育校企联盟发展的重要影响因素，其作用体现在多个方面，不仅推动了教育模式的创新，还促进了校企合作的深化，人工智能技术凭借大数据分析能力和机器学习算法，为继续教育领域带来了新的生机。它通过分析学生的学习行为模式、兴趣倾向及学习节奏，能够定制个性化的学习路径，并精准推荐学习资源，从而使得继续教育内容更加紧密地贴合企业的实际需求，为企业员工提供定制化的培训方案，从而提升他们的职业技能和竞争力。人工智能技术还是智能辅助教学系统的开发基础。这些系统能够实时分析成人学习者的学习数

---

① 美国《2016—2045 年新兴科技趋势》报告[C]//西南汽车信息（2018 年第 9 期总第 390 期）．[出版者不详]，2018：32 - 40.
② 美国《2016—2045 年新兴科技趋势》报告[C]//西南汽车信息（2018 年第 9 期总第 390 期）．[出版者不详]，2018：36.
③ 中华人民共和国教育部．教育部关于印发《教育信息化 2.0 行动计划》的通知[EB/OL]．(2018 - 04 - 13)[2025 - 02 - 25]. http://www.moe.gov.cn/srcsite/A16/s3342/201804/t20180425_334188.html.

据,为教师提供教学反馈和建议,帮助教师更好地了解学员的学习状况,调整教学培训策略。通过引入人工智能技术和相关项目案例,学校可以与企业共同开发实践教学课程和实训实习项目,使学生在实践中掌握专业知识和技能。同时,企业也可以借助学校的科研力量和人才资源,推动技术创新和产业升级。信息技术的发展对校企联盟实践演进产生了深远的影响。它为校企联盟提供了新的合作方式和平台,拓展了联盟的合作空间,提供了更加灵活和高效的合作方式。同时,信息技术的进步也带来了新的挑战。例如,信息安全问题日益突出,继续教育校企联盟需要进一步加强信息技术的应用研究,提升信息技术的应用能力。同时,联盟成员还需要加强信息共享和交流,共同推动校企联盟的可持续发展。

四、适龄人口因素影响

从我国人口发展规律来看,联合国方案预测结果显示,中国的劳动年龄人口(18~64 岁)在未来很长一个时期内将持续地加速减少,2015 年约 10 亿人,到 2050 年将减少 2 亿人,其中 2030 年以后下降的速度加快。[1][2]《国务院关于印发国家人口发展规划(2016—2030 年)的通知》(国发〔2016〕87 号)围绕人口总量、人口结构、人口素质、人口分布等维度,设定了我国人口发展阶段性目标(见表 4-3)。该文件明确指出,2021—2030 年,我国人口发展进入关键转折期,但人口众多的基本国情不会根本改变,人口对经济社会发展的压力不会根本改变,人口与资源环境的紧张关系不会根本改变。

表 4-3 我国人口发展阶段性目标

领 域	主 要 指 标	单位	2015 年	2020 年	2030 年
人口总量	全国总人口	亿人	13.75	14.2	14.5
	总和生育率		1.5~1.6	1.8	1.8

① 在成人文盲率统计方面, 国际上一般将成人年龄限定为 15 岁以上, 劳动年龄人口(就业人口)限定为 18~64 岁。经济合作与发展组织进行教育统计时, 年龄划分标准是: 成年人组指 25~64 岁, 其中, 青年组指 25~34 岁, 中年组指 35~54 岁, 年长组指 55~64 岁。详见: 经济合作与发展组织. 教育概览 2014 OECD 指标[M]. 北京: 教育科学出版社, 2016.
② 张车伟. 中国人口劳动问题报告. No.19, 中国人口与劳动经济 40 年: 回顾与展望[M]. 北京: 社会科学文献出版社, 2018.

领　域	主　要　指　标	单位	2015 年	2020 年	2030 年
人口结构	出生人口性别比		113.5	≤112	107
人口素质	人均预期寿命	岁	76.3	77.3	79
	劳动年龄人口平均受教育年限	年	10.23	10.8	11.8
人口分布	常住人口城镇化率	%	56.1	60	70

　　根据中国人口与发展研究中心主任贺丹的研究测算,2020 年至 2035 年,我国将处于人口发展深度转型期,2030 年是实现两个阶段性目标的重要战略节点,人口发展将呈现总量下降、总抚养比超过 50%、老龄化再次提速等转折性变化。[①] 郑真真、吴要武认为老龄化负担加重时,年轻人口必须大幅度提高生产率才能应对这种变化,这要求劳动年龄人口有更高的受教育水平和接受更多的培训。这时,成人教育和职业教育需求必然会有更大幅度的上升。[②]

　　随着我国劳动年龄人口规模下降与老龄化加速,存量劳动力再教育需求上升,企业需通过继续教育提升中高龄员工技能,继续教育校企联盟需要开发“适老化”培训课程(如数字技能、智能设备操作);灵活学习模式需求增加,针对在职人员的碎片化学习需求,校企合作开发在线教育平台、微课程等。随着高等教育普及化与就业压力的不断增加,部分行业存在“结构性失业”(高学历但技能不匹配),例如 2023 年、2024 年高校毕业生分别达 1 158 万人、1 179 万人,技能补充教育需求迫切,需要校企合作推出更多“学历＋技能”双认证项目,帮助毕业生快速适应企业需求。高校需借助企业资源更新教学内容,例如人工智能、大数据等前沿技术实训。随着区域人口流动与产业转型的驱动,城镇化居民与农民工技能需要升级。2022 年,农民工总量约 2.95 亿人,但约 70%的农民工仅具备初中及以下学历。因此,职业培训要下沉,校企联盟需针对农民工群体设计低门槛、实用性强的技能课程(如建筑机器人操作、电商运营等)。长三角、珠三角等地数字经济、先进制造业快速发展,中西部地区承接东部制造业转移,这些地区都面临高技能人才供给不足的问题,需要校企合作

① 贺丹. 加强战略研究迎接新时代人口发展挑战[J]. 人口研究, 2018, 42(2): 3 - 6.
② 郑真真, 吴要武. 人口变动对教育发展的影响[J]. 北京大学教育评论, 2005(2): 84 - 89＋107.

建立"订单式培训"基地。适龄人口因素通过规模变化、结构转型、区域流动、技能需求升级等路径,倒逼继续教育校企联盟向灵活性、精准化、技术融合方向演进。未来,校企合作需以人口趋势为锚点,构建"需求牵引、技术赋能、终身覆盖"的教育生态,实现人口红利向人才红利的转化。

第五章

区域性继续教育校企联盟发展现状调查

2022年,我国人才资源总量达到2.2亿人,但人才结构性问题突出,高层次人才不足(约有0.7万人),仅占全球总量的9%;与世界发达国家相比(日本整个产业工人队伍中,高级技工占比40%,德国则达50%),我国技术工人总量也短缺(比例仅为6%),高级技术工人更加匮乏,这已成为制约我国成为"制造强国"的短板。[①] 现有人才规模和人才结构难以适应国家经济快速转型升级的需要。企事业员工培训需求不断扩大,高等继续教育、企业教育都有广阔的发展空间。但是从实际办学情况来看,大多数地方学校继续教育办学不甚理想,办学规模扩张缓慢、办学效益提升乏力,部分领域甚至出现规模萎缩、效益下滑的迹象。现阶段企业亟须转型升级,由粗放型向集约型增长方式转变,在产业结构升级调整加快的形势下,学校继续教育供给侧和企业教育需求侧的不匹配,制约了校企继续教育融合和学校继续教育发展。因此,我们围绕学校和企业的现实需求,主要以浙江地区为主,针对学校继续教育供给侧和企业教育需求侧开展了一系列问卷调查和统计分析。

第一节　学校继续教育情况调查分析

一、调查目的

本书聚焦区域性继续教育校企联盟发展路径,以学校继续教育办学情况为核心研究对象,通过向参与或有意向参与继续教育校企合作的各类普通本科高校、高职院校、中职院校等发放问卷,全面收集数据信息。本研究旨在从

---

① 郑永年. ChatGPT 时代, 大学存在的理由是什么?[EB/OL]. (2024 - 02 - 16)[2025 - 01 - 02]. https://mp. weixin. qq. com/s/JJOdepfoGUDw3J2AGGTueA.

学校的视角,一是对校企合作现状进行评估,主要包括基本信息(学校类型、受访者职位)、合作机制(合作伙伴类型、人才培养方式、实训基地建设、项目数量及合作深度)和满意度(对现有校企合作项目的整体满意度评价);二是调查校企合作需求与期望匹配度,主要包括学校改进方向(课程对接、实践教学、师资优化等需求)、企业人才需求迫切程度(技术、管理、复合型人才排序)、未来合作重点(职业技能培训、行业前沿知识等项目的期望)和供需匹配(学校人才供给与企业需求的匹配程度);三是分析校企联盟面临的挑战与障碍,主要包括合作阻力(资源不足、企业意愿低、政策不完善等影响因素)和具体问题(师资力量不足、项目脱节、资金短缺、沟通效率低等);四是调查校企联盟的作用与政策环境,主要包括联盟作用(协调政府服务、制定标准、资源整合等重要性排序)和政策支持(政策了解程度、实施效果评价,以及基金、平台等扶持需求);五是探讨未来发展路径与建议,主要包括规划目标(短期合作目标与长期战略方向)、创新模式(合作机制、资源整合等建议)和开放性建议(现存问题解决方案、教育资源优化策略等)。通过以上维度,本次调查将系统性地剖析继续教育校企合作的现状、瓶颈及未来优化方向,为构建科学、高效且贴合学校实际需求的区域性继续教育校企联盟发展路径提供有力的实证依据与决策支持,推动学校继续教育在技能型社会、学习型社会建设进程中实现高质量发展。

二、调查对象的选取

2024年5月至2024年8月,课题组对我国部分学校(主要包括重点高校、地方高校、高职院校、开放大学、成人学校、中专及技工学校等)进行了网络调查,总计回收有效个人问卷405份。在被调查对象群体中,大学本科高校有145人,高职院校有35人,中专学校有200人,开放大学等成人高校有5人,其他有20人。

三、问卷的编制与回收

本书依据区域性继续教育校企联盟的研究目标及相关理论,设计了校企合作现状、需求与期望、挑战与障碍、政策支持与环境、未来发展路径5个维度的问卷,如附录1所示。综合运用线上问卷平台,将问卷投放至全国多个地区的学校,以保障样本的多样性与代表性。问卷回收过程中仔细检查问卷完整性与逻辑性,剔除无效问卷后将有效问卷数据准确录入数据库,并多次复查校验,确保数据真实、准确、可靠。借助 SPSSAU、Excel 等专业数据分析软件,对录入数据展开全面深入的分析,包括描述性统计分析、相关性分析等,旨在深入剖析区域性继续教育校企联盟中学校继续教育的现状、问题及发展趋势,为后续研究结论与对策建议提供坚实的数据支撑。

四、调查对象的所在学校类型

在本次调查中,本课题组对调查对象所在学校类型的分布进行了系统性分析,其结果彰显出样本来源的多样性与丰富性。由问卷数据可知,大学本科高校的调查对象占比 35.8%,此类院校作为高等教育体系的核心力量,具备深厚的学术底蕴、卓越的科研实力以及完备的学科体系,在知识创新与人才培养方面发挥着引领作用。高职院校(技师学院)占比 8.6%,以紧密对接产业需求为导向,专注于培养高素质技术技能型人才,在职业教育生态中构筑起技术传承与应用的关键环节。中专学校(技工学院)占比 49.4%,着重于基础性专业技能的培育,为社会各行业输送具备实操能力的应用型人才,是技能人才培养链条中的重要基石。开放大学等成人高校占比 1.2%,作为构建终身教育体系和学习型社会的重要载体,以灵活多样的教育形式满足成人学习者多样化的学习需求,促进知识与技能的更新迭代。此外,"其他"类别占比 5.0%,进一步拓展了样本的涵盖范围,囊括了具有独特教育属性与功能的机构。上述多样化的学校类型分布,为研究提供了广泛且具代表性的样本基础,有助于从教育层次、培养目标与功能定位等不同维度进行深入剖析,对于揭示教育现象的内在规律、探索教育发展的有效路径以及提升研究结论的外部效度和实践指导价值具有重要意义。

五、区域学校继续教育办学综合分析

(一) 学校人才培养合作伙伴与项目实践

1. 校企合作企业类型分布

与学校合作培养人才的企业类型呈现出多元化特征,如图 5-1 所示。制造业占比 18.66%,表明制造业在学校人才培养合作中占据一定地位,这可能

与制造业对技能型和应用型人才的持续需求有关。信息技术企业占比
15.22%,反映出在数字化时代,学校对信息技术领域人才培养的重视。服务
业占比19.48%,金融业占比13.75%,教育培训业占比21.28%,显示出学校与
这些行业在人才培养上也有较为密切的合作。

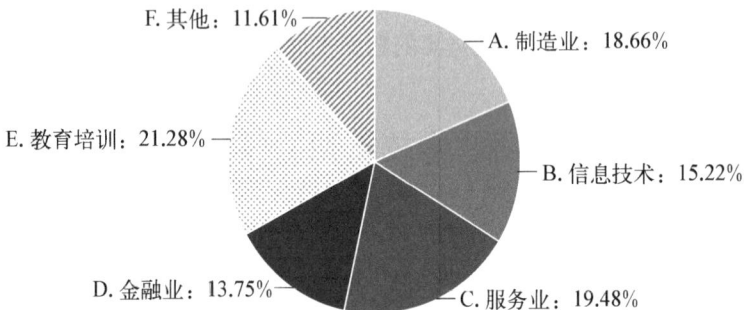

图 5-1 与学校合作培养人才的企业类型

2. 校企合作继续教育项目数量情况

过去三年内,学校与企业合作开展的继续教育项目数量分布相对均衡,如
图 5-2 所示。"10 个以下"占比 18.6%,"11~20 个"占比 21.51%,"21~50
个"占比 19.77%,"51~100 个"占比 19.19%,"100 个以上"占比 20.93%。这
表明不同学校在与企业合作开展继续教育项目时存在规模上的差异,但整体
上各个数量区间均有一定比例的学校分布,反映出校企在继续教育合作方面
的活跃度和多样性。

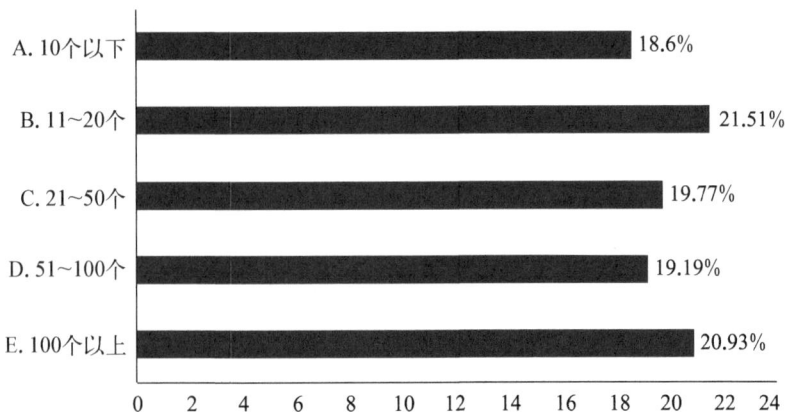

图 5-2 学校与企业合作开展的继续教育项目数量

3. 校企合作共建实训实习基地状况

学校与企业合作共建实训实习基地的情况如图 5-3 所示。"初步共建，规模较小"占比 22.67%，"已共建，规模适中""深入共建，规模较大""全方位共建，规模显著"均占比 20.35%，而"没有共建"占比 16.28%。这显示出大部分学校认识到共建实训实习基地对于人才培养的重要性，并已付诸实践。尽管不同学校在与企业共建的深度和规模上存在差异，但该情况整体上体现了校企在实践教学环节合作的积极态势。

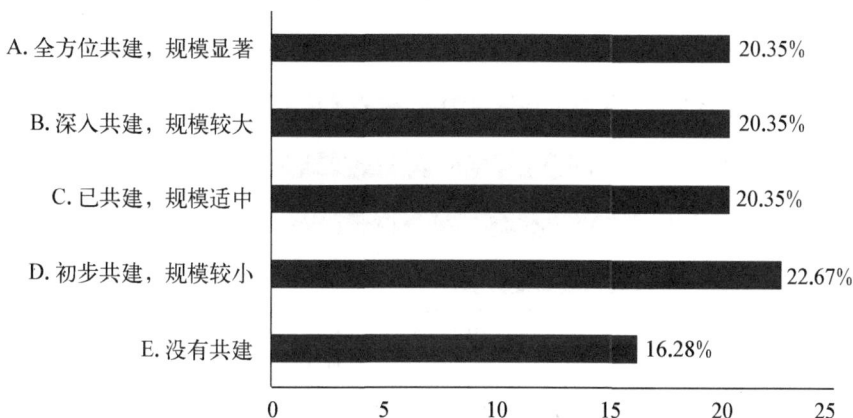

图 5-3　学校与企业合作共建实训实习基地的情况

（二）学校继续教育的需求认知与改进导向

1. 学校近期计划开展继续教育项目分析

调研数据显示，未来一年内学校希望开展的继续教育项目呈现多元化特征，如图 5-4 所示，其中资格认证考试培训以 38.74% 的占比居于首位。[1] 这表明，在当前职业发展环境下，企业对员工专业资格认证的需求显著，期待通过学校的系统化培训提升员工的专业资质与职业竞争力。职业技能培训以 36.65% 的占比位列第二，反映出企业对员工实践操作能力的高度重视。行业前沿知识讲座占比 31.15%，凸显出企业对员工知识更新与技术前沿的关注，说明企业期望通过学校搭建的学术交流平台，邀请领域内的专家开展专题讲

---

[1]　图 5-4 的数据根据附录 1 第 13 题（多选题）计算得出。下文根据多选题计算出的数据（百分比）之和可能也不等于 100%。

座,以拓宽员工的专业视野与行业认知。创新创业培训占比27.75%,这一数据与当前市场竞争加剧的背景相契合,表明企业越发重视员工的创新思维与创业能力培养,期待学校通过系统性培训为企业输送具备创新潜力的复合型人才。企业文化与领导力培训占比23.82%,体现出企业对内部文化建设与领导力提升的重视,说明企业期望通过学校的培训资源增强员工对企业文化的认同感,同时提升管理层的领导效能,从而促进组织内部的协同发展。

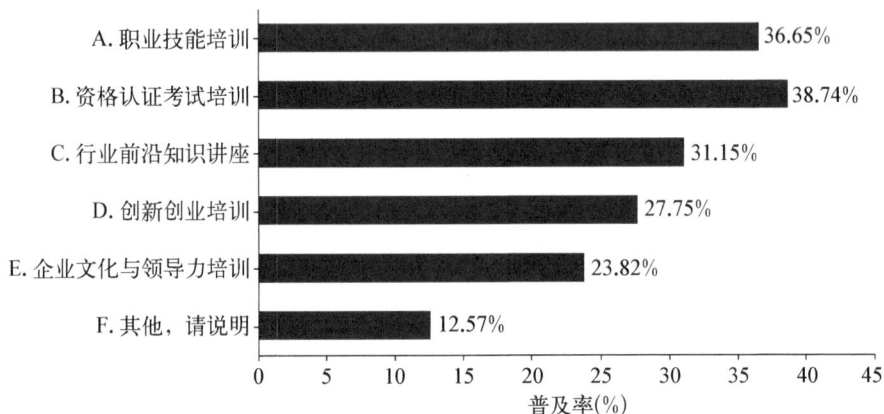

图5‑4 未来一年内学校希望开展的继续教育项目

2. 学校对当前企业在继续教育方面的需求认知

调研数据显示,学校继续教育办学部门认为,企业对人才的需求呈现明显的层次化特征,如图5‑5所示。技术人才以占比66.66%的绝对优势位居首位,凸显在科技创新驱动发展的背景下,企业对技术研发与应用能力的高度重

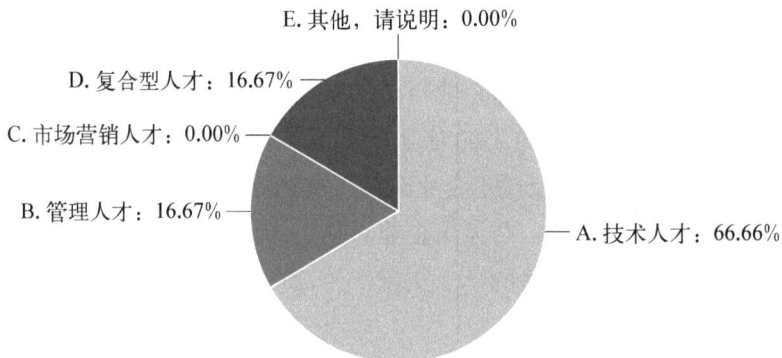

图5‑5 学校继续教育办学部门对企业人才需求的认知

视。复合型人才和管理人才紧随其后,均占比16.67%,表明企业对跨领域、多技能型人才需求迫切,以应对日益复杂的市场环境,同时反映出企业在规模化发展过程中对专业化管理团队的依赖。

3. 学校在继续教育方面的改进需求分析

为更好地满足企业需求,学校在继续教育方面应改进的方面如图5-6所示。其中,加强实践教学环节呼声较高,占比21.38%,凸显企业对学生实践能力培养的重视,说明企业期望学校通过增加实践课程、实习机会等方式,让学生更好地将理论知识应用于实际工作场景。课程设置与企业需求对接占比20.23%,反映出企业希望学校的课程内容能够紧密围绕市场需求和企业岗位要求进行设计,提高人才培养的针对性和实用性。引入行业专家进行授课占比19.66%,企业认为行业专家的经验分享和专业见解能够为学生带来更贴近行业实际的知识,有助于学生了解行业最新动态和发展趋势。优化教学资源与设施占比16.64%,提高教师行业背景与经验占比15.49%,前者期望学校为学生提供更优质的教学条件,以促进教学效果的提升;后者则旨在确保教师具备丰富的行业实践经验,从而在教学中传授更具实际价值的知识。

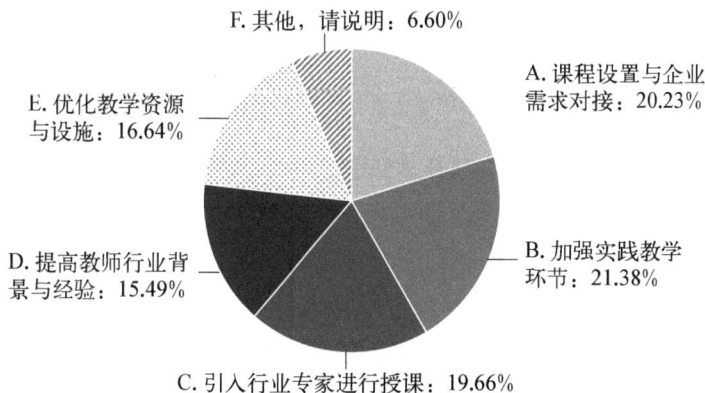

F. 其他,请说明:6.60%
E. 优化教学资源与设施:16.64%
A. 课程设置与企业需求对接:20.23%
D. 提高教师行业背景与经验:15.49%
B. 加强实践教学环节:21.38%
C. 引入行业专家进行授课:19.66%

图5-6　学校在继续教育方面应改进的方面

(三) 校企联盟的认知、认同及作用期许

1. 校企合作继续教育的影响因素认知

调研结果显示,影响校企合作开展继续教育的因素呈现多维度特征,如图5-7所示。"学校师资力量不足"这一因素的平均分为1.52,显示出学校师资

状况受到普遍关注,师资的数量与质量可能被认为对继续教育的开展效果有重要影响。"企业参与动力不足,缺乏长期合作意愿"这一因素的平均分为1.49,表明企业在参与继续教育合作的积极性和持续性上存在一定问题,可能需要进一步的激励机制和合作模式创新。"合作项目与市场需求脱节"这一因素的平均分为1.57,凸显了校企合作项目精准对接市场需求的紧迫性。此外,"资金筹集困难,缺乏稳定经费来源""沟通协调机制不完善,合作效率低""企业对学生实习期间的管理和指导不足"等因素的平均分分别为1.55、1.59、1.56,这些因素均被认为对校企合作继续教育的顺利推进存在一定阻碍。①

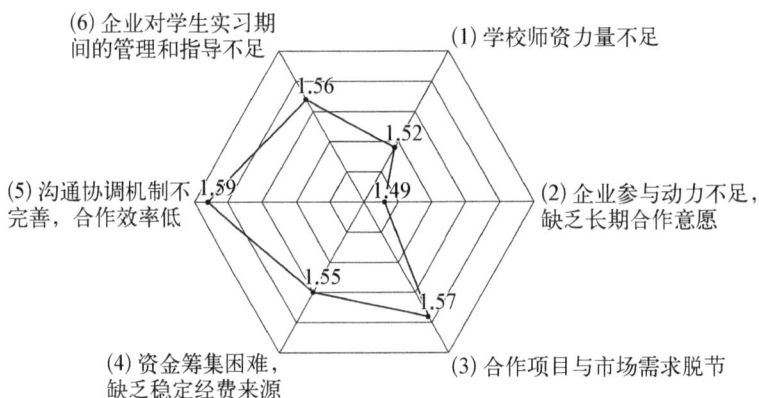

图 5-7　影响校企合作开展继续教育的因素

2. 区域性继续教育校企联盟建设认同

对于区域性继续教育校企联盟建设,受访者整体呈现较高认同度,如图5-8所示。在"本科高校、高职和中专等院校要形成院校联盟,扩大人才多元化供给"方面,平均分为1.62,体现了受访者对院校联合以提升人才供给多样性的认可。在"行业协会、领军企业要带领相关企业形成企业联盟,增加人才的多元化需求"方面,平均分为1.62,显示出受访者对企业层面联合的支持。在"校企联盟之间要建立适应机制,促进联盟形成和发展""校企联盟之间要建立共同目标和愿景,并去积极达成""校企联盟之间要进行资源整合,提升人才培养质量""校企联盟之间要多进行互动交流,维持联盟正常运行"方面,平均分分别为1.62、1.60、1.60、1.64,反映出受访者认为这些要素对于校企联盟的

---

① 数值计算方法为:选项平均分(或综合得分)=(Σ频数×权值)/本题填写人次。下不另注。

形成、发展和良好运行至关重要。总体来看,受访者对区域性继续教育校企联盟建设的各项举措持较为积极的态度。

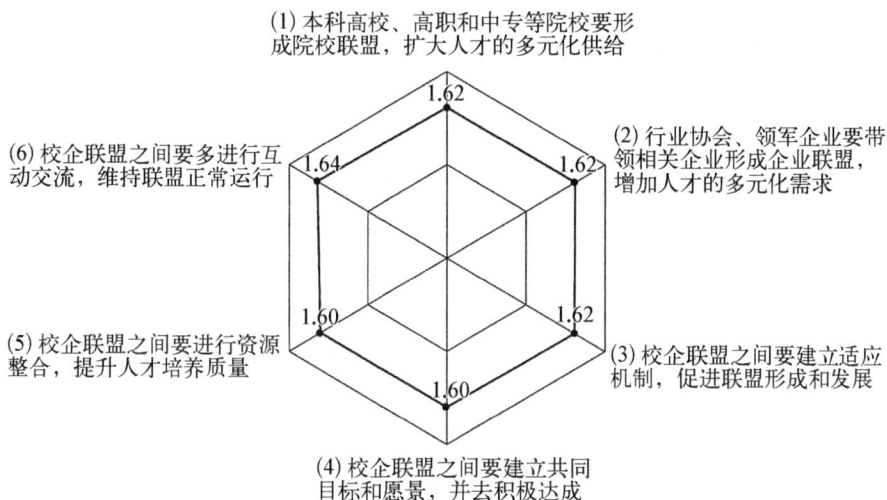

图 5-8　受访者对区域性继续教育校企联盟建设的认同程度

3. 区域性继续教育校企联盟作用期许

调研数据显示,区域性继续教育校企联盟的作用重要性呈现显著差异,如图 5-9 所示。"构建交流平台,与其他地区交流学习,不断提升区域继续教育的办学水平和影响力"以综合得分 2.55 高居首位,凸显受访者对通过联盟提升

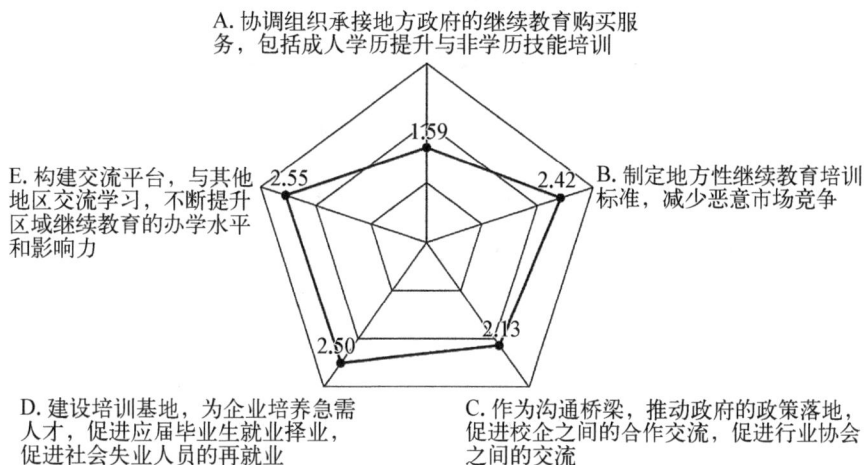

图 5-9　区域性继续教育校企联盟的作用重要性

区域继续教育整体水平的强烈期待。"建设培训基地,为企业培养急需人才,促进应届毕业生就业择业,促进社会失业人员的再就业"以综合得分 2.50 紧随其后,表明联盟在政—校—企协同中的枢纽地位备受重视。此外,"制定地方性继续教育培训标准,减少恶意市场竞争"(综合得分 2.42)、"作为沟通桥梁,推动政府的政策落地,促进校企之间的合作交流,促进行业协会之间的交流"(综合得分 2.13)、"协调组织承接地方政府的继续教育购买服务,包括成人学历提升与非学历技能培训"(综合得分 1.59)也获得高度认可,反映出联盟在人才培养、市场规范、行业交流等方面的多重价值。这些数据为明确联盟功能定位、优化资源配置提供了重要依据。

(四) 校企联盟综合情况与支持体系分析

1. 校企合作现状的初步考察与解析

高校与企业在合作中形成一种协同创新的伙伴关系。高校的科研成果需要企业的资源和平台实现产业化,转化为实际生产力和经济效益;企业则依靠高校的科研能力和人才储备,获取前沿技术和创新理念,提升自身核心竞争力,实现可持续发展。双方通过合作建立起资源共享、风险共担、互利共赢的合作模式,共同推动科技进步和经济社会发展。高校与企业的合作深度如图5－10所示。

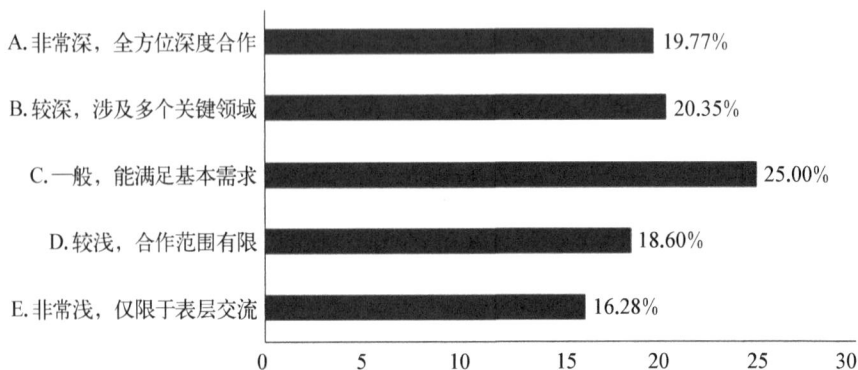

图 5－10　高校与企业的合作深度

整体来看,各选项占比相对较为分散,没有某一选项占据绝对优势,说明学校与企业的合作深度存在多种状态。深度合作情况下,"非常深,全方位深度合作"占比 19.77%,"较深,涉及多个关键领域"占比 20.35%,两者合计约

40％,表明有一定比例的企业与学校合作达到了较高水平,在合作广度和深度上都有体现,双方可能在产学研、人才培养等多方面有紧密互动;一般合作情况下,"一般,能满足基本需求"占比25.00％,说明有四分之一的合作处于一种相对平稳、常规的状态,能保障学校和企业的一些基础合作需求,但在合作深度和广度上还有提升空间;浅度合作情况下,"较浅,合作范围有限"占比18.60％,"非常浅,仅限于表层交流"占比16.28％,这两部分合计约三分之一,反映出有部分学校与企业的合作尚处于起步或浅层次阶段,两者可能仅在少数方面有接触,合作的潜力有待进一步挖掘。

2. 高校人才培养教学方式探索与优化

教育部职业教育与成人教育司负责人在介绍《教育部关于推进新时代普通高等学校学历继续教育改革的实施意见》(教职成〔2022〕2号)的出台背景时强调,普通高校是学历继续教育的重要办学主体,是构建服务全民终身学习教育体系的重要力量。[①] 并且,我国高校有着开展继续教育的传统和丰富的办学经验。有关学校在继续教育中采用的人才培养方式如图5-11所示。

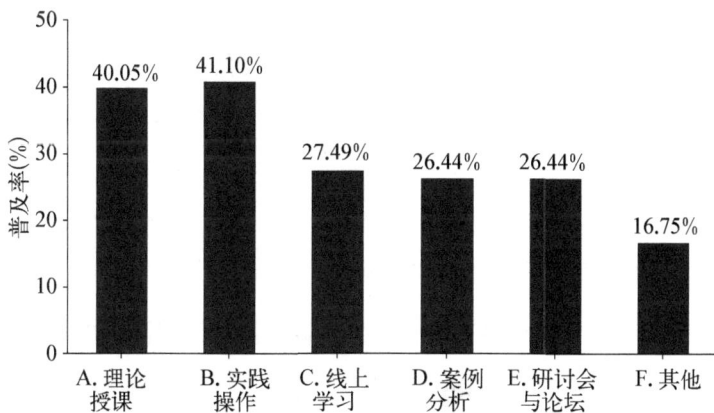

图5-11　学校在继续教育中采用的人才培养方式

"实践操作"(占比41.10％)为占比最高的培养方式,注重学生实际动手能力的培养,能让学生将理论知识应用到实际中,提高学生解决实际问题的能

---

① 中华人民共和国教育部. 开创新时代普通高校学历继续教育改革发展新局面: 教育部职业教育与成人教育司负责人就《教育部关于推进新时代普通高等学校学历继续教育改革的实施意见》答记者问[EB/OL]. (2022-08-17)[2025-02-25]. http://www.moe.gov.cn/jyb_xwfb/s271/202208/t20220817_653287.html.

力,提升其职业技能和素养。"理论授课"(占比 40.05%)与实践操作占比相近,指系统、全面地传授知识,能让学生构建起完整的知识体系,为后续实践操作、案例分析等提供理论基础,是传统且重要的人才培养手段。"线上学习"(占比 27.49%)具有灵活性和便捷性,学生可根据自身时间和需求自主安排学习,可进一步突破时空限制,扩大教育资源的覆盖范围,满足在职人员等群体的学习需求。"案例分析"(占比 26.44%)通过实际案例让学生深入理解理论知识和实际应用的联系,培养学生分析和解决问题的能力,提高其思维的逻辑性和创新性。"研讨会与论坛"(占比 26.44%)强调交流互动,学生可与教师、同学等进行思想碰撞,拓宽视野,培养批判性思维和交流沟通能力。"其他"(占比 16.75%)可能包含一些个性化或创新的培养方式,因具体内容而异,可能是对主流培养方式的补充或创新尝试。总体来看,学校在继续教育人才培养方式上较为多元,有助于教育者和培训机构更好地了解受访者的需求和偏好,从而制定更加有效和受欢迎的教学计划和活动。

3. 校企合作核心要素的深入探究与分析

在区域性继续教育校企联盟的指引下,学校依据企业需求调整专业设置、课程体系,培养适配的专业人才,为企业注入新鲜血液,满足企业人力需求。与此同时,企业提供实训实习基地和实践项目,让学生接触真实工作场景,提升实践能力和职业素养,还通过反馈市场需求和行业动态,协助学校优化人才培养方案,使教学内容更贴合实际,确保人才培养的实用性和针对性。目前,在校企合作中影响学校与企业深入合作的主要因素如图 5-12 所示。

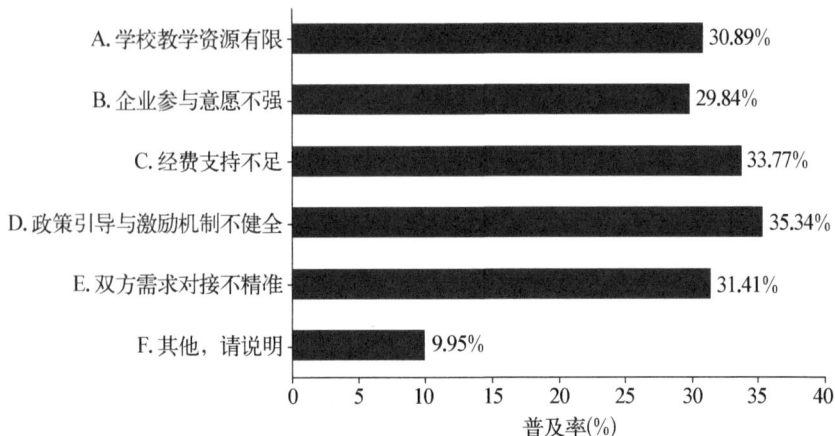

图 5-12　影响学校与企业深入合作的主要因素

"政策引导与激励机制不健全"占比为 35.34%，占比最高，是影响校企深入合作的关键因素。政策引导与激励机制不健全，可能导致企业参与合作缺乏足够动力和保障，学校开展合作也缺少支持。"经费支持不足"（占比 33.77%）居第二位。经费是开展合作项目、建立实训基地等的物质基础，经费支持不足会限制合作的规模和深度，影响合作项目的开展与推进。"双方需求对接不精准"（占比 31.41%）会使学校培养的人才、开展的科研等与企业实际需求脱节，导致双方难以达成合作目标。"学校教学资源有限"（占比 30.89%）指师资力量、实验设备等有限，这一因素可能无法满足企业对人才培养质量和科研合作的要求，进而阻碍校企深入合作。"企业参与意愿不强"（占比 29.84%）可能是因为合作收益不明确、合作风险较高等，这会直接影响校企合作的积极性和主动性。"其他"占比 9.95%，说明除上述常见因素外，还有一些相对分散的因素影响校企合作，但单个因素影响力相对较小。

由此可见，图 5-12 清晰地展示了影响学校与企业深入合作的几个主要因素及其相对重要性。其中，"政策引导与激励机制不健全"是最为突出的因素，而"经费支持不足""双方需求对接不精准""学校教学资源有限""企业参与意愿不强"也是不可忽视的障碍。同时，"其他"选项的存在也提醒我们关注那些可能未被充分识别的合作障碍。了解这些因素有助于联盟制定针对性的策略来促进学校与企业进行更有效的合作。

4. 政府对校企合作的政策助力与支持机制探索

政府，总体上承担着管理国家和社会的重要职责，在推动国家发展和社会进步方面发挥着关键作用。在校企合作中，政府为学校提供支持或优惠政策，为企业输送适配人才，提供科研支持，推动产业技术创新和结构优化升级，促进区域经济高质量发展。同时，政府致力于营造公平、有序、稳定的合作环境，吸引更多企业参与，形成可持续发展的教育生态。学校希望政府在校企合作中提供的支持或优惠政策具体如图 5-13 所示。

在资金支持方面，"给予学校培训经费补助"（占比 39.27%）在各项支持政策中占比最高。这表明政府比较重视通过直接给予学校培训经费补助的方式，助力学校开展校企合作相关培训活动，为学校提供较为直接的资金保障，以促使校企合作在人才培养等方面顺利推进。"设立校企合作专项基金"占比 34.82%，说明政府也在尝试通过设立专项基金的形式，为校企合作项目提供资金支持，虽然该项占比低于培训经费补助，但也是资金支持的重要方式，可

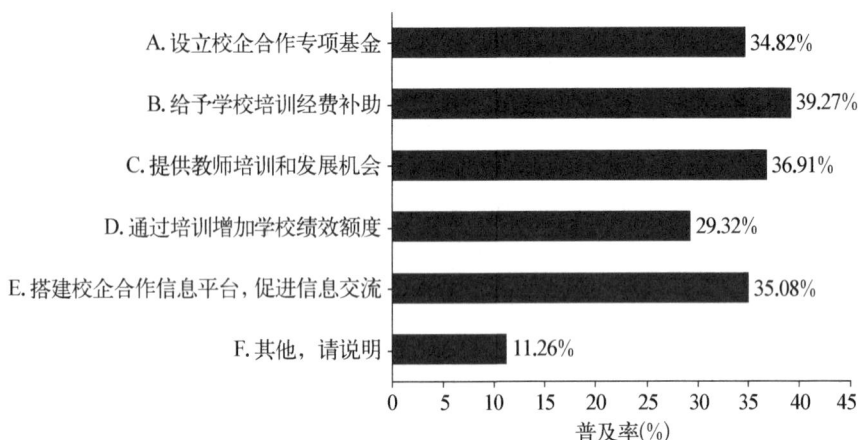

图 5‑13　学校希望政府在校企合作中提供的支持或优惠政策

用于支持校企合作中的科研项目、设备购置等多方面的工作。

在师资培养方面,"提供教师培训和发展机会"(占比 36.91%)占比较高,体现出政府认识到教师在校企合作人才培养中的关键作用,通过提供培训和发展机会,提升教师的实践教学能力和专业素养,进而提高学校教学质量,更好地满足校企合作对人才培养的需求。

在信息交流方面,"搭建校企合作信息平台,促进信息交流"占比 35.08%,表明政府重视校企之间的信息沟通,通过搭建信息平台,解决校企双方信息不对称问题,方便学校与企业及时了解彼此需求、合作项目等信息,提高校企合作的效率和匹配度。

"通过培训增加学校绩效额度"占比 29.32%,说明政府希望通过培训等方式来提升学校在教学、科研等方面的绩效,激励学校积极参与校企合作。不过从占比来看,相比于其他一些政策,其受关注程度相对较低。"其他"占比 13.37%,这部分虽然没有明确说明具体内容,但表明除了上述常见的支持政策外,还有一些其他方面的支持措施受到了一定关注,可能需要进一步调查了解其具体内容和作用。

以上分析显示,校企合作中的占比分布,如资金投入、绩效额度等,不仅直接反映了合作双方的活动强度和成效,还深刻揭示了教育资源与产业需求的有效对接程度。同时,政府在这一过程中扮演着至关重要的角色。政府通过制定政策、提供资金支持、搭建合作平台等方式,积极引导并深化校企合作,确保教育资源能够更加精准地服务于产业发展需求,进而推动经济社会的高质量发展,而政府正是推动这一进程不可或缺的力量。

(五)校企合作战略价值与实践路径探究

1. 校企合作伙伴关系的核心价值与重要性分析

企业处于市场前沿,了解行业最新需求和趋势。学校与之合作,能根据企业反馈调整课程设置与教学内容,让学生所学知识技能契合市场实际,提升学生就业竞争力,使继续教育更具实用性。调研数据显示,在继续教育发展中,与学校展开合作的伙伴特点各异,学校继续教育主要合作伙伴类型具体如图5-14所示。

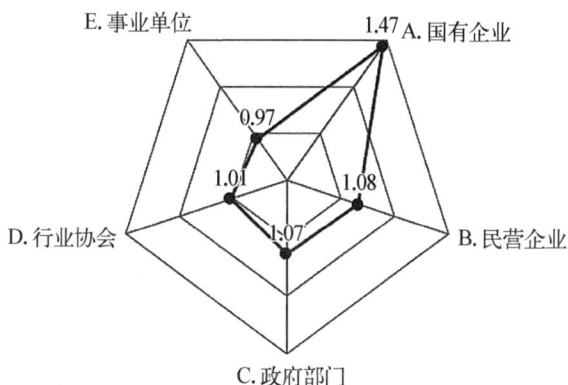

图5-14　学校继续教育主要合作伙伴类型

"国有企业"(综合得分为1.47)在所有合作伙伴类型中处于领先地位,说明在学校继续教育合作中,国有企业被认为是最为重要的合作伙伴类型;"民营企业"(综合得分为1.08)处于中等水平,表明民营企业在学校继续教育合作中也有一定的重要性,但相比国有企业略低;"政府部门"(综合得分为1.07)与民营企业的得分较为接近,说明政府部门在学校继续教育合作中的重要性与民营企业相当,也是重要的合作力量之一;"行业协会"(综合得分为1.01)在各类合作伙伴中的重要性排名靠后,但仍有一定的合作价值;"事业单位"(综合得分为0.97)在学校继续教育合作中相对其他类型的合作伙伴而言重要性较弱。

据此可推测各合作伙伴在校企合作中发挥的作用。国有企业可能凭借其雄厚的经济实力、丰富的行业资源和成熟的人才培养体系,为学校继续教育提供实践教学基地、实习岗位、行业专家授课等支持,助力学校培养符合企业和行业需求的人才;民营企业能为学校继续教育带来灵活的市场机制和创新思维,在课程设置、人才培养模式等方面提供不同的视角,促进学校继续教育与市场的紧密结合,满足多样化的市场需求;政府部门可以在政策制定、资源协调、监督管理等方面发挥作用,保障学校继续教育的规范性和合法性,同时协调各方资源,促进学校与其他合作伙伴之间的合作;行业协会可能在行业标准制定、行业信息共享、交流活动组织等方面发挥功能,帮助学校了解行业最新动态和发展趋势,促进学校继续教育与行业发展的协同共进;事业单位或许在专业培训、学术研究等方面有一定的优势,但可能由于自身的局限性,在与学校继续教育的合作中尚未充分发挥出更大的作用,其合作的深度和广度可能有待进一步拓展。

在学校继续教育的发展进程中,学校与各类主要合作伙伴构建的关系及发挥的作用至关重要。学校与国有企业紧密互利,为国有企业输送人才并与其开展科研合作;学校和民营企业灵活创新合作,为民营企业提供智力支持与员工继续教育服务;在政府部门的政策引导下,学校落实要求并反馈建议;学校与行业协会协同共进,贡献专业力量;学校同事业单位优势互补,开展联合培训与学术研究。这些合作关系的维系和作用的发挥,共同推动着学校继续教育事业不断向前发展,为社会培养出更多适应不同领域需求的专业人才。

2. 学校与多元行业协同育人的合作模式探索

学校是人才培养的"摇篮"与技术创新的"智库",为各类企业提供综合型人才,满足多样化人才需求,并且通过产学研合作,助力企业技术改造与创新发展。在与不同行业的合作中,学校在企业成长与发展中发挥着基础性与支持性作用,与学校合作培养人才的企业类型详见图 5-1。

"教育培训"占比 21.28%(占比最高),该行业与学校教育属性高度契合,可能涉及师资培训、课程开发、教育技术(如在线教育、智慧教育)、实习基地共建等合作。该领域占比最高,反映出学校与企业在教育服务、人才培养模式创新(如产教融合课程、教育实践实训)方面的深度合作,凸显出教育类人才培养的行业联动优势。

"服务业"占比 19.48%,该行业涵盖餐饮、旅游、物流、商务服务等广泛领域,占比近 20%。学校与服务业企业合作,旨在培养应用型人才(如酒店管理、物流管理、商务运营等领域的人才),强化实践技能与行业需求的对接,符合服务业对专业人才的规模化需求,体现学校对第三产业人才培养的重视。

"制造业"占比 18.66%,该行业作为实体经济核心,占比接近 19%。合作可能涉及工科专业(如机械、电子、材料等)的产教融合,学校和企业通过实习、订单班、技术研发等形式,培养技术型、工程型人才,助力制造业转型升级。这反映出学校对传统产业人才培养的持续投入。

"信息技术"占比 15.22%,契合数字化、智能化发展趋势。学校与这类企业合作,聚焦计算机科学、大数据、人工智能等新兴专业,培养数字技术人才,满足产业对技术创新、数字化转型的人才需求,体现学校对新兴技术领域的布局。

"金融业"占比 13.75%,主要服务金融、经济类专业人才培养。合作形式包括金融实训、案例教学、行业导师引入等,该领域的校企合作旨在提升学生的金融实践能力与金融市场认知,助力金融领域专业人才的储备与输出。

"其他"占比 11.61%,涵盖了除上述主要类型之外的其他企业,说明学校的合作企业类型具有一定的多样性。具体企业类型多样,丰富了学校的合作资源,为学生提供了多元化的实践和就业渠道,也为学校探索新的专业发展方向和人才培养模式提供了可能。

学校在与各类企业合作培养人才的过程中占据举足轻重的地位。对于教育培训业而言,学校是理论引领者与师资输送地,以教育理论和专业人才推动行业发展;对于服务业而言,学校作为人才培养阵地与管理提升助力者,向企业输送人才并协助企业优化管理;对于制造业而言,学校是人才摇篮与技术创新智库,为企业定向培育专业人才并攻克技术难题;对于信息技术业而言,学校是创新人才培育源头与技术研发同盟军,提供创新人才并开展前沿技术研发;对于金融业而言,学校充当专业人才培育基地与决策智囊团,提供专业人才与决策依据;对于其他类型企业而言,学校是通用人才供给方与发展助推器,满足多样化人才需求并助力企业创新发展。分析学校与各类企业的合作现状,可以更好地实现校企合作的深入发展与创新优化。

六、学校视角下区域校企合作问题的相关性分析

(一)实习基地建设与校企合作深度、满意度关联分析

在当前区域校企合作中,实践教学基地建设是衡量合作深度的重要指标。

经数据分析,超过半数的学校已与企业合作建立了实训实习基地。这些基地在建设程度上差异明显,从初步搭建合作框架的"初步共建",到在教学、管理、资源共享等多方面深度融合的"全方位共建",呈现出丰富的层次。这既体现了校企双方在实践教学领域合作的积极态度,也反映出合作深度与广度有待进一步拓展,部分合作可能仅停留在表面,尚未充分发挥实训实习基地在人才培养中的最大效能。

尽管校企合作项目在数量上持续增加,但学校对合作项目的整体满意度却普遍不高,这深刻反映出校企在合作过程中存在诸多亟待解决的问题。企业与高校合作共建实训实习基地的情况与校企合作整体满意度的关系如表5-1所示。当企业与高校合作共建实训实习基地的情况为"全方位共建,规模显著"时,学校选择非常满意的比例为12.90%,选择不满意的比例为25.81%;当情况为"已共建,规模适中"时,学校选择非常满意的比例为12.96%,选择不满意的比例为46.30%。卡方检验结果表明,两者存在统计学意义上的显著关联($P<0.05,P<0.01$),即企业与高校合作共建实训实习基地的情况越好,学校对校企合作项目的整体满意度越高,反之亦然。这一结果揭示了基地建设质量与合作满意度之间的正向关联,为优化校企合作模式提供了数据支持。

表5-1 企业与高校合作共建实训实习基地的情况与校企合作整体满意度的关系

题 目 名 称		企业与高校合作共建实训实习基地的情况				
		全方位共建,规模显著	深入共建,规模较大	已共建,规模适中	初步共建,规模较小	没有共建
您对目前校企合作项目的整体满意度如何?[1]	非常满意	12.90%	7.14%	12.96%	10.71%	6.67%
	满意	6.45%	11.91%	11.11%	21.43%	10.00%
	一般	41.94%	33.33%	12.96%	21.43%	23.33%
	不满意	25.81%	35.72%	46.30%	14.29%	26.67%
	非常不满意	12.90%	11.90%	16.67%	32.14%	33.33%

注:① 题目为附录2第13题。

(二)校企合作深度、校企合作满意度多项指标相关分析

通过对校企合作深度与校企合作整体满意度的对比分析(见图5-15)可知,"非常浅,仅限于表层交流"的满意度较低,一般及以下(含一般、不满意、非常不满意)占比61.29%,仅38.71%的受访者表示满意或非常满意。"较浅,合作范围有限"的满意度提升,满意及非常满意占比47.62%,负面反馈(不满意+非常不满意)降至19.05%。此时,合作有限且未深入,但较"非常浅,仅限于表层交流",满意度明显改善,表明基础合作对提升满意度有积极作用。"一般,能满足基本需求"的满意及非常满意占比62.97%,达阶段性高峰,负面反馈(占比24.07%)仍存。满足基本需求时,多数受访者反馈积极,但部分主体对合作深度或细节仍有不满(如不满意+非常不满意超20.00%),说明"基本需求"与"更高期望"之间存在矛盾。"较深,涉及多个关键领域"的非常满意占比(32.14%)骤升,但满意占比(14.29%)下降,且一般+不满意占比42.86%。深度合作(涉及关键领域)使部分主体非常满意,但合作复杂度(如资源整合、权责划分)提升可能导致部分主体反馈"一般"或"不满意",因此,校企双方需关注合作过程中的协调与优化。"非常深,全方位深度合作"的满意及非常满意占比60.00%,负面反馈占比(16.67%)最低。在全方位深度合作下,满意度整体较高,表明深度协同(如资源共享、人才共育、科研合作等)显著提升校企双方认可度,是校企合作的理想状态。

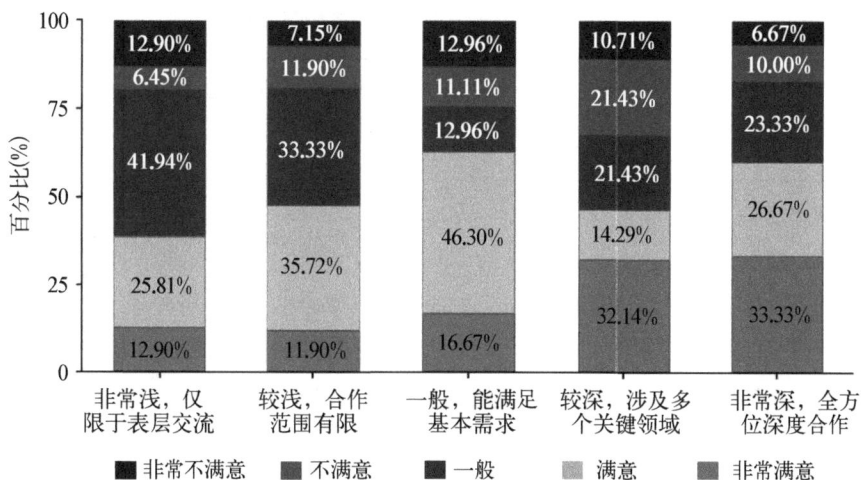

图5-15 校企合作深度与校企合作整体满意度的对比分析

表 5-2 的分析结果揭示了校企合作深度与人才培养方式的关系。由统计检验结果($P=0.126$)可知,人才培养方式与合作深度不存在显著的相关性。

表 5-2 校企合作深度与人才培养方式的关系

人才培养方式	校企合作深度				
	非常深,全方位深度合作	较深,涉及多个关键领域	一般,能满足基本需求	较浅,合作范围有限	非常浅,仅限于表层交流
理论授课	0.409	0.418	0.431	0.424	0.281
实践操作	0.409	0.451	0.505	0.407	0.175
线上学习	0.364	0.341	0.321	0.153	0.105
案例分析	0.242	0.275	0.284	0.288	0.211
研讨会与论坛	0.318	0.308	0.312	0.169	0.140
其他	0.197	0.143	0.138	0.136	0.263

注:分类汇总分析结果——基础指标(平均值)。

校企合作整体满意度与人才培养方式的关系如表 5-3 所示。由统计检验结果($P=0.058$)可知,人才培养方式与校企合作整体满意度不存在显著的相关性,但是受访者对通过实践操作和理论授课方式培养人才的整体满意情况高于其他形式,学校在与企业合作培养人才的过程中还是要有效解决企业所需人才的理论不足和实践提升方面的问题。

表 5-3 校企合作整体满意度与人才培养方式的关系

人才培养方式	校企合作整体满意度				
	非常满意	满意	一般	不满意	非常不满意
理论授课	0.408	0.486	0.500	0.220	0.268
实践操作	0.395	0.505	0.500	0.169	0.375
线上学习	0.342	0.336	0.345	0.119	0.125
案例分析	0.342	0.280	0.357	0.119	0.143
研讨会与论坛	0.263	0.346	0.333	0.220	0.054
其他	0.224	0.168	0.131	0.237	0.071

注:分类汇总分析结果——基础指标(平均值)。

（三）校企合作深度、满意度与校企合作人才培养意愿关联分析

表5-4的分析结果揭示了校企合作深度与校企合作人才培养意愿的关系。由表5-4可知,与企业有"非常深,全方位深度合作"的学校选择非常愿意合作培养人才的比例为33.33％;与企业的合作"较深、涉及多个关键领域"的学校选择愿意合作培养人才的比例为37.36％;与企业的合作"非常浅、仅限于表层交流"的学校选择一般愿意合作培养人才的比例为22.81％;与企业的合作"较浅、合作范围有限"的学校选择不愿意合作培养人才的比例为11.86％;与企业有"非常深、全方位深度合作"的学校选择不愿意合作培养人才的比例为19.70％。进一步对二者进行统计检验可发现,学校与企业的合作深度不同,学校对于校企合作人才培养的意愿呈现出显著性差异($P = 0.038 < 0.05$)。

表5-4 校企合作深度与校企合作人才培养意愿的关系

校企合作人才培养的意愿	校企合作深度				
	非常深,全方位深度合作	较深,涉及多个关键领域	一般,能满足基本需求	较浅,合作范围有限	非常浅,仅限于表层交流
非常愿意	33.33％	18.68％	15.60％	16.95％	17.54％
愿意	12.12％	37.36％	33.03％	27.12％	22.81％
一般	15.15％	13.19％	31.19％	25.42％	22.81％
不愿意	19.70％	20.88％	9.17％	11.86％	17.54％
非常不愿意	19.70％	9.89％	11.01％	18.65％	19.30％

表5-5的分析结果揭示了校企合作项目的整体满意度与合作人才培养意愿的关系。由表5-5可知,当合作项目整体满意度为非常满意时,学校选择非常愿意合作培养人才的比例为32.89％;当合作项目整体满意度为满意时,学校选择愿意合作培养人才的比例为42.06％;当合作项目整体满意度为不满意时,学校选择不愿意合作培养人才的比例为30.51％。校企合作项目的整体满意度与合作人才培养意愿在不同学校中呈现出显著性差异($P = 0.010 < 0.05$)。

表 5-5 校企合作项目的整体满意度与合作人才培养意愿的关系

校企合作人才培养意愿	校企合作项目的整体满意度				
	非常满意	满意	一般	不满意	非常不满意
非常愿意	32.89%	24.30%	27.38%	20.34%	14.29%
愿意	23.68%	42.06%	34.52%	18.64%	26.79%
一般	13.16%	14.02%	19.05%	16.95%	16.07%
不愿意	18.42%	11.21%	10.71%	30.51%	23.21%
非常不愿意	11.85%	8.41%	8.34%	13.56%	19.64%

校企合作是继续教育联盟发展的基础,通过学校视角下区域校企合作问题的相关性分析可知,学校在实习基地建设、继续教育项目开展、合作深度、合作目标达成、资源共享效果、人才培养质量提升等方面未达到预期,影响校企合作的满意度和校企合作的意愿,也凸显优化校企合作机制、提升合作效果的紧迫性。这些问题若得不到及时解决,可能会影响校企双方的合作满意度评价和合作积极性,阻碍校企合作的长期稳定发展,不利于形成区域性继续教育校企联盟并发挥其作用。

第二节 企业教育情况调查分析

一、调查目的

本书聚焦区域性继续教育校企联盟发展路径,以企业教育情况为核心研究对象,致力于深入剖析企业在继续教育校企合作中的关键要素与动态趋势。本书通过向参与或有意向参与继续教育校企合作的各类企业发放问卷,全面收集数据信息。旨在精准探究企业在人才来源、与学校合作培养人才的现状、期望的合作途径与学校类型、人才培养方式偏好、对学校教育教学改进的诉求、人才考核指标设定、实习学生问题认知等多方面的实际状况,进而深度挖掘企业参与校企合作所面临的挑战与障碍,以及企业对区域性继续教育校企联盟建设的认同程度与期望。

在此基础上,本书系统分析企业在继续教育领域的行为逻辑与需求结构,为构建科学、高效且贴合企业实际需求的区域性继续教育校企联盟发展路径提供有力的实证依据与决策支持,促进教育资源与企业需求的精准对接,推动区域经济在技能型与学习型社会建设进程中实现高质量发展,增强区域产业竞争力与创新活力,实现企业与教育机构在继续教育层面的深度融合与协同共进。

二、调查对象的选取

在本次区域性继续教育校企联盟发展路径研究的企业教育情况调查分析中,调查对象是经过精心且严谨的筛选的,具备高度的针对性与代表性。本次调查旨在全方位、深层次地挖掘企业在继续教育领域的真实状况与多元需求,确保研究结果的科学性与可靠性。

参与调查的主体主要为来自制造业、信息技术业、服务业、金融业等不同行业的企业,这些企业在经济结构中占据重要地位且各具行业特色,其在继续教育方面的实践与需求差异能够充分反映出区域经济的复杂性与多样性。其中,中高层人力资源管理者成为关键的调查信息提供者。他们凭借在企业人力资源战略规划、人才招聘与培养体系构建、员工培训与发展决策等方面的核心职能与丰富经验,能够精准洞察企业在人才储备与技能提升方面的战略方向、实施路径及存在的关键问题。他们对于企业与学校合作模式的认知、人才培养方式的选择倾向、教育教学改进的期望、人才考核指标的设定依据等,均能提供基于企业整体发展战略与实际运营需求的专业见解,为研究企业层面的继续教育决策机制与实施效果提供了关键的一手资料。

通过对这一多元化且具有关键影响力的调查对象群体进行深入调研,本书得以系统地梳理企业在继续教育校企合作过程中的行为逻辑、需求偏好、困境及发展期望,从而为构建符合区域经济发展需求的继续教育校企联盟发展路径提供坚实的实证基础与理论支撑,有力推动区域教育与产业协同创新发展,提升区域经济的核心竞争力与可持续发展能力。

三、问卷的编制与回收

本书依据区域性继续教育校企联盟的研究目标及相关理论,设计了涵盖

校企合作现状、需求与期望、挑战与障碍、政策支持与环境、未来发展路径这 5
个维度的问卷,如附录 2 所示。综合运用线上问卷平台,将问卷投放至浙江省
多个地区,涉及多种行业类型及不同规模的企业,以保障样本的多样性与代表
性。经严格筛选甄别,回收有效问卷 500 份,回收过程中仔细检查问卷完整性
与逻辑性,剔除无效问卷后将有效问卷数据准确录入数据库,并多次复查校验
确保数据真实、准确、可靠。借助 SPSSAU、Excel 等专业数据分析软件,对录
入数据展开全面深入的分析,包括描述性统计分析、相关性分析、回归分析等,
旨在深入剖析区域性继续教育校企联盟中企业教育的现状、问题及发展趋势,
为后续研究结论与对策建议提供坚实数据支撑。依据 2024 年上海市高校继
续教育指导服务中心发布的长三角重点产业链企业职工继续教育需求分析报
告,浙江省重点产业布局如表 5-6 所示。

表 5-6 浙江省重点产业布局

地 区		产 业
杭州市	建德市	化工、机械、新型非金属材料
宁波市	/	电器机械及器材制造、石油加工及炼焦、机械工业、汽车配套产业、服装及其他纤维制品制造业、普通机械制造业和烟草加工
温州市	/	电器、泵阀、专用设备制造、汽摩配、电子信息、仪器仪表、货币专用设备、塑制品
湖州市	长兴县	动力电池
	安吉县	绿色家具产业
	南浔区	电梯产业、建材木业
	吴兴区	童装产业
嘉兴市	海盐县	先进临港工业、核电、装备制造、节能环保
绍兴市	/	通用 & 专用设备制造、电器机械及器材、通信设备、计算机、医药、化学
金华市	武义县	电动工具、门业产业、汽摩配产业、食品接触容器、文教用品、氟化工产业
衢州市	江山市	时尚门业智能家居、智能制造
舟山市	/	船舶制造、石油化工
台州市	路桥区	汽摩配、机电加工、智能卫浴、农业及植保机械、塑料制品
丽水市	/	半导体全链条

注:地区排名按照"2024 年浙江省各地市 GDP 排名"。

四、调查对象所在企业的特征

如图 5-16 所示,本次调查的企业在规模等方面呈现出多样化特征。从企业规模来看,以 100 人以下的小型企业占比最高,达 30.56%,其次为 101～500 人的企业,占比 23.61%,501～1 000 人的企业占 14.35%,1 001～5 000 人的企业占 16.67%,5 000 人以上的大型企业占 14.81%。由此可见,中小型企业在本次调查中占据较大比例。这些企业分布于多个地区及不同行业,为研究区域性继续教育校企联盟中的企业教育情况提供了丰富的样本基础,有助于全面深入地分析不同规模企业在继续教育方面的需求、现状、面临的问题等。

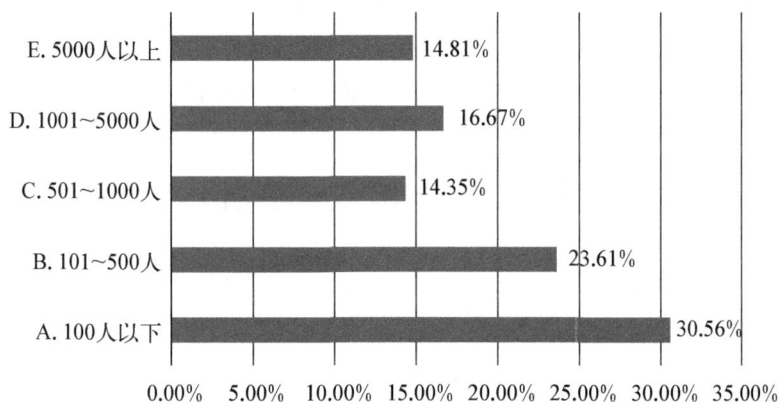

图 5-16　调查对象所在企业的规模

根据问卷数据,本书有以下发现。

第一,参与调查的企业在行业与规模分布上呈现分布不均的特征。这些企业涵盖制造业、信息技术业、服务业、金融业等多行业领域,且中小型企业占比较大,反映出区域经济结构的多样性与复杂性,不同行业及规模的企业在继续教育校企合作方面具有不同的需求与实践模式,对构建区域性继续教育校企联盟提出了多元化的要求。

第二,企业在与学校合作的途径、学校类型选择及人才培养方式上存在明显偏好。企业倾向于选择直接找学校对接、参与属地人才办组织的校招活动等直接高效的途径,合作学校多选择普通高校;在人才培养上,企业对师徒制较为认可。这体现了企业在合作中追求高效性与资源质量,同时也为学校及联盟在合作模式创新与优化方面提供了方向。

第三,企业对学校教育教学改进方向和人才考核指标有明确期望。企业着重强调加强专业技能培养和职业道德教育,在考核中最重视工作目标完成度。这凸显了企业对人才实践能力与职业素养的高度关注,表明了学校教育教学需紧密围绕企业实际需求进行改革,以提升人才培养与企业需求的契合度。

第四,企业参与校企合作面临诸多挑战与问题。经费投入需求大、政府政策引导不足、合作回报率低、学校人才培养与企业需求不匹配等问题较为突出,严重影响校企合作的深入发展。这迫切需要政府、学校、企业等相关方共同采取措施,完善合作机制,提升合作效益,推动继续教育校企联盟的持续健康发展。

第五,企业对区域性继续教育校企联盟建设持有积极态度并提出期望。多数企业支持院校联盟和企业联盟建设,强调建立适应机制、设立共同目标以及进行资源整合的重要性。这表明企业认识到联盟建设对人才培养和企业发展的重要意义,为联盟发展提供了企业层面的支持与思路。

五、区域企业职工继续教育综合分析

(一) 企业人才需求与考核指标的多元特征分析

1. 企业人才专业需求呈现多元格局

调研结果显示,企业人才专业需求呈多元格局,如图 5 - 17 所示。技术类专业紧缺程度突出,综合得分 3.72,位列榜首,86 家企业将其列为第 1 位,表明在区域性企业发展中,高新技术产业崛起使技术专业人才需求极为旺盛,技术专业人才是推动企业技术研发与应用的关键力量,于生产、创新等环节发挥核心作用。管理专业综合得分 3.03,34 家企业将其列为第 1 位,反映出企业发展壮大需专业管理人才优化内部组织架构、提升运营效率与协调资源配置。市场营销专业综合得分 2.61,33 家企业将其列为第 1 位,市场竞争加剧使企业迫切需要此类人才拓展市场、提升品牌知名度并促进产品销售,以增强竞争力。此外,创新创业、人力资源、财务、法务与战略、客服等新兴与辅助专业需求渐长。创新创业专业综合得分 1.99,虽相对较低,但仍有 22 家企业将其列为第1 位;人力资源专业综合得分 1.88,显示企业在人才管理与团队建设方面对人力资源专业人才的需求日益增加,以保障人才队伍稳定与发展;财务专业综合得分 1.54,13 家企业将其列为第 1 位,说明财务专业人才在财务管理与资金运作方面不可或缺;法务与战略专业综合得分 0.66,虽然该专业人才目前紧缺程度相对较低,但其重要性随企业规范化运营和长远战略规划需求增长而逐步提升;客服专业综合得分 0.56,该专业人才在客户关系维护与提升客户满意度方面有一定作用,于服务型企业中需求较明显。

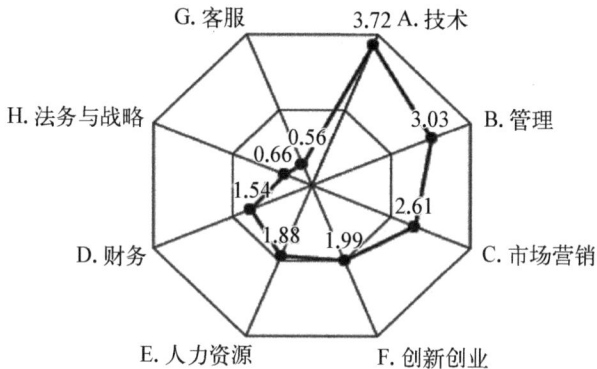

图 5-17 企业对人才专业需求的综合得分

2. 企业人才学历需求层次分明

由图 5-18 可知,首先,大学本科(占比 45.71%)是绝对主力需求。此类人才具备扎实的专业知识和一定的实践能力,能够适配企业众多岗位的基础性工作,是企业技术创新与日常运营的中坚力量。其次,硕士研究生及以上(占比 34.29%)是高端需求的核心。此类人才凭借深厚的知识储备和研究能力,在技术研发深度大、理论要求高的核心部门或高端岗位上具有显著优势,

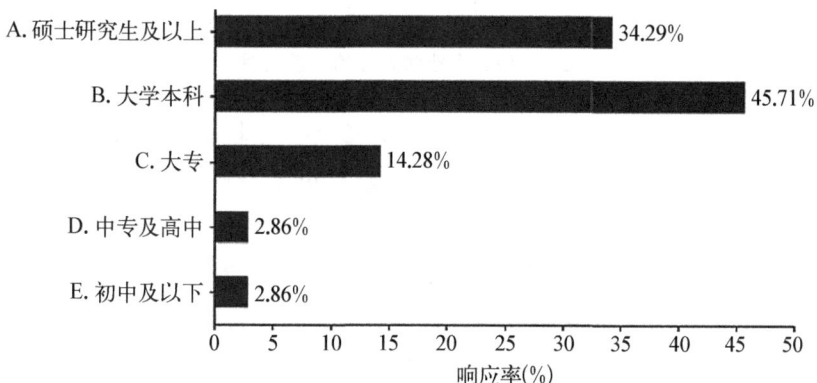

图 5-18 企业对人才的学历的要求

能够引领企业的前沿技术探索、重大项目攻关,有效提升企业核心竞争力与影响力。再次,大专(占比 14.28%)是重要的补充力量。经过专业培养,大专人才能够较快上手基层技术工作,为生产一线提供必要的人力支持,满足企业基础性技术岗位的需求。最后,中专及高中(占比 2.86%)和初中及以下(占比 2.86%)需求占比较低。这两类人才主要在劳动密集型的基础操作岗位或对技能要求不高的简单体力、辅助性岗位上存在一定需求空间,经过必要的培训和实践,可以在企业内成长并满足特定岗位的用工需求。

3. 企业人才考核指标凸显关键能力

企业对人才的考核指标呈现多样化特点,如图 5 - 19 所示。其中,"工作目标完成度"受重视程度最高,有 21.59% 的企业将其作为考核指标。这体现了企业以结果为导向的管理理念,员工能否高效、高质量地完成工作任务是企业衡量其工作绩效的关键因素之一,直接关系到企业的生产进度、项目交付等核心业务环节。

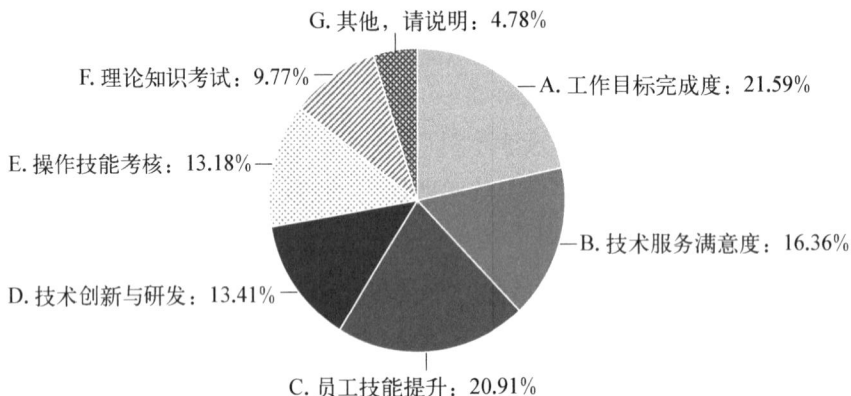

图 5 - 19　企业对人才的考核指标

"员工技能提升"也是重要的考核指标之一,20.91% 的企业将其纳入考核体系。企业认识到在快速发展的市场环境中,员工不断提升自身技能是保持企业竞争力的重要保障。通过鼓励员工技能提升,企业能够促进内部人才成长,提升团队整体素质,更好地适应产业升级和技术创新带来的挑战。

此外,"技术服务满意度"被 16.36% 的企业列为考核指标,对技术型企业及相关部门而言,技术服务满意度关乎市场声誉、客户忠诚度与业务拓展;13.41% 的企业考核"技术创新与研发",以激发员工创新活力,助力产品升级与技术突破；13.18％的企业采用"操作技能考核"，该指标适用于对影响产品质量和生产效率的实操能力要求高的行业；9.77％的企业实施"理论知识考试"，该考试可辅助评估员工知识储备与学习能力；另有4.78％的企业选择"其他"考核指标，这些指标因企业行业、经营特点等而异，丰富了考核维度。

（二）企业人才培养与学校教育教学的需求对接

1. 校企合作创新驱动的人才培养需求

学校教育教学是高等学校实现人才培养目标的核心环节，而学校与企业之间的合作是提升人才培养质量的重要途径。如图5－20所示，企业认为学校教育教学的改进重点主要是"加强专业技能培养""加强职业道德教育""更新专业理论教学""改善专业设施设备""加强与企业需求对接""其他"几个方面。其中，"加强专业技能培养"占比23.88％，表明在受访者看来，专业技能的培养是学校教育教学中最需要改进的方面，以满足企业对人才的需求。专业技能是学生进入职场后能够直接应用于工作的能力，对于学生的就业和职业发展至关重要。"加强与企业需求对接"占比20.90％，说明受访者意识到学校与企业需求对接的重要性。加强与企业的沟通与合作，了解企业的实际需求和行业动态，能够使学校的人才培养更具针对性和实用性，提高学生的就业竞争力。"加强职业道德教育"占比19.15％，体现受访者也较为重视职业道德教育，良好的职业道德是员工在企业中立足和发展的重要保障，包括诚实守信、敬业精神、团队合作等方面，学校加强这方面的教育有助于培养学生的职业素

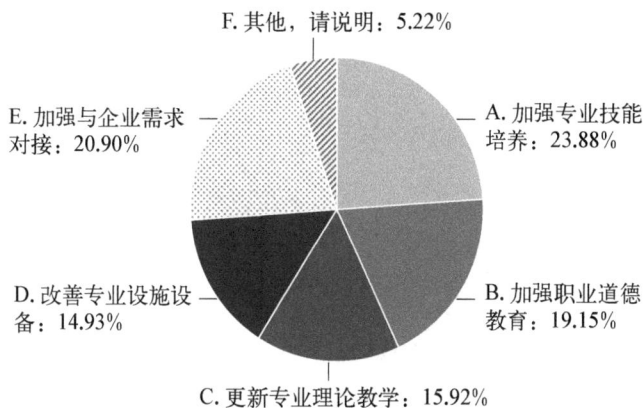

图5－20　学校教育教学的改进重点

养,使其更好地适应企业环境。"更新专业理论教学"占比 15.92%,反映出部分受访者认为专业理论教学需要与时俱进,随着行业的发展和技术的更新,学校的专业理论教学内容也应不断更新,以确保学生所学的知识能够跟上时代的步伐,为其在企业中的工作奠定坚实的理论基础。"改善专业设施设备"占比 14.93%,显示出一些受访者关注学校的专业设施设备情况,先进的设施设备可以为学生提供更好的实践条件,帮助他们更好地掌握专业技能,提高实践能力,从而更好地满足企业对实践型人才的需求。

由此可见,加强专业技能培养和加强与企业需求对接是受访者认为学校教育教学改进的重点方向。这提示学校在人才培养过程中,一方面要注重学生专业技能的提升,通过优化课程设置、实践教学等方式,确保学生能够掌握扎实的专业技能;另一方面,要加强与企业的紧密联系,建立有效的沟通机制和合作平台,例如开展校企合作项目、邀请企业专家参与教学等,使人才培养与企业需求相匹配。同时,加强职业道德教育、更新专业理论教学和改善专业设施设备也不容忽视,这些方面共同构成了学校人才培养的重要环节,只有全面提升,才能更好地培养出符合企业需求的高素质人才。

2. 企业中实习生实习表现的问题探究

对于企业而言,实习生是潜在的未来员工。通过校企合作,企业可以提前介入人才培养过程,在实习生实习期间考察其专业能力、工作态度、团队协作等综合素质,选拔出符合企业发展需求的优秀人才,为企业的人才储备和发展提供支持。企业实习生实习表现的问题情况如图 5-21 所示。

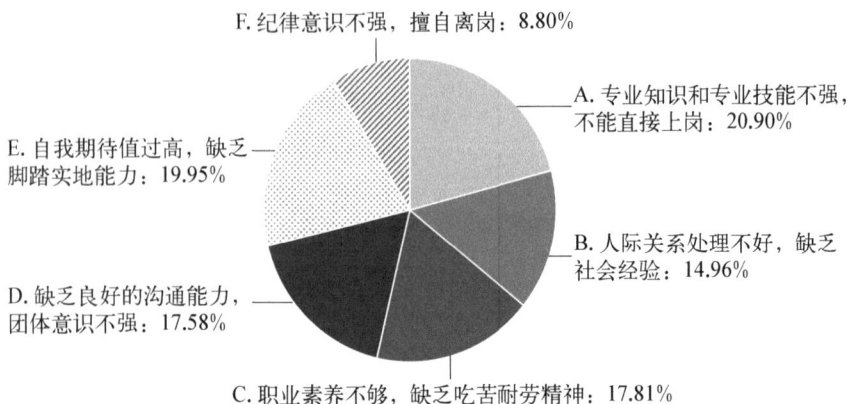

图 5-21　企业实习生实习表现的问题情况

"专业知识和专业技能不强,不能直接上岗"占比20.90%,说明相当一部分实习学生在专业知识和技能方面存在较大不足,可能导致他们无法顺利地从学校过渡到实际工作岗位,需要一定的培训和指导才能胜任工作。专业知识和技能是实习学生能够在实习岗位上发挥作用的基础。这方面薄弱会影响工作效率和质量,也可能影响实习单位对学生的评价和后续的实习安排。

"自我期待值过高,缺乏脚踏实地能力"占比19.95%。此类实习学生存在自我期待值与实际能力不匹配的情况,可能对自己的职业发展有过高的期望,但在实际工作中却不能脚踏实地地从基础做起,容易产生心理落差和挫折感。合理的自我认知和脚踏实地的工作态度对于实习学生的职业成长至关重要。过高的自我期待可能导致眼高手低,而缺乏脚踏实地的能力则难以积累实际工作经验和技能,影响职业发展的稳定性和持续性。

"职业素养不够,缺乏吃苦耐劳精神"占比17.81%,此类实习学生在职业素养方面存在欠缺,尤其是吃苦耐劳精神不足。这可能反映出当代一些学生在成长过程中相对安逸,面对工作中的辛苦和压力时,缺乏足够的毅力和韧性。职业素养是职场中非常重要的品质,吃苦耐劳精神更是许多工作岗位所需要的。缺乏这些素养可能会导致实习学生在面对工作任务时容易退缩,无法坚持完成工作,影响实习效果和职业形象。

可见,实习学生在多个方面都存在不同程度的问题,这些问题相互关联,共同影响着实习学生的实习效果和职业发展。专业知识和技能是基础,但人际关系、职业素养、沟通能力、自我认知、纪律意识等方面的问题也不容忽视。学校和实习单位可以根据这些数据,有针对性地开展培训和指导,帮助实习学生更好地适应职场,提升自身综合素质,为未来的职业发展打下坚实的基础。例如,学校可以加强职业素养和沟通技巧的课程设置,实习单位可以安排导师进行一对一的指导,帮助学生解决实际工作中遇到的问题,同时加强纪律管理、组织团队建设活动等。

(三) 校企合作人才培养路径与方式的多元架构

1. 校企合作培养路径的多样化选择

企业与学校合作培养人才的途径丰富多样,如图5-22所示。具体来看,"企业直接找学校对接"的方式占比39.81%,显示出企业主动寻求与学校建立合作关系的积极性较高;"属地人才办组织的校招活动"占比 37.50%,表明属地人才办在企业与学校人才对接中起到了较为重要的桥梁作用;"学校主动过来找企业对接"的情况占比 29.17%,体现了部分学校在人才培养与输送方面的主动性;"通过继续教育校企联盟平台(线上+线下)"的方式占比 25.00%,说明这种整合线上线下资源的平台在校企合作中具有一定的吸引力;"第三方教育类公司牵线搭桥"占比 17.59%,13.89% 的企业选择了其他途径,这些数据全面揭示了企业在寻求校企合作时的多元考量与渠道倾向。

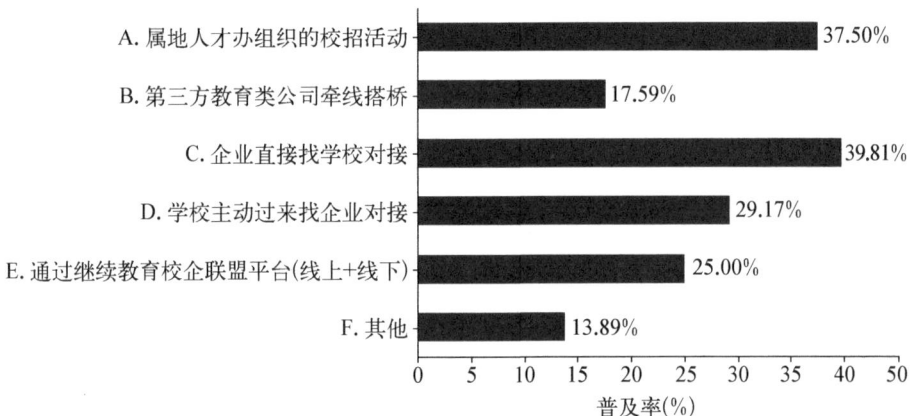

图 5-22　企业希望通过哪些途径与学校合作培养人才

2. 企业员工接受继续教育方式多元

在当今企业发展进程中,员工接受企业所提供的继续教育方式呈现出显著的多元化态势,如图 5-23 所示。

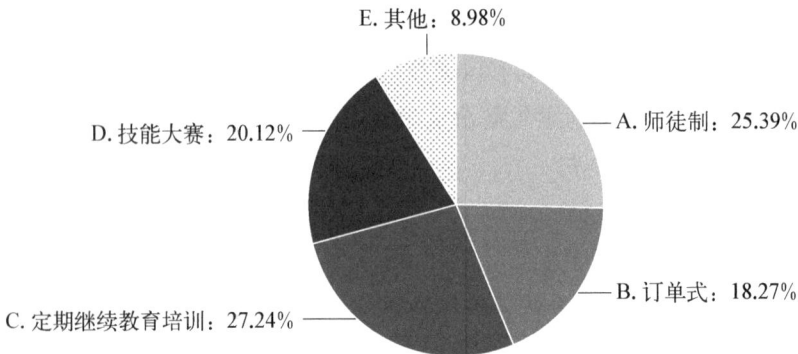

图 5-23　员工接受企业所提供的继续教育方式

首先,定期继续教育培训方式在众多培养途径中占据重要地位,其占比达27.24%。借助系统且周期性的培训课程体系,员工得以全面提升自身综合素质与专业能力,进而有效应对市场环境的动态变化,始终保持在行业内的竞争力。

其次,师徒制作为一种传统而经典的培养手段,在现代企业人才培育中深受员工认可,占比达25.39%。通过资深员工的紧密指导与经验传授,新员工能够迅速融入工作场景,精准且高效地掌握工作技能要点,并深度领悟企业独特的文化内涵与价值理念,加速自身在企业中的成长步伐。

再次,技能大赛以其独特的激励性与竞争性,赢得了20.12%员工的认可。在技能大赛的平台上,员工的学习积极性与创新潜能被充分激发,企业形成了浓厚的内部学习氛围与良性竞争环境。同时,企业也借此契机精准识别与选拔出具有突出才能与潜力的优秀人才,为企业人才梯队的建设注入新鲜活力。

最后,订单式培养方式以18.27%的占比,成为企业与外部教育机构合作培养人才的重要途径。企业依据自身岗位的精准需求,与学校或专业培训机构开展深度合作,量身定制培养方案,从而确保所培养的人才能够与企业岗位实现高度契合,有效缩短人才入职后的适应周期,提升企业人力资源的配置效率。企业对员工学历继续教育提升的支持,有助于员工提升理论水平和综合素质,为企业的长远发展储备人才,满足企业可持续发展需求。

(四) 企业关于区域性继续教育校企联盟的认知

1. 区域性继续教育校企联盟的作用认知

企业与区域性继续教育校企联盟相互依存、相互促进,通过紧密合作,能够实现人才、技术、资源的优化配置,共同推动区域经济的发展和教育水平的提升。调查数据显示,企业对于区域性继续教育校企联盟发挥的作用有了一定的认识,如图5-24所示。

首先,"协调组织承接地方政府的继续教育购买服务,包括成人学历提升与非学历技能培训"(综合得分1.94)选项排在首位,表明企业认为校企联盟在协调组织承接政府继续教育相关服务方面的作用较为突出,可能是因为这类服务能够直接为企业员工提供提升学历和技能的机会,有助于企业人才队伍的建设和发展。其次,"作为沟通桥梁,推动政府的政策落地,促进校企之间的

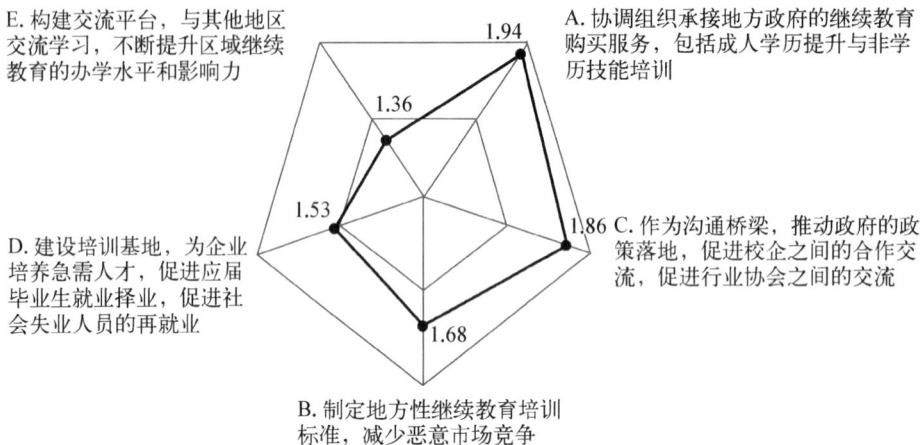

图 5‐24　企业对区域性继续教育校企联盟作用的认知

合作交流,促进行业协会之间的交流"(综合得分 1.86)选项排名其次,反映出企业认可校企联盟在沟通协调方面的作用,校企联盟能够促进政府、学校和企业之间的信息流通和合作,有利于各方资源的整合和共享,但在企业眼中,其重要性略低于承接政府服务。再次,"制定地方性继续教育培训标准,减少恶意市场竞争"(综合得分 1.68)选项排名第三,说明企业对校企联盟在制定培训标准,以规范市场方面的作用认识程度稍弱。最后,"建设培训基地,为企业培养急需人才,促进应届毕业生就业择业,促进社会失业人员的再就业"(综合得分 1.53)和"构建交流平台,与其他地区交流学习,不断提升区域继续教育的办学水平和影响力"(综合得分 1.36)两个选项排名较低,可能是因为调查的很多企业是中小型民营企业,目前更关注一些直接与自身利益相关的实际服务和合作,而对于标准制定、改善就业环境、构建交流平台这类相对宏观的作用感知不明显。

　　从整体数据来看,企业目前更看重校企联盟在承接政府继续教育服务方面的作用,这与企业对员工素质提升和人才培养的直接需求相关。而对于一些宏观层面的作用,如培训标准制定和跨地区交流平台构建等,企业的认可度相对较低。这也为校企联盟未来的发展提供了方向,即在继续做好政府服务承接和沟通协调工作的基础上,进一步加强人才培养的针对性和实效性;同时通过国家政策引导,逐步提升企业对培训标准制定、就业择业支持、交流平台构建等方面作用的认识,以更好地发挥校企联盟在区域性继续教育中的综合作用,促进区域性继续教育的全面发展和提升。

2. 校企联盟中合作驱动因素的深度解析

企业参与校企合作是一种互利共赢的模式,该模式能够在人才、技术、品牌、经济等多个方面为企业带来显著的效益和价值,有助于企业提升核心竞争力,实现可持续发展。根据调查,图 5 - 25 展示了企业参与校企合作意愿低的主要原因及其对应的综合得分。

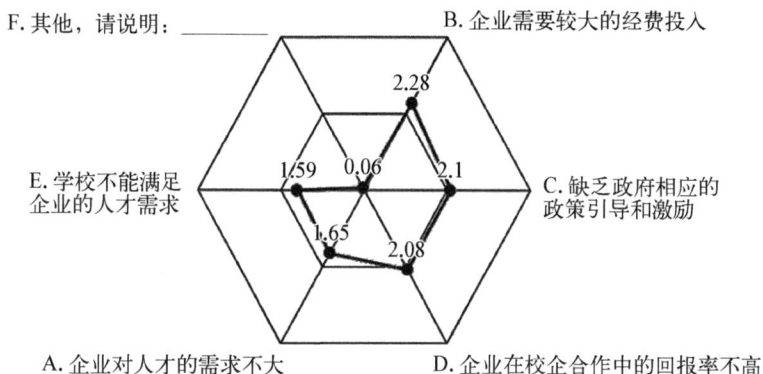

图 5 - 25　企业参与校企合作意愿低的主要原因及其对应的综合得分

在影响企业参与校企合作的因素中,企业认为经费投入是首要阻碍。企业需要较大的经费投入(综合得分 2.28)在所有因素中占比最高,因中小企业成本控制严格,所以在参与校企合作时,企业需仔细权衡投入产出关系,在做决策时更为谨慎。政府政策引导和激励不足对企业参与积极性影响较大。缺乏政府相应的政策引导和激励(综合得分 2.1)仅次于经费投入因素。企业期望政府通过政策支持降低参与成本、提高收益预期,以促进企业更积极地参与校企合作。企业对校企合作回报率较为关注。企业在校企合作中的回报率不高(综合得分 2.08),这使企业对参与校企合作持观望态度。企业参与合作时,会考量经济利益、技术提升、品牌推广等方面的回报,回报率不理想会降低企业参与意愿。

总体而言,从图 5 - 25 的整体数据来看,企业参与校企合作受到多种因素的综合影响,其中经费投入、政府政策引导和激励以及合作回报率是企业较为关注的重要因素,而企业对人才的需求不大以及学校不能满足企业人才需求等因素相对来说重要性稍低,但也不可忽视。在考虑参与校企合作时,企业需要全面评估各种因素,尤其是要关注经费投入与预期回报之间的平衡,同时积极与政府沟通,争取更多的政策支持和优惠,以降低合作成本,提高合作效益。

此外,企业也可以与学校共同探讨如何优化人才培养模式,提高人才培养质量,更好地满足自身的人才需求。

六、企业视角下区域校企合作问题的相关性分析

(一) 企业与学校共建实训实习基地与合作深度、满意度的关联分析

企业与学校合作方面,实践教学基地建设是衡量合作深度的重要指标。数据分析显示,调查样本中超过 70% 的企业已与学校合作建立了实训实习基地,"没有共建"的比例为 28.70%。这些基地在建设程度上存在差异,总体上深入共建的比例不高,这反映出企业与学校合作的深度有待进一步提高。企业与学校共建实训实习基地的情况的差异,代表校企合作深度的不同,校企合作深度也会影响企业与学校合作的满意度评价。企业、学校共建实训实习基地的情况与合作满意度的关系如表 5-7 所示。当企业与学校共建实训实习基地的情况为"全方位共建,规模显著"时,企业选择对校企合作非常满意的比例为 33.33%;当企业与学校共建实训实习基地的情况为"深入共建,规模较大"时,企业选择对校企合作非常满意的比例为 32.14%;当企业与学校共建实训实习基地的情况为"已共建,规模适中"和"初步共建,规模较小"时,企业选择对校企合作非常满意的比例分别是 16.67%、11.90%。通过统计检验可知,与学校合作共建实训实习基地情况不同的企业对于校企合作项目的整体满意度呈现出显著性差异($P = 0.013 < 0.05$)。

表 5-7 企业、学校共建实训实习基地的情况与合作满意度的关系

校企合作项目整体满意度	企业与学校共建实训实习基地的情况				
	没有共建	初步共建,规模较小	已共建,规模适中	深入共建,规模较大	全方位共建,规模显著
非常不满意	12.90%	7.15%	12.96%	10.71%	6.67%
不满意	6.45%	11.90%	11.11%	21.43%	10.00%
一般	41.94%	33.33%	12.96%	21.43%	23.33%
满意	25.81%	35.72%	46.30%	14.29%	26.67%
非常满意	12.90%	11.90%	16.67%	32.14%	33.33%

（二）企业与学校合作深度、满意度多项指标的相关分析

企业与高校的合作深度和校企合作的整体满意度直接相关。从图 5-26 可以看出，当校企之间的合作属于"非常深，全方位深度合作"时，企业选择对校企合作非常满意的比例为 33.33%；当校企之间的合作属于"较深，涉及多个关键领域"时，企业选择对校企合作满意的比例为 14.29%；当校企之间的合作属于"一般，能满足基本需求"时，企业选择对校企合作满意的比例为 46.30%；当校企之间的合作属于"非常浅，仅限于表层交流"时，企业选择对校企合作非常满意和满意的比例较低。通过统计检验可知，与高校合作深度不同的企业对于校企合作的整体满意度呈现出显著性差异（$P<0.001$）。

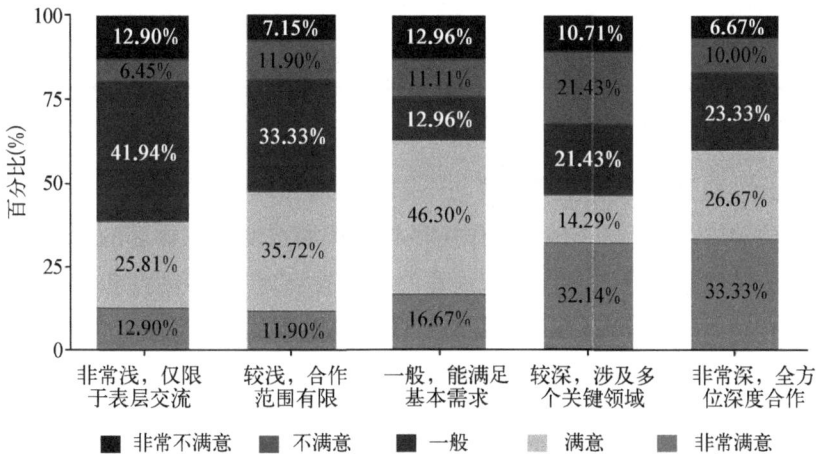

图 5-26 企业与高校的合作深度和合作项目整体满意度的交叉图

企业与学校的合作深度与不同合作途径的关系如表 5-8 所示。根据统计检验结果（$P=0.243$），合作途径与合作深度不存在显著的相关性。

表 5-8 企业与学校的合作深度与不同合作途径的关系

企业与高校的合作途径	企业与高校的合作深度				
	非常浅，仅限于表层交流	较浅，合作范围有限	一般，能满足基本需求	较深，涉及多个关键领域	非常深，全方位深度合作
属地人才办组织的校招活动	0.265	0.316	0.426	0.447	0.429

企业与高校的合作途径	企业与高校的合作深度				
	非常浅,仅限于表层交流	较浅,合作范围有限	一般,能满足基本需求	较深,涉及多个关键领域	非常深,全方位深度合作
第三方教育类公司牵线搭桥	0.163	0.211	0.191	0.128	0.200
企业直接找学校对接	0.265	0.395	0.489	0.489	0.343
学校主动过来找企业对接	0.204	0.184	0.298	0.383	0.400
通过继续教育校企联盟平台(线上+线下)	0.245	0.342	0.255	0.149	0.286
其他	0.265	0.105	0.085	0.085	0.143

注:分类汇总分析结果——基础指标(平均值)。

校企合作项目的整体满意度与不同合作途径的关系如表 5-9 所示。根据统计检验结果($P=0.016$),合作途径与合作满意度存在显著的相关性。虽然通过传统的途径开展人才合作培养的占比较高,但是不满意和非常不满意的比例较高,通过继续教育校企联盟平台开展校企人才培养虽然占比不高,但是不满意率较低,具有较大的发展潜力。

表 5-9　校企合作项目的整体满意度与不同合作途径的关系

企业与高校的合作途径	校企合作项目的整体满意度				
	非常不满意	不满意	一般	满意	非常满意
属地人才办组织的校招活动	0.304	0.125	0.350	0.515	0.366
第三方教育类公司牵线搭桥	0.130	0.083	0.233	0.147	0.220
企业直接找学校对接	0.087	0.208	0.467	0.500	0.415
学校主动过来找企业对接	0.174	0.250	0.333	0.338	0.244
通过继续教育校企联盟平台(线上+线下)	0.217	0.042	0.367	0.250	0.220
其他	0.087	0.333	0.133	0.059	0.195

注:分类汇总分析结果——基础指标(平均值)。

校企合作项目的整体满意度与合作院校类型的关系如表 5-10 所示,从表 5-10 中可以发现企业对校企合作的整体满意度与合作院校类型无显著相关。

表 5-10　校企合作项目的整体满意度与合作院校类型的关系

合作院校类型	校企合作项目的整体满意度				
	非常不满意	不满意	一般	满意	非常满意
普通高校	0.174	0.250	0.550	0.544	0.463
高职院校	0.174	0.375	0.317	0.382	0.366
成人高校	0.348	0.167	0.150	0.250	0.171
中职院校	0.130	0.208	0.283	0.294	0.293
其他	0.174	0.083	0.133	0.235	0.098

注:分类汇总分析结果——基础指标(平均值)。

因此,企业与学校的合作模式应更加多元化和创新化,注重合作项目的质量和实训实习基地的建设,积极探索通过继续教育校企联盟平台等新型合作模式,提升校企合作的深度和满意度。

(三) 校企合作深度、满意度与合作意愿的关系

校企合作深度与校企合作人才培养意愿的关系如表 5-11 所示,从表 5-11 中可以发现校企合作深度与校企合作意愿之间无直接关系($P=0.098$)。

表 5-11　校企合作深度与校企合作人才培养意愿的关系

校企合作人才培养意愿	校企合作深度				
	非常浅,仅限于表层交流	较浅,合作范围有限	一般,能满足基本要求	较深,涉及多个关键领域	非常深,全方位深度合作
非常不愿意	16.33%	5.26%	4.26%	10.64%	14.29%
不愿意	8.16%	13.16%	10.64%	10.64%	5.71%
一般	24.49%	21.05%	27.66%	8.51%	14.29%
愿意	24.49%	36.84%	40.43%	29.79%	20.00%
非常愿意	26.53%	23.69%	17.01%	40.42%	45.71%

校企合作项目的整体满意度与校企合作人才培养意愿的关系如表 5 - 12 所示，从表 5 - 12 中可以发现校企合作项目的整体满意度直接影响校企合作人才培养意愿($P=0.001$)。从前面的分析中可以看出，校企合作深度与校企合作满意度直接关联，校企合作深度虽然与校企合作人才培养意愿没有直接相关，但校企合作项目的整体满意度与校企合作人才培养意愿存在一定的直接关联。

表 5 - 12　校企合作项目的整体满意度与校企合作人才培养意愿的关系

校企合作人才 培养意愿	校企合作项目整体满意度				
	非常满意	满意	一般	不满意	非常不满意
非常愿意	41.47%	30.88%	26.67%	29.18%	17.39%
愿意	21.95%	42.65%	31.67%	8.33%	30.43%
一般	14.63%	14.71%	28.33%	8.33%	30.43%
不愿意	7.32%	7.35%	10.00%	20.83%	8.71%
非常不愿意	14.63%	4.41%	3.33%	33.33%	13.04%

可见，企业在合作过程中需要继续扎实做好实习基地建设，寻找更适应双方需要的合作人才培养途径、方式等，积极参与继续教育校企联盟等新型合作平台的建设，建立与学校的深度合作模式，提高校企合作培养人才的满意度和意愿，更好地实现双方共赢。

第三节　校企联盟现状与问题的比较分析

一、校企对于校企合作认知、满意度的比较分析

学校和企业对于校企合作建设有一定的共识，积极合作共建实习基地，推动校企合作获取更大效益。通过学校和企业两个不同主体角色共建实习基地的对比分析(见图 5 - 27)，可以发现学校选择"全方位共建，规模显著"的比例为 20.42%，明显高于企业选择"全方位共建，规模显著"的比例 13.89%。学校选择"深入共建，规模较大"的比例为 18.32%，明显高于企业选择"深入共建，

规模较大"的比例为 12.97%。企业选择"没有共建"实习基地的比例为 28.70%,明显高于学校的选择比例 15.71%。

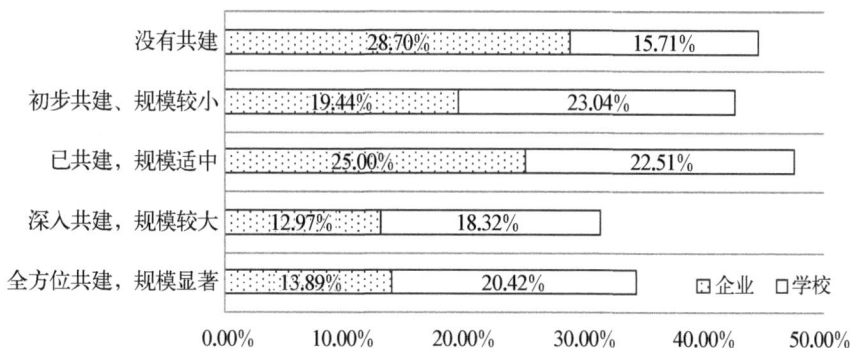

图 5-27　学校与企业共建实习基地情况比较分析

在校企双方建立合作人才培养的机制方面,不少学校和企业都要建立相关机制。通过学校和企业建立合作人才培养机制的对比分析(见图 5-28)可知,调查对象中学校已建立校企合作机制的比例为 46.86%,明显高于企业的比例 36.57%。企业没有建立校企合作人才培养机制的比例为 35.65%,明显高于学校的比例 26.18%。学校和企业在建立合作人才培养机制方面呈现出明显差异。在校企联盟教育的开展过程中,企业需要进一步强化认知,与学校共建实习基地,建立校企合作人才培养机制。

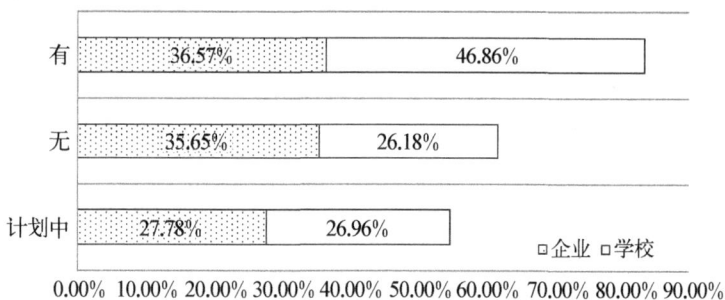

图 5-28　学校和企业建立合作人才培养机制的对比分析

在学校和企业对校企合作深度的评价方面,双方都有较高评价。本研究利用 t 检验(全称为独立样本 t 检验)去检验双方对于合作深度的认知的差异性,结果如表 5-13 所示。学校和企业对于合作深度的认知不存在显著性差异($P > 0.05$),但学校对于合作深度的认知略高于企业。

表 5‑13　校企对于合作深度的认知的差异性 t 检验分析结果

| | 校企(平均值±标准差) | | t | P |
	学校	企业		
合作深度	3.09±1.29	2.87±1.40	−1.891	0.059

此外,在学校和企业对于校企合作的满意度评价方面,本研究也利用 t 检验去研究校企双方对于校企合作项目满意度的差异性。从表 5‑14 可以看出：学校和企业对于校企合作满意度也不存在显著性差异($P>0.05$),学校对于校企合作的满意度略高于企业。

表 5‑14　校企合作项目满意度的差异性 t 检验分析结果

| | 校企(平均值±标准差) | | t | P |
	学校	企业		
校企合作项目满意度	2.77±1.33	2.63±1.22	1.306	0.192

二、校企对于继续教育需求、意愿的比较分析

在学校和企业对于继续教育的需求方面,通过前面的分析我们可以发现校企双方对于技术性人才和管理型人才的培养需求趋于一致。进一步通过 t 检验(校企人才供给需求匹配程度 t 检验分析结果见表 5‑15)可知,学校与企业双方认为人才供给需求匹配程度是一致的,不存在显著差异,学校和企业在继续教育校企联盟体系建设中能够实现平衡和协同,

表 5‑15　校企人才供给需求匹配程度 t 检验分析结果

| | 校企(平均值±标准差) | | t | P |
	学校	企业		
学校与企业的人才供给需求匹配程度	2.89±1.28	2.71±1.12	1.781	0.076

同时,利用 t 检验分析校企对于合作人才培养意愿的差异性(见表5‑16),可以发现学校和企业对于合作人才培养的意愿不存在显著差异($P>0.05$),这意味着学校和企业对于合作人才培养的意愿表现出一致性,学校和企业开展继续教育校企联盟的活动,有着共同的目标和愿景。

表5‑16　校企对于合作人才培养意愿的 t 检验分析结果

	校企(平均值±标准差)		t	P
	学校	企业		
校企合作人才培养意愿	2.60±1.33	2.39±1.29	1.863	0.063

三、校企对于继续教育联盟建设认同度的比较分析

在区域性继续教育校企联盟建设认同度方面,本研究课题组分别调查了学校和企业对于"本科高校、高职和中专等院校要形成院校联盟,扩大人才的多元化供给""行业协会、领军企业要带领相关企业形成企业联盟,增加人才的多元化需求"等6个方面的认同程度。通过对调查数据的分析和区域性继续教育校企联盟建设的认同程度 t 检验分析(见表5‑17),可以得知学校和企业对于上述6个方面的认同程度不存在显著差异性。对于"行业协会、领军企业要带领相关企业形成企业联盟,增加人才的多元化需求"的认同程度,企业稍高于学校,这也意味着区域性继续教育校企联盟建设要努力发挥行业协会、领军企业的作用。

表5‑17　区域性继续教育校企联盟建设的认同程度 t 检验分析结果

区域性继续教育联盟建设的认同程度	校企(平均值±标准差)		t	P
	学校	企业		
本科高校、高职和中专等院校要形成院校联盟,扩大人才的多元化供给	1.63±0.62	1.69±0.67	−1.443	0.150
行业协会、领军企业要带领相关企业形成企业联盟,增加人才的多元化需求	1.58±0.60	1.73±0.65	−2.024	0.050

区域性继续教育联盟 建设的认同程度	校企(平均值±标准差)		*t*	*P*
	学校	企业		
校企联盟之间要建立适应机制,促进联盟形成和发展	1.65±0.61	1.69±0.62	−1.473	0.141
校企联盟之间要建立共同目标和愿景,并去积极达成	1.60±0.62	1.69±0.68	−1.627	0.104
校企联盟之间要进行资源整合,提升人才培养质量	1.60±067	1.66±0.63	−1.050	0.294
校企联盟之间要多进行互动交流,维持联盟正常运行	1.64±0.62	1.68±0.66	−0.676	0.499

在区域性继续教育校企联盟的作用方面,本研究课题组也分别从学校和企业双方调查"协调组织承接地方政府的继续教育购买服务,包括成人学历提升与非学历技能培训""制定地方性继续教育培训标准,减少恶意市场竞争"等5个方面的重要性。区域性继续教育校企联盟的作用分类汇总分析如表5-18所示,学校和企业认为排在前面两位的作用都是"协调组织承接地方政府的继续教育购买服务,包括成人学历提升与非学历技能培训""作为沟通桥梁,推动政府的政策落地,促进校企之间的合作交流,促进行业协会之间的交流"。学校和企业对于区域性继续教育校企联盟的肯定有一定的一致性,有利于双方高效推动区域性继续教育校企联盟的建设。

表5-18　区域性继续教育校企联盟的作用分类汇总分析

区域性继续教育校企联盟的作用	校　企	
	学　校	企　业
制定地方性继续教育培训标准,减少恶意市场竞争	3.582±1.469	3.594±1.524
作为沟通桥梁,推动政府的政策落地,促进校企之间的合作交流,促进行业协会之间的交流	3.866±1.076	3.903±1.201
建设培训基地,为企业培养急需人才,促进应届毕业生就业择业,促进社会失业人员的再就业	3.500±1.423	3.626±1.339

区域性继续教育校企联盟的作用	校 企	
	学 校	企 业
构建交流平台,与其他地区交流学习,不断提升区域继续教育的办学水平和影响力	3.452±1.734	3.063±1.728
协调组织承接地方政府的继续教育购买服务,包括成人学历提升与非学历技能培训	4.407±1.101	4.019±1.292

四、校企对于联盟建设中政府政策评价的比较分析

区域性继续教育校企联盟建设离不开地方政府的政策支持,本研究课题组分别开展了学校和企业对于当地校企合作相关政策了解情况的调查。通过对调查数据的对比分析(见表 5-19),可以发现校企双方对于当地校企合作相关政策的了解情况存在较大差异,相对而言,学校比企业更了解当地的相关校企合作政策。因此,在区域性继续教育校企联盟建设过程中,要进一步向企业积极宣传相关政策,推动企业积极参与。

表 5-19 校企对于当地校企合作相关政策了解情况的对比分析

(a)

学校对于当地校企合作相关政策的了解情况	频数	百分比
非常了解	72	18.85%
比较了解	110	28.80%
不太了解	120	31.41%
完全不了解	80	20.94%
合计	382	100.0%

(b)

企业对于当地校企合作相关政策的了解情况	频数	百分比
非常了解	31	14.36%
比较了解	45	20.83%
一般了解	64	29.63%

企业对于当地校企合作相关政策的了解情况		频数	百分比
	不太了解	44	20.37%
	完全不了解	32	14.81%
合计		216	100.0%

此外,在学校和企业对于当地校企合作政策推动双方继续教育合作的效果方面,本研究课题组利用 t 检验分析校企对于合作政策效果满意度评价的差异性问题(见表 5 - 20)。从表 5 - 20 可以看出,学校和企业对于政策效果的满意度评价呈现出显著差异($P<0.05$),学校对于当地校企合作政策的满意度平均值(2.81)明显高于企业的平均值(1.95)。企业对于当地校企合作政策的不了解,影响企业对于政策的满意度结果。因此,为更好地推动区域性继续教育校企联盟建设,地方政府的角色和作用不可或缺,需要加大政策宣传力度,扩大政策辐射范围,创新政策优惠方式。

表 5 - 20　校企对于合作政策效果满意度评价的差异性问题 t 检验分析结果

	校企(平均值±标准差)		t	P
	学校	企业		
校企合作政策效果满意度评价	2.81±1.27	1.95±0.81	10.055	0.000

第四节　区域性继续教育校企联盟发展综合剖析

一、校企联盟作用认知的不均衡态势

在区域继续教育体系中,校企联盟的作用受到企业的广泛关注,但企业对其各项作用的认知呈现出显著的不均衡性。在日益激烈的市场竞争中,人才是企业核心竞争力的关键要素。通过校企联盟承接政府的继续教育服务,企业员工能够获得系统的学历提升和针对性的技能培训,这直接作用于企业人才队伍的素质提升,进而增强企业在市场中的竞争力,因此企业对此极为重视。在政策执行和资源整合的大背景下,企业深知政策引导对于行业发展的重要性,而校企联盟在这方面的沟通协调作用不可或缺。而对于"制定地方性继续教育培训标准,减少恶意市场竞争""建设培训基地,为企业培养急需人才,促进应届毕业生就业择业,促进社会失业人员的再就业"以及"构建交流平台,与其他地区交流学习,不断提升区域继续教育的办学水平和影响力"等作用,企业的认可度相对较低。这主要是因为参与调查的企业中,中小型民营企业占比较大。这些企业往往更注重短期的、直接与自身利益相关的实际服务和合作,对于标准制定、改善就业环境、跨地区交流等宏观层面的作用,由于短期内难以看到直接效益,感知并不明显。但从长远来看,这些宏观作用对于规范行业发展、优化人才培养环境、提升区域教育竞争力具有重要意义。

二、合作驱动因素的关键制约

企业参与校企合作受到多种因素的综合影响,其中经费投入、政府政策引导和激励以及合作回报率成为关键制约因素。在所有影响因素中,企业认为经费投入是首要阻碍。对于中小企业而言,成本控制是企业运营的关键环节。参与校企合作需要投入大量的资金,包括培训费用、设备购置费用、人员支持费用等。在资源有限的情况下,企业必须谨慎权衡投入产出关系。例如,一些中小企业可能因担心投入过多资金用于校企合作而无法在短期内获得相应的回报,导致企业资金周转困难,进而在参与合作时决策更为谨慎,甚至放弃合作机会。政府政策引导和激励不足对企业参与积极性影响较大,仅次于经费投入因素。企业作为市场经济的主体,在决策过程中会充分考虑政策环境。当缺乏政府相应的政策引导和激励时,企业参与校企合作的成本相对较高,而预期收益不确定。企业期望政府能够通过税收优惠、财政补贴、项目支持等政策手段,降低企业参与成本,提高企业收益预期,从而激发企业参与的积极性。例如,政府可以对积极参与校企合作的企业给予税收减免等优惠,或者设立专项基金支持校企合作项目,这样能够有效减轻企业负担,增强企业参与的动力。此外,企业对校企合作回报率也较为关注。企业参与合作的根本目的之一是获取经济利益、技术提升、品牌推广等多方面的回报。当校企合作回报率不高时,企业会对参与合作持观望态度。例如,一些企业在与学校合作开展人才培养项目后,发现培养出的人才与企业实际需求存在差距,无法为企业带来预期的经济效益;或者在合作过程中,企业的品牌推广效果不佳,导致企业对合作的积极性受挫。这种对回报率的考量,使得企业在参与校企合作时更加谨慎,需要充分评估合作的潜在价值。

三、合作途径与成效的复杂关联

校企联盟的合作途径与合作成效之间存在着复杂的关联。从调查数据来看,通过属地人才办组织的校招活动、第三方教育类公司牵线搭桥以及企业直接找学校对接等传统合作途径与合作深度和项目满意度多呈负相关,且显著性较高。这表明这些传统途径虽然在当前校企合作中被广泛采用,但在加深合作深度、提升项目满意度方面存在一定的局限性。学校主动找企业对接的方式与合作深度和项目满意度的相关性不显著,这说明在当前的校企合作环境下,主动性并非决定合作深度和满意度的关键因素。尽管学校的主动对接体现了其积极合作的态度,但可能由于缺乏有效的合作机制和沟通渠道,合作难以深入开展,无法达到预期的效果。不同类型的高校在合作中的表现也有所差异,这反映出不同类型的高校在人才培养模式、教学资源配置、与企业合作的契合度等方面存在差异。在实际合作中,企业和学校可能为了追求合作数量而忽视了项目的质量和可持续性,导致每个项目都无法得到充分的资源支持和深入地开展,最终影响了校企合作的成效。

四、校企合作面临的多维度挑战

通过对校企合作相关问题的频数分析,可以发现企业在合作过程中面临着多维度的挑战。在人才需求与供给方面,企业对人才有着较强的需求,但学校在满足企业人才需求方面存在不足。超过半数的受访者认为学校在人才培养上需进一步努力,特别是在专业技能和职业道德教育上。随着行业的快速发展和技术的不断更新,企业对人才的专业技能要求越来越高,不仅需要学生掌握扎实的理论知识,更需要学生具备实际操作能力和创新能力。然而,学校的教育教学往往滞后于行业发展，导致培养出的学生无法满足企业的需求。同时，职业道德教育的缺失也使得学生在进入企业后，难以适应企业的文化和工作要求，影响了企业的团队协作和工作效率。校企双方在人才供给与需求上存在较大错位。此外，经费投入、政策引导和合作回报率方面也存在问题。大多数受访者认同经费投入的重要性，体现了经费是企业合作中的关键考量因素。超过三分之一的受访者认为政府政策引导不足，这表明政策环境对校企合作有显著影响。政府在政策制定和执行过程中，可能存在政策不明确、支持力度不够、政策落实不到位等问题，导致企业在参与校企合作时缺乏政策保障和支持。

校企联盟在区域性继续教育中虽已取得一定进展，但面临着诸多问题和挑战。为实现校企联盟的可持续发展，提升其在区域经济发展和人才培养中的效能，政府、企业、学校等各方需要共同努力，优化合作模式，完善政策支持体系，加强人才供需对接，提高合作效益，促进校企联盟健康、稳定发展。

第六章

区域性继续教育校企联盟构建个案研究

本章展开深度区域性继续教育校企联盟个案研究,通过多案例实证揭示区域性产教融合的复杂性与创新可能性,为联盟实践提供可复制的策略工具箱。

第一节　区域性院校继续教育联盟

一、浙江省高校继续教育高质量发展联盟[①]

(一)继续教育联盟的构建目的及意义

《教育部关于推进新时代普通高等学校学历继续教育改革的实施意见》(教职成〔2022〕2号)、《教育部办公厅关于印发〈普通高等学校举办非学历教育管理规定(试行)〉的通知》(教职成厅函〔2021〕23号)等一系列政策文件的印发,为保障学历继续教育、非学历教育高质量发展指明了方向。在浙江省教育厅的指导下,浙江省高校继续教育高质量发展联盟成立于2022年6月,由浙江省14所重点建设高校的继续教育学院共同发起成立。该联盟的成立旨在贯彻落实教育部、浙江省教育厅关于继续教育高质量发展的要求,推动浙江省继续教育事业的规范化、内涵式发展,促进资源共享、优势互补,助力社会经济的持续健康发展。该联盟不断总结经验,提出改革思路,为完善继续教育相关管理制度提供资政建议,为全省继续教育高质量发展提供经验示范。实际上,浙江高校继续教育联盟的探索可以追溯到2018年3月,在浙江省教育厅和温州市政府的支持下,温州医科大学、温州大学等

---

① 童霞芳. 浙江省高校继续教育高质量发展联盟成立大会在我校举行[EB/OL]. (2022 - 06 - 30)[2025 - 02 - 26]. http://www.news.zjut.edu.cn/2022/0630/c5415a189276/page.htm.

9 所温州高校联合成立了"在温高校继续教育联盟",这标志着温州市高校继续教育领域的合作迈入了一个崭新的发展阶段。① 在温高校继续教育联盟以服务于联盟内各高校及推动区域经济社会进步为根本目标,旨在提升温州地区高校继续教育的服务能力,为高校与企事业单位之间搭建起一座沟通的桥梁,进而构建一个政府、产业、学校的资源高度整合,各方协同共进的继续教育生态系统。

(二) 继续教育联盟的成立过程

2018 年 3 月 30 日,浙江省首个区域性继续教育联盟——在温高校继续教育联盟在温州大学学院路校区正式成立。此次会议由温州医科大学、温州大学、温州商学院、温州职业技术学院、浙江工贸职业技术学院、温州科技职业学院、浙江东方职业技术学院、浙江安防职业技术学院以及温州城市大学共同发起。来自浙江省教育厅高教处、温州市教育局、温州市人力资源和社会保障局的领导,以及 9 所高校的相关负责人、专家学者和继续教育工作者共计 100 余人出席了会议。会议审议并通过了联盟章程,选举产生了理事长单位,并为 9 所成员高校授牌。最终,温州大学被推选为联盟的首届理事长单位。

4 年后的 2022 年 6 月 28 日,浙江省高校继续教育高质量发展联盟在浙江工业大学朝晖校区正式成立,与成立大会同时召开的还有全省高校继续教育相关政策解读会。该联盟由浙江工业大学继续教育学院提议,浙江工业大学、浙江师范大学、宁波大学、杭州电子科技大学、浙江工商大学、浙江理工大学、温州医科大学、浙江农林大学、浙江中医药大学、浙江财经大学、杭州师范大学、浙江海洋大学、中国计量大学和温州大学 14 所省内重点建设高校的继续教育学院共同发起成立。这一联盟的成立标志着浙江省继续教育事业迈入了高质量发展的新阶段。会议审议通过了《浙江省高校继续教育高质量发展联盟章程》,商议决定首届轮值主席单位由浙江工业大学继续教育学院担任。会上以线上与线下相结合的方式举行了全省校外教学点及非学历教育管理相关政策解读会。该联盟在 2023 年和 2024 年分别召开了多次专题会议,讨论了学历继续教育改革、教学点备案管理、在线考试题库共建共享等具体问题,并

① 姜燕飞. 在温高校继续教育联盟成立大会隆重召开[EB/OL]. (2018 - 03 - 30)[2025 - 02 - 26]. http://wdcj. wzu. edu. cn/info/1052/8680. htm.

144

通过了多项工作计划,在《普通高校继续教育合作办学指南》《高等学历继续教育核心课程考试指南》、高等学历继续教育课程资源共建共享、联盟 LOGO 方案设计等方面取得阶段性成果。联盟还积极吸纳新的成员单位,截至 2024 年,已有 19 家单位加入,新加入的成员单位包括浙江科技大学、嘉兴大学、绍兴文理学院、金华职业技术大学、浙江金融职业学院等。

(三)继续教育联盟的主要职能

近年来,浙江省高校继续教育快速发展,为社会培养培训了大批高素质人才,但也存在不少问题。浙江省高校继续教育高质量发展联盟致力于全民终身学习社会背景下的继续教育办学机制探索实践、严格落实学历继续教育"真教、真学、真考"、切实履行非学历继续教育主体责任、在配合省厅工作的基础上加强联盟自身建设,其成立有助于推动浙江省继续教育事业规范化、高质量、内涵式发展,为全省继续教育高质量发展提供经验示范,还有助于联盟各成员单位加强协作交流,促进办学能力和水平的提升。联盟在未来一段时期的工作重点:一是以专项整治工作为契机,各高校对照负面清单,严格规范开展合作办学;二是发挥联盟作用,群策群力形成招生改革方案,破解招生难题;三是借助联盟力量,优化教学点备案机制,确保教学点规范办学。①

二、安徽区域高等继续教育共同体②

(一)继续教育共同体的构建目的及意义

为了促进高等学历继续教育融合创新发展,更好地服务区域地方经济社会,安徽持续深耕高等继续教育的共同体建设,以安徽继续教育网络园区为牵引,以安徽高校继续教育合作联盟、安徽继续教育公共英语联盟为动力,以安徽省终身教育学分银行为桥梁,形成了"1+2+1"齐步走的区域高等继续教育共同体转型发展特色模式,逐渐走出一条政府引领、高校联动、资源共享、规范

---

① 王小西. 浙江省高校继续教育高质量发展联盟轮值主席换届会议在宁波大学召开 [EB/OL]. (2024 - 08 - 26)[2025 - 03 - 02]. https://www.nbu.edu.cn/info/1072/55270.htm.

② 张宝. 皖美区域高等继续教育共同体助推长三角高质量一体化发展[R]. (2024 - 12 - 19)[2025 - 02 - 25]. https://www.ahou.edu.cn/jxjyyq/detail?id=hdepauuy0i9o4quywttttdq.

有序的融合发展之路。① 借鉴经济开发区、高新区的理念,安徽首创了安徽继续教育网络园区理念,园区建设被列入省政府、省教育厅年度重点工作,纳入了省教育事业"十三五"和"十四五"规划。以上这一系列举措率先开启区域内高等学历继续教育整体向信息化、数字化转型发展,助力全省高校开展课程线上教学资源共建共享,为安徽省高等学历继续教育高质量发展夯实基础。

(二) 继续教育共同体的成立过程

2013 年,安徽省教育厅和财政厅实施了安徽高等教育的振兴计划,启动成人高等教育远程化教学模式改革与信息化建设项目,委托安徽开放大学作为全省统一的继续教育教学管理平台,进行安徽继续教育在线的承建和服务工作。② 以网络园区为基础,2018 年,安徽继续教育公共英语联盟成立;2020 年,安徽高校继续教育合作联盟成立,先后有合肥工业大学等 70 多所高校加入,联盟成员在新质生产力融入教育教学、优质课程资源共建共享、教学质量保障等方面互融共促。该联盟下设有 5 个专委会,分别是教学改革与质量保障专门委员会、学分银行建设专门委员会、自考助学服务改革专门委员会、服务农民学历与技能提升专门委员会和老年教育专门委员会。合肥工业大学系高校联盟理事长单位、学分银行建设专门委员会和自考助学服务改革专门委员会的第一届委员单位。2020 年,安徽省教育厅批准成立终身教育学分银行,由安徽开放大学负责具体建设,与园区管理中心合署办公。

(三) 继续教育共同体的主要职能

该共同体服务 150 多所高校及教育机构,1 万多名教师参与教学,累计注册包括学历教育学生、高职扩招学习者、学位外语考生、自考助学考生和其他社会学习人员在内的学习者高达 139 万人。创新凝练形成了自建共享式、共建共享式、联盟共享式和项目共享式资源建设的新模式,平台课程的网络资源总量达 84 万条。成员高校共同参与编写《高等学历继续教育学习指南》,一共有 30 多所高校在人才培养方案当中设置该门课程,依托网络园区平台已为

---

① 夏华,钱丰收,张俊生. 区域学习共同体构建理论与实践研究[J]. 淮南师范学院学报,2022,24(04):143-148.
② 万赛罗,胡立峰,李斌,等. 基于省级继续教育在线平台的教学设计与实践:以生物化学课程为例[J]. 成都师范学院学报,2019,35(11):17-24.

6万多名新生提供学习指南服务。该共同体首推继续教育公共英语教学改革新模式,已经先后组织了13次学位外语考试,省内外45所高校参与,累计为27.3万人次学习者提供学习预约服务、考试服务。该共同体依托安徽开放大学办学体系,在全省17所市级开放大学设置考点,为高校考生就近就地预约考点提供便利。终身教育学分银行链接国家职业教育学分银行和长三角地区开放教育学分银行,已经为130多万学习者建立账户,实现1万多门课程的跨校互认共享,建成了153个覆盖全省的认证服务中心,推动全国首个农民学分银行实体运行。该共同体先后建设了高职扩招在线教学系统、搭建了农工继续教育服务平台、服务农民工求学圆梦行动、建设安徽省高等教育自学考试助学服务平台等品牌项目,取得了良好的社会效益。20多个省市教育主管部门和100多所高校前来调研,为外省的兄弟高校和多联合体建设提供了参考借鉴,被光明日报和中国教育报等10多家新闻主流媒体予以报道。

三、京津冀地方高校继续教育联盟[①]

(一)继续教育联盟的构建目的及意义

党的十九大报告明确指出,要"办好继续教育,加快建设学习型社会,大力提高国民素质"。在这一要求指引下,我国成人高等教育进入了以"优化布局、探索创新"为核心的发展新阶段。京津冀地方高校继续教育联盟的成立,正是响应这一号召的重要举措。该联盟不仅为区域经济社会发展及雄安新区建设提供了人才保障和智力支持,还通过促进高校间的资源共享与协同合作,推动了高校与地方经济的深度融合,具有深远的实践意义。联盟致力于搭建多方协作的桥梁,深化校际、校企合作,推动"政、产、学、研、用"一体化发展,积极探索构建可持续发展的继续教育生态体系,从而为地方经济社会的繁荣注入新的活力。

(二)继续教育联盟的成立过程

2018年5月18日,京津冀地方高校继续教育联盟成立大会暨首届京津冀

---

① 屠琼芳. 京津冀地方高校继续教育联盟成立大会在河工大举行[EB/OL]. (2018-05-18)[2025-03-02]. http://www.hbjyw.cn/news/detail/95687/12.html.

地方高校继续教育工作研讨会在河北工业大学红桥校区东院燕赵学术交流中心举行。会议由北京工业大学、首都师范大学、北京工商大学、天津工业大学、天津理工大学、中国民航大学、河北大学、河北科技大学及河北工业大学9所高校共同发起,河北工业大学被推选为首届理事长单位。同年12月2日,京津冀地方高校继续教育联盟与在温高校继续教育联盟在温州医科大学联合举办年度工作研讨会。来自京津冀地区的9所高校及温州地区的9所高校的继续教育负责人齐聚一堂,围绕新时代继续教育的转型、创新及跨区域协同发展展开深入讨论。① 在温高校继续教育联盟与京津冀地方高校继续教育联盟签署了教育合作备忘录,在联合人才培养、课程资源共享、教材共建、校企合作、培训项目拓展、科研协作、学术交流等领域达成共识。

2024年7月12日,京津冀地方高校继续教育联盟年会在北京侨梦苑大厦召开,会议以"数智赋能继续教育高质量发展"为主题,由联盟主办、安博科技集团承办,旨在推动继续教育的数字化转型,提升智能化工具的应用水平,助力高质量发展。② 此外,天津中德应用技术大学和天津滨海汽车工程职业学院正式加入联盟,成为新理事单位。

(三) 继续教育联盟的主要职能

继续教育层次、类别多样,周期、方式灵活,以师资广泛、学员背景复杂、多校区运营等特点著称,面临着管理、师资、教学、资源、质量、体验等多重挑战。京津冀地方高校继续教育联盟作为区域高校继续教育资源的纽带与桥梁,不仅是成员院校间交流协作的重要平台,更是为京津冀区域经济社会发展及雄安新区建设提供人才支撑和智力支持的关键力量。该联盟的核心职能在于构建精品课程资源共享机制、前沿信息互通平台、优秀案例展示窗口以及师资力量协同体系,充分发挥各成员院校的特色优势,开创互利共赢的

---

① 钱宇. 京津冀地方高校与在温高校继续教育联盟年度工作研讨会在我校召开[EB/OL]. (2018-12-03)[2025-03-02]. https://news. wmu. edu. cn/show/45/25178. html.

② 谭铁春. 我院参加京津冀地方高校继续教育联盟2024年年会[EB/OL]. (2024-7-12)[2025-03-02]. https://mp. weixin. qq. com/s?__biz=MzI4NTUzMjkwMg==&mid = 2247488582&idx = 1&sn = 6047765a8f18475fb8905e646a72518a&chksm = ea2e2a15e18e55607c6ecd802f9fdf744583672d2e74f11e08310d0c2b819c81498b6cefe7e9&scene=27.

合作新模式。联盟课程资源中心网站的上线,标志着联盟合作迈出了实质性步伐,为优质课程与师资的共享搭建了高效互通平台,进一步推动了成员院校间的教育教学资源互补,促进了京津冀地区成人高等教育的转型升级与创新发展。

在人工智能技术快速发展的背景下,联盟积极探索数智化赋能继续教育高质量发展的新路径,致力于推动区域协同育人体系的构建,助力学习型社会的建设。通过深化合作与资源共享,联盟为京津冀地区的高质量协同发展注入了新的动力,成为区域教育创新与经济社会发展的重要推动者。

四、长三角地区高等继续教育联盟[①]

(一)继续教育联盟的构建目的及意义

长三角地区高等继续教育联盟的构建,旨在应对新时代背景下高等继续教育面临的新挑战与新机遇,推动区域高等继续教育的高质量发展。其目的主要体现在以下几个方面。

(1)资源整合与共享。联盟通过整合区域内普通高校、高职院校、开放大学等高等教育机构的优质资源,实现资源共享,提升教育质量。

(2)产教融合与协同创新。联盟专注于加深产教融合的程度,强化学校与企业之间的协作关系,以促进教育事业与产业界的紧密融合为目标,旨在为区域经济与社会的全面发展供应坚实的人才保障与智慧支撑。

(3)区域协同发展。联盟通过加强沪苏浙皖"一市三省"之间的合作与交流,推动长三角地区高等继续教育的协同发展,提升区域教育整体竞争力。

(4)服务国家战略。联盟积极响应国家教育强国战略,通过推动高等继续教育的发展,为服务国家战略需求、实现教育现代化贡献力量。

从意义上看,长三角地区高等继续教育联盟的构建不仅有助于提升区域高等继续教育的整体水平和影响力,还能为其他地区提供可借鉴的经验和模式,推动全国高等继续教育的创新发展。

---

① 魏其濛. 长三角地区高等继续教育联盟在沪成立[EB/OL]. (2024 - 12 - 17)[2025 - 03 - 02]. https://baijiahao. baidu. com/s? id=18186759520461756 89&wfr=spider& for=pc.

（二）继续教育联盟的成立过程

长三角地区高等继续教育联盟的成立过程经历了多个阶段。

（1）筹备阶段。由沪苏浙皖"一市三省"的高校继续教育行业组织及相关高校共同发起，进行联盟的筹备工作，包括确定联盟的宗旨、目标、组织架构等。

（2）成立大会。2024年12月17日，为深化产教融合、科教融汇，以高等继续教育共建共享助力长三角现代产业体系一体化发展，在上海市教育委员会、江苏省教育厅、浙江省教育厅、安徽省教育厅的指导下，长三角地区高等继续教育联盟成立大会在上海开放大学召开。[①] 理事长单位共4家，分别是复旦大学、南京大学、浙江开放大学、合肥工业大学；副理事长单位共15家，分别是同济大学、上海师范大学、上海开放大学、苏州大学、扬州大学、江苏开放大学、浙江大学、宁波大学、安徽大学、安徽师范大学、安徽农业大学、安徽财经大学、安徽中医药大学、安徽开放大学、合肥职业技术学院；秘书长单位共4家，分别是上海市成人教育协会、南京大学、浙江开放大学、安徽继续教育网络园区管理中心，其中，上海市成人教育协会兼任执行秘书长单位；副秘书长单位共4家，分别是上海市终身教育学分银行管理中心、江苏省终身教育学分银行管理中心、浙江省终身教育学分银行管理中心、安徽省终身教育学分银行管理中心。

（3）协议签署与实地考察。长三角地区高等继续教育联盟与G60科创走廊联席会议办公室签署了战略合作框架协议，与"一市三省"高校继续教育行业协会（上海市成人教育协会、江苏省高等教育学会高校成人教育研究委员会、浙江省成人教育与职业教育协会高校继续教育分会、安徽高校继续教育合作联盟）签署了战略合作协议。大会上，各方代表通过签署合作协议，明确了联盟的合作范围、内容和方式。参会代表实地考察了G60科创走廊和正泰集团，与多家企业面对面交流，深入了解长三角地区在产教融合、科技创新等方面的最新成果和实践经验。

（4）发布《长三角地区产业继续教育需求报告》。报告指出，长三角地区高等继续教育应聚焦行业企业的真实需求，共同探索校企合作的产教融合、科

---

① 上海市教育委员会. 长三角地区高等继续教育联盟成立大会召开[EB/OL]. (2024-12-18)[2025-03-02]. https://edu. sh. gov. cn/xwzx_tpxw/20241230/281b124af0174d44b3e6a5955d9cd29e. html.

教融汇新模式,为长三角地区现代产业体系建设提供源源不断的人才供给和智力支撑。

(三) 继续教育联盟的主要职能

长三角地区高等继续教育联盟的主要职能包括以下 5 个方面。

(1) 政策研究与制定。联盟将密切关注国家及区域教育政策动态,结合联盟成员的实际需求,开展政策研究与制定工作,为联盟成员提供政策指导和支持。

(2) 教育资源整合与共享。联盟将整合区域内高等教育机构的优质教育资源,建立资源共享机制,促进教育资源的优化配置和高效利用。

(3) 产教融合与校企合作。联盟将积极推动产教融合和校企合作,搭建校企合作平台,促进教育与产业的深度融合,为区域经济社会发展提供人才和智力支持。

(4) 人才培养与交流。联盟将开展人才培养与交流活动,提升联盟成员的人才培养质量和水平,促进联盟成员之间的交流与合作。

(5) 区域协同发展与合作。联盟将加强沪苏浙皖"一市三省"之间的合作与交流,推动长三角地区高等继续教育的协同发展,提升区域教育整体竞争力。

长三角地区高等继续教育联盟的构建目的明确、成立过程规范、主要职能清晰,将为区域高等继续教育的高质量发展提供有力保障。

第二节 区域性企业教育合作联盟

一、制定"双元制"职工继续教育目标

"十四五"规划期间,上海站在新的历史起点上,全力推进"五个中心"建设的深化,并进入了加快建成具有全球影响力的社会主义现代化国际大都市的关键阶段。同时,这也是上海踏上教育现代化新征途,致力于构建与时代脉搏相契合、与城市发展战略相协调的一流教育体系的首个 5 年。为深入贯彻《上海教育现代化 2035》部署,并全面执行《关于推进新时期上海产业工人队伍建

设改革的实施意见》，上海正积极拓宽职工提升学历与技能水平的渠道，确保他们在职业发展上获得实质性的支持与提升。① 为此，2021 年 7 月，上海市教育委员会、上海市人力资源和社会保障局、上海市财政局、上海市国有资产监督管理委员会、上海市经济和信息化委员会、上海市商务委员会、上海市总工会联合印发了文件《关于推进新时代职工继续教育创新发展的意见》（沪教委终〔2021〕16 号）。②

2023 年 2 月 14 日，旨在服务于学习型社会的构建及推动新时代继续教育迈向高质量发展阶段的上海市高校继续教育指导服务中心于上海第二工业大学正式成立。倪闽景强调，为全面推进上海高校继续教育改革发展，助力上海更高水平学习型城市建设，市教委依托上海第二工业大学成立"上海市高校继续教育指导服务中心"，进一步加强对高校继续教育管理的探索实践，推进落实继续教育与职业教育、高等教育协同创新、共同发展。他希望中心成立后积极发挥三方面作用：一是助力做好高校继续教育管理服务和规划工作，利用好平台优势，积聚优质资源，整体谋划，全面思考，推动上海高校继续教育高质量发展；二是加快推进"双元制"职工继续教育试点推广，充分结合学校优势加强"双元制"继续教育中课程改造、企业导师培养等方面的规划落实，协助打造"双元制"职工继续教育特色品牌；三是积极创造条件，推动校企合作，强化全市高校继续教育专业与行业企业人才需求的双向对接，助力满足上海经济社会高质量发展的各层次人才需求。③

二、"双元制"职工继续教育模式内涵

文件《关于推进新时代职工继续教育创新发展的意见》提出探索上海特色"双元制"职工继续教育模式，即建立由市教委、市人力资源社会保障局、市总

---

① 李洪深,张晶. 企业大学运营体系及发展质量评价研究［M］. 北京：经济管理出版社,2022.
② 上海市教育委员会等. 上海市教育委员会等七部门关于印发《关于推进新时代职工继续教育创新发展的意见》的通知［EB/OL］. （2021 - 08 - 26）［2025 - 03 - 02］. http://edu. sh. gov. cn/xxgk2 _ zdgz _ zsjy _ 01/20210820/74f3d4902bd44a2482f01dc4bcc8b993. html.
③ 上海市教育委员会. 上海市高校继续教育指导服务中心在二工大挂牌成立［EB/OL］. （2023 - 02 - 15）［2025 - 03 - 02］. https://edu. sh. gov. cn/xwzx _ tpxw/20230223/71c6b237b68948379425f343eb4140b5. html.

工会、市财政局、市国资委、市经济信息化委、市商务委等部门多方协同的工作协调机制,形成市、区两级联动的工作推进机制,在各重点领域制定职工继续教育具体办法,推进新时代职工继续教育模式的普遍建立。重点聚焦"五个新城"的产业发展以及上海新经济新业态新产业的岗位学历和技能需求,整合各区、企、校等优势资源,共建"双元制"继续教育专业,量身定制各产业需要的高技能人才培训项目,建立岗位技能人才共育机制。

加快构建适合职工需求的理论与实践相结合的专业课程体系,强化校企共建订单式课程,根据工种和岗位要求灵活设置实践课程和理论课程配比。广泛推行"5+2"学习模式,采用工学交替教学模式进行授课,支持工作日在岗实践学习、双休日线上线下专业学习,在不影响企业用工的前提下开展教育教学。推进"教室+企业+在线课堂"一体化教学设计与实施,提供菜单式课程、清单式服务、送教上门、线上学习、现场集中学习等多种教学方式,灵活设定不同类型课程的授课和考核方式,积极为职工继续教育提供有力支持。依托本市高技能人才培养基地、企业、高校的实践实训场所等,强化因岗施教、因材施教,加强职业技能提升培训,广泛开展技能竞赛、岗位练兵等,明确岗位实践技能要求和学分认定要求,提供适需有效的学习方式和指导服务。针对本市职工的工学特点,突破传统的专业限制和学习时段限制,采用"学分银行"累积学分的方式,将技能培训与学历教育结合起来,满足相关条件即可获得"1+X"证书(即"1"本学历证书,"X"项职业技能等级证书)。

三、上海市企业教育合作联盟的发展基础[①]

上海在探索特色"双元制"职工继续教育模式方面拥有良好的发展基础。2006年11月2日,旨在弘扬终身教育理念、推动企业向学习型组织转变并加速技能型社会的成型,同时汇聚企业教育培训领域的多方力量的上海市企业教育合作联盟在上海洋山港会议中心,于上海市教育行政部门与上海市成人教育协会的鼎力协助下宣告成立。该联盟汇聚了41家单位,核心由上汽、宝钢、百联、浦发银行、上海港务集团、上海石化、上海铁路局、上海航空、江南造

---

① 上海市学习型社会建设与终身教育促进委员会办公室. 上海企业教育实务研究[M]. 北京:中国人民大学出版社,2014.

船集团、隧道股份公司、三航局等 16 家大中型企业的教育培训机构（或学校）发起。联盟成立之际,时任上海市教委副主任的李骏修提出了"深化协作、资源共享、增进友谊、共谋发展"的合作倡议。与此同时,上海市成人教育协会亦发来贺信,期望联盟能在社会主义市场经济体制的持续完善中,探索出一条贴合企业教育实际的新道路。为了培育一支知识丰富、技能精湛、富有创新精神的职工队伍,更好地支撑企业的转型升级与长远战略规划,联盟强化了企业间、政企间以及企业与高校之间的沟通桥梁作用。

在实际操作中,上海市企业教育合作联盟依托上海市成人教育协会企业教育专业委员会的坚实基础,围绕大中型骨干企业教育培训中心这一核心载体,紧密贴合会员单位的共同需求,确立了"塑造企业培训精品,彰显终身学习魅力"的工作导向。① 联盟精心规划了一系列工作方案,构建了完善的组织架构与信息网络,并上线了官方工作网站,同时,成功策划并执行了多场教育研讨会、教学观摩及实地考察活动。在上海市教育行政部门的悉心指导下,上海市成人教育协会企业教育专业委员会与上海市企业教育合作联盟携手倡议,创立了上海企业教育论坛,这一论坛作为上海首个聚焦于企业教育的专业交流舞台,已深度融入上海市"全民终身学习活动周",至今已连续成功举办多届,影响力深远。2007 年,时任中国成人教育协会会长朱新均在沪调研期间,对上海市企业教育合作联盟给予了充分肯定,赞誉其为一项富有开创性的重要实践。表 6-1 展现了历届上海市企业教育论坛的主要信息。

表 6-1 上海市企业教育论坛

论坛届数	论坛时间	论 坛 主 题	论坛地点
第一届	2007.11.4	培训助发展,创新育人才	上海电视大学②
第二届	2008.10.23	实践科学发展观,探索企教新思路	复旦大学
第三届	2009.11.24	回顾与展望——纪念上海职工教育 60 周年	华东师范大学
第四届	2011.11.15	学习贯彻纲要条例,创新上海企业教育	上汽集团培训中心

① 上海市学习型社会建设与终身教育促进委员会办公室. 上海企业教育实务研究[M]. 北京: 中国人民大学出版社,2014.
② 2012 年 6 月,上海电视大学更名为上海开放大学。

续　表

论坛届数	论坛时间	论　坛　主　题	论坛地点
第五届	2012.11.17	加强企业教育培训中心建设,大力推进企业职工继续教育	上汽集团培训中心
第六届	2013.10.20	关注国际企业培训新趋势,以优质教材和师资提升上海企业教育水平	华东师范大学
第七届	2014.11.4	培育学习型员工,深化现代化企业教育	上海电气培训基地
第九届(暨华东师大人才发展研究中心企业教育人才发展专家委员会成立大会)	2016.11.3	夯实基础创新发展	上海轨道交通培训中心
第十届(暨上海市成协企业教育专业委员会成立二十周年大会)	2017.11.8	新时代、新作为	上汽集团培训中心
第十一届(暨第三届企业教育高级研修班结业典礼)	2021.11.11	新时代新举措新发展	上汽集团培训中心

注：未查询到第八届上海企业教育论坛相关资料。

四、上海市企业教育合作联盟作用分析

(一) 定期总结展示了上海企业教育培训工作的创新成果

通过一系列活动,上海市企业教育合作联盟阐述了企业教育培训的最新思潮与实践进展,促进了近年来企业教育培训工作经验与成果的深度交流,搭建了一个资源共享、互惠合作、优势互补、协同发展的平台,并实施了合作培训项目,为企业教育的创新发展路径提供了新的探索与尝试,这些努力均赢得了会员单位及政府相关部门的认可与好评。[①] 该联盟定期召开上海市企业教育论坛,上海市成人教育协会企业教育专业委会对在企业教育领域表现突出的单位及个人

---

① 上海市学习型社会建设与终身教育促进委员会办公室. 上海企业教育实务研究［M］. 北京：中国人民大学出版社, 2014.

进行表彰,并颁布"上海市企业教育培训机构示范单位""上海市最有价值企业培训项目""上海市企业教育杰出贡献奖""上海市企业教育贡献奖""上海市优秀企业教育工作者"等奖项。此外,该联盟发布了《上海市企业教育培训机构资质标准与发展要求》《上海市企业教育工作者资质标准与发展要求》及《企业学习型员工评价手册》三个重要文件,为更好地引导、规范和促进企业教育培训机构和企业教育培训工作者队伍的建设与发展,促进人才培养模式的改革创新,掌握并运用现代培训理念和手段,策划及开发培训项目,以及制定和实施培训计划提供了明确的指导方向。例如,上海轨道交通培训中心"上海申通地铁集团职业技能培训体系建设"获得上海企业优秀案例三等奖;复泰实战商学院"中高层管理者及梯队精品研修项目""PMBA综合管理能力提升项目"以及浦发银行、上海电气、上海国际港务集团、中国移动通信集团上海有限公司、上海核工程研究设计院等多家企业的培训项目,共同荣获"上海市最有价值企业培训项目"。

(二) 构建了企业实践者、高校理论者与政府官员的交流互动平台

上海市企业教育合作联盟成功搭建了一个多元化交流平台,旨在促进同行间的深入交流与共同提升。这一平台不仅为企业与政府提供了畅所欲言、相互沟通的渠道,还为实践工作者与理论工作者创造了思想碰撞与灵感激发的空间。在系列上海市企业教育论坛的举办过程中,教育部职成教司领导、上海市教委终身教育处领导以及中国成协和上海成协的领导等纷纷参会。同时,华东师范大学等高校的教授、院校教育专业委员会的负责人以及众多相关专业的博士、硕士也积极参与其中。在论坛中,企业教育的多样化实践案例激起了参与者广泛的好奇心,专家们提出的独到见解引发了深入的探讨,同时,政府官员的政策指引也深受企业教育实践者的青睐。例如,时任上海市教委终身教育处处长的王宏分享了三条建议,着重指出上海的企业教育应在以下三个维度进行探索:首先,深入研究企业自身成长与构建终身教育体系之间的内在联系;其次,探索企业如何将其教育资源,包括场地设施、师资力量及课程体系等,更有效地向社会开放共享;最后,明确界定上海企业教育的行业规范,并研讨如何使其与终身教育体系实现无缝对接。[1]

---

[1] 上海市学习型社会建设与终身教育促进委员会办公室. 上海企业教育实务研究[M]. 北京: 中国人民大学出版社, 2014.

（三）助推了上海企业员工继续教育特色的形成与发展

上海市企业教育合作联盟的年度论坛始终聚焦于上海企业教育创新发展的核心议题。每一届论坛均精心挑选一个备受瞩目的理论议题、实践案例或政策焦点作为核心讨论内容，旨在深度挖掘终身教育体系背景下上海企业教育的新发展路径。论坛不仅汇总展示了企业教育领域的创新成就，还提出了推动企业教育创新的行动蓝图，并探讨了相关纲要与条例指引下企业教育的新发展策略。论坛明确指出，从终身教育实践维度观察，企业教育以其独特的地位，已成为构建上海终身教育体系的四大关键支柱之一，展现出其无可替代且难以模仿的价值。同时，论坛着重强调了企业在职工教育中所发挥的主体作用，以及企业教育培训机构作为主渠道的重要性，论坛认为这是终身教育发展趋势中的显著特征。论坛的核心议题在于探索如何构建一种更加务实的企业教育模式，实现经济效益、教育价值与社会责任三者的有机统一。

（四）加速了区域性继续教育校企联盟的建立与推进

上海市企业教育合作联盟不仅充当了政府重要政策信息的传递桥梁，还积极引入了国际企业培训的前沿理念与实践经验，为企业教育界带来了创新上海企业教育的实践范例与思维启迪，并有效增强了企业与政府、高等教育机构间的沟通协作，促进了相互理解，推动了企业教育的发展进程。例如，联盟与华东师范大学通力合作，成功举办了一系列上海市企业培训管理者高级研修项目，吸引了众多上海大型企业的教育培训负责人及高层管理者积极参与。通过搭建理论与实践交流的平台，以及促进国内外企业的深度对话，上海企业教育的特色成就得到了全面总结与展示，有力推动了该领域的研究与进步。在国际人力资源开发学会年会（亚洲分会）这一重量级国际盛会上，联盟成员发表了多篇高质量论文，其中 4 篇荣获奖项。联盟组织了企业代表基于研究成果进行发言，向全球专家、学者展现了上海企业教育的独特风采。众多企业培训管理者通过与高校学者的深入交流，加速了以大型企业为主导的继续教育校企联盟的构建与发展。以上海轨道交通培训中心为例，该中心积极响应《建设产教融合型企业实施办法（试行）》的号召，与上海工程技术大学、上海应用技术大学等多所高等院校开展了深度的产教融合合作，充分发挥了上海申通地铁集团在技术技能人才培养与人力资源开发中的核心引领作用。① 同时，申通地铁集团结合自身发展实际，与各高校实现了资源的集聚整合与优势互补。它们共同建立了培训体系、开发了培训教材、制定了培训标准、建设了实训基地，并探索了培训新技术。这些举措不仅为培养轨道交通高技能人才作出了重要贡献，还为推动产教深度融合发展作出了积极努力。

第三节　区域性校企继续教育合作联盟

一、一流大学与企业继续教育联盟建设案例

（一）一流大学与企业继续教育联盟建设背景②

2012 年 10 月 11 日，一场以"加速推进继续教育进程，助力学习型社会构建"为主题的全民终身学习周全国启动盛典在成都隆重拉开帷幕。在盛典活动中，两大关键性联盟——城市继续教育协作联盟与大学—企业继续教育联盟正式宣告成立。此外，面向学习型城市、学习型社区及学习型行业企业的高校资源服务合作协议正式签署，这一系列举措进一步强化了终身学习的理念与实践，标志着校企合作进入新的阶段。时任教育部副部长鲁昕在成都的"高校继续教育改革发展研讨会暨高校继续教育服务学习型城市、学习型企业发展论坛会议"上，明确提出了推动高校与企业联盟建设、深化教育教学改革的要求。为了贯彻落实《国家中长期教育改革和发展规划纲要（2010—2020 年）》和全国继续教育工作会议的精神，加快发展继续教育，提升高校继续教育服务经济、社会、城乡区域和行业企业的能力，建立人力资源持续开发机制，探索校企合作创新人才培养的新模式，在教育部职业教育与成人教育司的积极推动下，清华大学、北京大学等高校继续教育示范基地及数字化学习资源开放联盟的百余所高校携手中国企业联合会培训工作委员会、中国邮政集团、用友集团、中智集团、招商银行等百余家企业，共同在终身学习活动周总开幕式上发

---

① 上海市学习型社会建设与终身教育促进委员会办公室. 上海企业教育实务研究［M］. 北京：中国人民大学出版社，2014.
② 周晓娅. 建平台促合作展成果谋发展：大学与企业继续教育联盟发展回顾［J］. 水木清华，2015(06)：84-87.

起成立了大学与企业继续教育联盟,并向社会发出了联盟倡议。①

　　一流大学与企业继续教育联盟的发展目标清晰明确:院校与企业将携手合作,共同构建紧密合作的继续教育体系,创新校企合作人才培养模式,推进产教深度融合。联盟将探索打通继续教育、职业教育和终身教育的连接方式,提升高校服务行业企业发展的能力,推进教育链、人才链和产业链之间的有效衔接。同时,联盟还将拓展校企合作培养人才的深度与广度,探索建立继续教育资源共建共享的机制,推进校企精品课程、师资、人才、科研、资讯等教育与需求资源的共享交流。最终,联盟将致力于创建学习型组织,为学习型社会、技能型社会的建设贡献力量。

(二) 一流大学与企业继续教育联盟运行机制

　　清华大学、北京大学、用友集团、中国国际技术智力合作集团有限公司、凯洛格公司等核心发起单位,以及多所高校继续教育示范基地的组长单位,共同组织了十余次的企业调研与工作会议。它们通过多种形式开展深入的调研与研讨,广泛征求各方意见,明确了继续教育校企联盟的使命,并制定了《联盟章程》。同时,他们对部分重点项目进行了初步探索,并提出了《联盟建设方案》。② 在 2014 年年底的联盟大会上,常务理事会正式组建,共有 96 家来自各行各业的知名单位加入联盟并担任常务理事单位,其中包括 44 所高校和 52 家大型国企、民企、外企。清华大学受邀担任首届联盟理事长单位,联盟秘书处则挂靠在清华大学继续教育学院,由该学院的党委书记刁庆军担任联盟秘书长。作为继续教育校企联盟,它致力于搭建一个服务与合作的平台,开展包括行业人才培养质量标准研究、专业技术水平认证、高端论坛举办、示范基地建设、行业标杆设立、信息化资源共建、人才培养实施等在内的 10 项重要工作,以促进继续教育的深入发展。

(三) 一流大学与企业继续教育联盟作用分析

　　清华大学等院校与企业继续教育联盟成功建设。其一,此举利于汇聚

---

① 本刊记者. 建设校企合作平台推进人才培养创新: 大学与企业继续教育联盟访谈[J].
继续教育, 2015, 29(08): 3-5.
② 本刊记者. 建设校企合作平台推进人才培养创新: 大学与企业继续教育联盟访谈[J].
继续教育, 2015, 29(8): 3-5.

优质资源,服务于企业的人才培养与创新发展战略;其二,此举能促进职业教育、继续教育、学历教育、高端培训等多元教育模式的对接与深度融合;其三,此举有助于实现教育链、人才链与产业链的协同并进;其四,此举可规范教育培训市场秩序,使高校能直接向雇主单位提供高效益的教育培训方案;其五,此举对于推动全国继续教育事业的转型升级及构建现代教育体系具有积极作用。联盟在创建校企交流学习社区、总结与提升现有成果的第一阶段,联合亚洲企业大学联合会,推出了"企业大学之道"世界咖啡及系列研讨工作坊活动,以提升组织学习领导者与技术专家的能力水平,推进学习型组织的建设。联盟定期举办由多家高校继续教育学院院长、知名企业的人力资源负责人、企业大学校长参与的"校企合作经验交流暨联盟建设工作会"。在 2014 年年底的联盟大会上,清华大学继续教育学院、亚洲大学企业联合会、科技部生产力促进中心协会共同发布了《全球企业大学评价与评级标准(1.0 版)》,进一步将推进企业大学建设与升级转型作为联盟的第一个抓手项目。① 在标准推出前后,联盟举办了基于《全球企业大学评价与评级标准(1.0 版)》的"企业大学之道"之"全面提升组织学习体系"研讨工作坊,近 30 位高校继续教育学院院长与企业大学校长共同参与,《全球企业大学评价与评级标准(1.0 版)》创始人之一库玛先生担任主讲,工作坊取得了热烈反响和良好实效。

二、地方院校与企业继续教育联盟案例

我国幅员辽阔,区域社会经济发展不平衡,各地继续教育校企联盟的发展水平不一。例如,温州是全国改革开放先行区、民营经济重要发祥地,中小微企业众多,校企开展继续教育办学比较活跃。民营企业通过 40 多年的发展,已经成为以创新促进中国经济发展的重要力量,民营企业的未来在相当程度上将决定中国经济的未来。② 相较于民营经济在我国经济发展中"56789"的特征和浙江省"67789"的特征,温州民营经济的贡献基本上达到了"99999"(即近90％的税收、92％的工业增加值、95％的外贸出口、93％的就业人员、99％的企

① 本刊记者. 建设校企合作平台推进人才培养创新: 大学与企业继续教育联盟访谈[J]. 继续教育, 2015, 29(8): 3-5.
② 郑永年. 共同富裕的中国方案[M]. 杭州: 浙江人民出版社, 2022.

业数量），广大中小微企业组成了温州经济发展的重要基石。① 作为一个地级市，温州目前有 11 所本专科学校，还有温州开放大学、温州技师学院以及一大批中职类、技工类院校。面向中小微企业，这些学校都在积极开展继续教育办学改革，校企合作成为主旋律。近 20 年正是我国高等教育由精英化进入大众化，再进入普及化的快速转变期，也是我国民营经济转型升级发展的重要时期。因此，以温州这个民营经济发达城市为例，分析我国继续教育校企联盟的实践样态具有一定的典型性。

（一）学校主动：学历继续教育送教进企

2002 年，我国高等教育的毛入学比率达到了 15%，这标志着我国高等教育正式从精英化阶段迈入大众化教育的新纪元，促使高等学历继续教育迎来了迅猛的发展势头。特别是自 1999 年起，网络本专科教育的迅速崛起，在很大程度上使传统的成人本专科教育遭遇巨大挑战。众多地方性高校发现，其传统招生渠道的学生数量逐年递减，导致学历继续教育的办学规模逐渐缩小，温州地区的众多高校同样遭遇了这一困境。而这一时期，企业对员工的学历提升具有一定的资源依赖性，很多民营中小企业处于发展上升期，评选科技型中小企业对员工的入学学历占比有一定要求，企业愿意贴补学费，鼓励员工进行成人学历提升，校企之间的继续教育合作协议比较容易达成。

鉴于此，从 2006 年起，温州的一些高校开始采取订单式培训模式，将教育资源直接送入企业，提供一对一的定制化服务。它们根据企业的具体需求设计课程，并把大学的教学活动直接搬进企业，专注于培养企业的未来领导者和核心人才。例如，温州大学与温州地区超过 50 家企业集团及公司签署了合作教育协议，推出了如"正泰专班""人民电器专班""华峰专班""人本专班"等项目。这些项目在企业的工作现场进行教学，使得数千名员工能够在不影响工作的前提下，利用业余时间参与学习，既解决了工作与学习的矛盾，又能使学生学到实用的职业技能，并且在完成学业后，学生还能获得国家认可的学历证书。② 当时的学费大约在 6 000 元，不少企业会为员工提供部分学费资助。例

---

① 吴志红. 再探温州民营经济：别是一乾坤［EB/OL］.（2019 - 11 - 15）［2025 - 03 - 02］. https://www. rmzxb. com. cn/c/2019 - 11 - 15/2466484. shtml.
② 朱承立. "人民班"和"正泰班"能让工学两不误［N］. 温州晚报，2013 - 3 - 14.

如，人民电器集团承担了一半的学费并提供奖学金；正泰集团则预先垫付学员的首年学费，待学员取得毕业证书后再报销其余费用。

通过"送教入企"的形式，校企之间初步建立了继续教育联盟，合作内容主要为成人学历提升项目，具有如下特点：① 根据行业企业需求，校企联盟为企业量身定制课程与人才培养方案，有效解决企业参与校企合作办学的积极性不高、合作呈现高校"一头热"的现象；② 上课地点主要放在大中型企业，小微企业员工到附近大厂就近入学，校企联盟注重整个行业产业链的人力资本提升；③ 为了有效缓解"工学冲突"，课程时间安排被设计得极为灵活，紧密贴合企业的运营节奏与员工的工作时间表，教学模式融合了面对面的授课与在线课程，以适应多样化的学习需求；④ 学校派遣高素质的理论教学团队与管理团队，而企业则贡献出实践经验丰富的指导专家，双方携手合作，全力支持成人学习者在工作环境中进行学历深造，实现教育链条与产业链条的无缝衔接。

（二）校企互融：继续教育联盟平台

2015 年，我国高等教育毛入学率达到 40%，表明我国高等教育进入了由大众化向普及化过渡的阶段。① 这一时期开始更加注重高等教育内涵式发展，继续教育、企业教育都面临着人才培养质量如何提升的问题。随着送教进企项目的持续推进，校企之间建立了一定的互信关系，借助信息技术的快速发展，打造"大学企业继续教育联盟平台"成为一种校企合作新趋势。该阶段属于双向融合，办学形式从学历教育向非学历培训拓展，也得到了政府有关部门的大力支持，有专项经费进行补贴，体现出政府在联盟平台构建过程中的推动作用。例如，温州大学企业继续教育联盟平台以温州乐清低压电器企业为主要服务对象，由温州大学和温州企业联合会共同建设。该平台有多家知名企业进驻，如正泰集团、华峰集团、永固集团、华通机电集团、跃华控股集团、人民电器集团、德力西集团等，校企合作搭建了"三主体、五共同、三中心、四类型"的自上而下的大学企业继续教育联盟平台，开设了面向低压电器行业人员的电气工程及自动化学历函授班和多期业务培训班，取得了良好的经济效益和

---

① 日本广岛大学有本章教授发现，日本等国家和地区高等教育的发展呈现出与马丁·特罗（Martin Trow）教授的"发展阶段理论"不完全相符的特征，当这些国家的高等教育毛入学率达到 40% 左右时，会出现规模相对停滞的一个平台期，有本章将这一平台期称作"高等教育后大众化时期"，它是高等教育从大众化迈向普及化阶段的过渡期。

社会效益。[①]

2015年11月,中国成人教育协会成人高等教育理论研究委员会第十九届年会在温州大学召开,年会以"创业创新与成人高等教育转型发展"为主题,契合区域特色开设了民营企业家人力资源论坛,来自全国继续教育和企业教育领域的代表,围绕主题展开了一场理论界与实践界的精彩对话。[②] 可见,大学企业继续教育联盟平台属于以单所高校驱动的校企合作双向融合:一方面,企业有关键技术突破、产品迭代升级和员工技能提升需要;另一方面,温州大学电气工程及自动化等学科专业需要快速发展。在"十三五"时期,随着我国产教融合相关政策的不断落地,以及相关体制与机制的优化,高校依托大学企业继续教育联盟平台,推进了校企合作走向深入。

(三) 企业牵头：区域性创新联合体

"十四五"时期,我国高等教育已经进入普及化阶段。2021年4月,全国职业教育大会提出建设技能型社会的理念和战略。2021年10月,中共中央办公厅、国务院办公厅《关于推动现代职业教育高质量发展的意见》提出:到2025年,技能型社会建设全面推进;到2035年,技能型社会基本建成。[③] 从2024年起,我国人力资源和社会保障部与浙江省人民政府试点共建省域技能型社会。浙江省政府办公厅发布了《关于开展省域技能型社会构建的指导意见》,明确指出要建立起一个"职工增技—企业增效—职工增收"的技能创富体系。目标至2027年,全省范围内技能人才的总量超过1 500万人,占所有从业人员的比例跃升至37%以上;同时,高技能人才的数目达到550万人以上,占技能人才总数的比重超过37%。由此观之,在"十四五"规划期间,浙江省对于高技能人才的需求缺口以及培训市场的发展潜力均巨大。探索省域技能型社会建设,需要推进行业企业技能人才协同培养。探索打造行业技能生态圈,充分发挥龙头企业和行业组织的引领作用;同时也需要发挥技工技师、中职、高职、大学

① 白炳贵. 成人高校面向企业开展教育的研究与实践:以温州大学为例[J]. 高等继续教育学报, 2016, 29(1): 24-28+43.
② 张蕾, 罗建婷. 创业创新与成人高等教育转型发展:中国成人教育协会成人高等教育理论研究委员会第十九届年会综述[J]. 高等继续教育学报, 2016, 29(1): 49-53.
③ 韩通, 郗海霞. 面向2035:我国技能型社会建设的内涵实质、现实逻辑与机制路径[J]. 职业技术教育, 2022, 43(19): 20-26.

等各类学校培养技能人才的基础性作用,形成合力推动教育供给侧改革。为此,加快构建龙头企业牵头、高校院所集群支撑、各创新主体相互协同的继续教育创新联合体,成为大学企业继续教育联盟实践办学的新样态。

案例1:浙南数智造高技能人才公共实训基地

作为区域性继续教育创新联合体和省级产教融合示范基地,联盟集群化发展趋势明显。该联合体由温州高新区(经开区)管委会主导,联合浙江东方职业技术学院、浙江裕泰集团,通过政校企三方合作模式共建,由国有控股混合所有制企业负责运维。[①] 位于该区域的温州理工学院、温州市职业中等专业学校等学校也积极参与该继续教育创新联合体建设,形成了"应用本科—高职—中职/技工"院校集群,服务"领军企业—行业协会—中小企业"集群。此外,联合体的运行机制更加灵活,由国有控股混合所有制企业温州尹天数智人才公共实训基地有限公司负责运营管理,基地面积约3 000平方米,固定设备资产近2 000万元,由国家财政投入,致力于为温州建设全球先进制造业示范基地输送高技术技能型复合型人才,培养能工巧匠、大国工匠,打造国家级的公益性、共享性、示范性金蓝领培养基地。[②] 该继续教育创新联合体设立了机械制造实训考核基地、智能控制技术实训考核基地、智能制造实训考核基地和工业设计及软件认证考试中心。在培育高技能人才方面,该联合体紧密贴合区域企业的实际需求,有效激发了行业内企业的合作热情,主动承揽了来自教育局、人社局、经信局等政府部门委托的培训服务任务,取得了显著的经济与社会效益,赢得了政府管理部门、区域行业企业以及成人学习者的广泛认可,充分彰显了继续教育在助推地方发展中的重要"门户"作用。

案例2:乐清低压电器产业校企合作战略联盟

我国电气产业集群主要有江苏南京江宁区智能电网产业基地、河南许昌电力装备产业、西安电力装备产业、温州乐清低压电气产业集群等。从2010年11月浙江省科技厅发文成立"浙江省低压电器产业技术创新战略联盟"至今,该平台一直在不断快速发展,产生一系列标志性科研成果并得到转化,同时孵化出多家中小科技创新型企业。浙江省低压电器产业属于传统产业,主

---

① 黄剑,项俞颖. 浙南数智造公共实训基地首批学员"出师":政校企合作输送人才开启常态模式[N]. 温州日报,2022 – 10 – 25(7).

② 肖璐璐. 职业教育混合所有制"共享工厂"模式的温州本土实践:以温州尹天数智人才公共实训基地有限公司为例[J],温州学刊,2024,69(4):98.

要集聚在温州乐清,已经占据了低压电器低端国内市场的绝大部分及国际市场的一部分,但占据国内外低压电器高端市场的份额偏少,国外低压电器产业由跨国大公司(如 ABB、西门子、施耐德、富士、西屋等)垄断。浙江省低压电器产业技术创新战略联盟通过创新联合体的构建和运作,在和国外低压电器产业跨国公司的竞争中,逐步破解"卡脖子"的技术问题,促进企业进军国内外高端市场。该案例对于促进我国传统产业转型升级来说具有典型性。① 该联合体由 14 家低压电器产业的领军企业共同组建,其中包括浙江正泰电器股份有限公司(担任理事长单位)、人民电器集团有限公司、浙江天正电气股份有限公司、长城电器集团有限公司、浙江森泰电器有限公司、浙江德力西电器股份有限公司等,同时,温州的多所应用型大学也积极参与其中。成立之初,联合体企业的年产值已接近 300 亿元,这一数字占据了温州低压电气产值的 60%,并占据了全国低压电气产值的 36%,在市场份额和技术水平方面均占据了主导地位。10 多年来,该创新联合体始终引领着产业的发展方向、进程和速度,是推动产业技术创新升级的核心力量和先行者。它秉承"整合、共享、服务、创新"的宗旨,在技术服务、产品开发、工艺改进、检测分析、人才培养、信息分享等多个领域,为浙江的低压电器行业企业提供了精准的服务。联合体还承担了国家及省部级的科研项目,致力于解决行业内的共性和关键性技术难题,为低压电器产业的结构提升作出了重要贡献。至 2021 年,乐清市的电气企业数量已超过 1.4 万家,低压电气在全国的市场份额更是达到了 65% 以上,形成了以正泰、德力西、天正、人民等为代表的一批重点龙头企业。乐清市也因此成为国内低压电气全产业链发展最为完善的区域,并荣获了"中国电器之都""国家新型工业化示范基地·装备制造(电工电气)""国家火炬计划智能电器产业基地""中国断路器产业基地"等多张国字号电工电气产业的金名片。2021 年,温州乐清电气产业集群成功入围国家先进制造业集群创建榜单,成为全国唯一以县域为主导的制造业集群。根据"两大万亿级产业培育发展实施方案(2022—2026 年)",乐清市将明确培育世界级的电气产业集群,构建以乐清为重点,浙南产业集聚区协同推进的产业发展格局。预计到 2026 年,电气产业的产值将达到 3 000 亿元,而低压电器产业创新联合体将继续在这一进程中发

---

① 钱强, 张艳超. 应用型大学促进区域创新联合体演进研究:基于浙江低压电器产业的案例分析[J]. 教育发展研究, 2022, 42(19): 17-23.

挥重要作用,不仅促进企业与高校之间的紧密合作,还为产业的持续创新和发展提供了强大的动力。

在低压电器产业创新联合体演替过程中,温州大学等应用型大学发挥了重要的催化剂作用。2019 年,温州大学成立乐清工业研究院,以浙江省低压电器技术创新战略联盟服务平台为基础,整体迁移、服务乐清电气产业,参与"乐清电气产业创新服务综合体"和世界级先进电气产业集群建设工作,并推动温州市战略性新兴产业的培育发展。2022 年,温州理工学院坚持从乐清重点产业转型升级和战略性新兴产业培育需求出发,加快乐清校区建设,在"十四五"时期实现正式办学,助力低压电器行业打造创新联合体,以产业数字化价值驱动为主线,打造以数字赋能+生态圈联盟+产业与孵化投资为一体的新兴概念产业园区,进一步推进"工业生态发展",探索打造电气企业智能制造矩阵。浙江省低压电器产业创新联合体历史演进如图 6-1 所示。

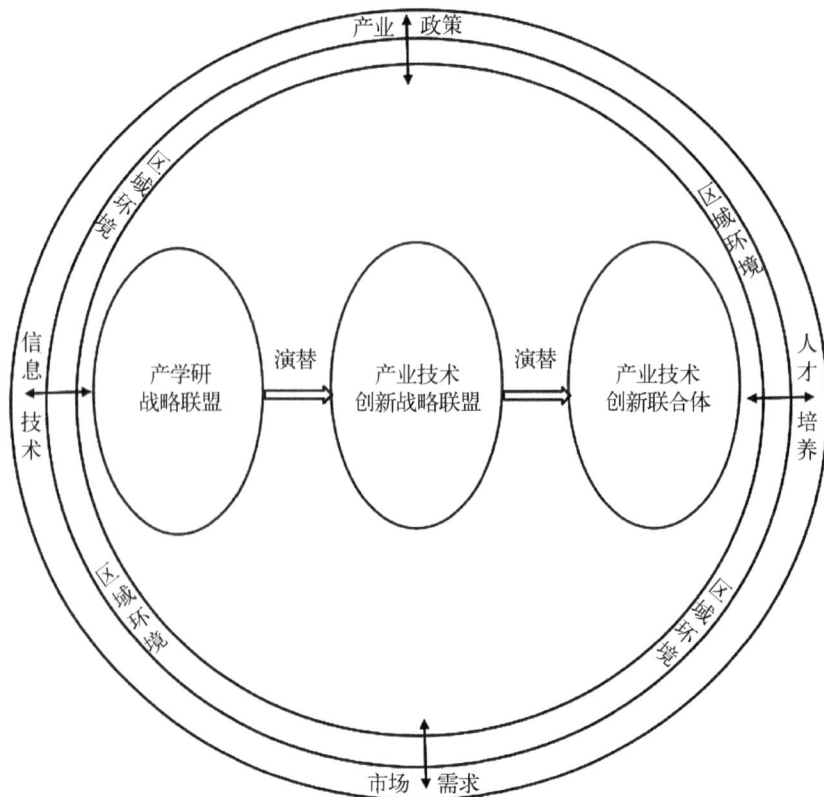

图 6-1　浙江省低压电器产业创新联合体历史演进

第四节　区域性终身教育体系建设联盟

随着时代的飞速发展和社会的不断进步,终身教育已成为推动个人全面发展、实现共同富裕的重要途径。平湖市大学与企业继续教育联盟积极响应这一时代号召,不断探索和实践新的教育模式和路径,致力于构建高质量的终身教育体系,为地方经济社会的持续健康发展提供有力支持。2023 年 4 月,"面向共同富裕的普惠性人力资本提升行动"论坛在平湖市召开。来自政、校、企三方的专家学者、企业家齐聚一堂,共同探讨普惠性人力资本提升的新路径与新思考。本次会议的主题是"共建·共享·共富——教育数字化助力共同富裕",旨在探讨高等教育、职业教育、继续教育协同创新,服务支撑普惠性人力资本提升,推进高等教育高质量普及开放、职业教育高层次融会贯通、终身教育高品质普惠共享,打造学习型社会建设教育闪光点,不断擦亮"浙里优学"金名片,为浙江"两个先行"作出教育新贡献。[1] 平湖市,作为浙江省内独一无二的共同富裕教育改革与实践的试点县市,近年来深度发掘并利用了本地的职业教育资源,依托互联网技术,创新性地开发了"增财实学"线上平台,成功搭建了一个"并重学历与技能"的"学校后"教育体系。遵循共同富裕教育改革试点的核心指导原则,平湖市明确了各项任务目标,构建了一套全面且科学的制度框架;通过政策激励措施与互联网技术的深度融合,有效激活了个人学习热情与社会进步的双轮驱动;在数字化浪潮的引领下,开发了三大核心在线教育应用场景;以市场需求为导向,明确了四张具体的工作实施清单;并通过政府、企业、社会等多方协同,构建了五大重点教育工程。这些创新举措有力地推动了改革试点工作的深入实施与持续提升,平湖市打造出了一种融合本地特色与"互联网＋"特性的新型普惠性人力资本增值模式,极大地满足了试点区域内社会成员"想学即学""能学者皆有机会学""无论何地皆可学习""随时都能获取教育"的需求,有力推动了社会成员技能水平的跃升与收入的增加。这一基于"互联网＋"的教育改革探索,成功塑造了"学校后"教育体系的典型范例,为其他地区提供了宝贵的借鉴经验。

---

[1]　邵焕荣. 普惠性人力资本提升,教育何为?[N]. 浙江教育报,2023 - 04 - 21(3).

一、教育共富改革面临着三大难题①

(一) 受教育年限偏低的现实制约

第七次全国人口普查(以下简称"七普")数据显示,平湖市劳动年龄人口的平均受教育年限现状并不乐观。基于"七普"数据的16~59周岁劳动力人口平均受教育年限比较如图6-2所示。这说明城市经济转型与产业发展的长远蓝图存在明显的不匹配现象,进而在一定程度上阻碍了共同富裕示范区的建设步伐。浙江省在"十四五"期间的发展目标是实现高等教育毛入学率超过70%,儿童平均预期受教育年限达到15.5年,劳动年龄人口的平均受教育年限需超越全国平均水平;同时,劳动报酬与劳动生产率的提升需保持同步,技能人才在从业人员中的占比需大幅提升至35%。然而,从图6-2的数据中我们可以清晰地观察到,当前平湖市这一年龄段的劳动力人口的平均受教育年限仅为10.42年,这一数字不仅低于全国的10.8年平均水平,也未能触及浙江省10.73年的平均水平。② 这一数据揭示了平湖市劳动力受教育程度的相对短板,与高质量发展和

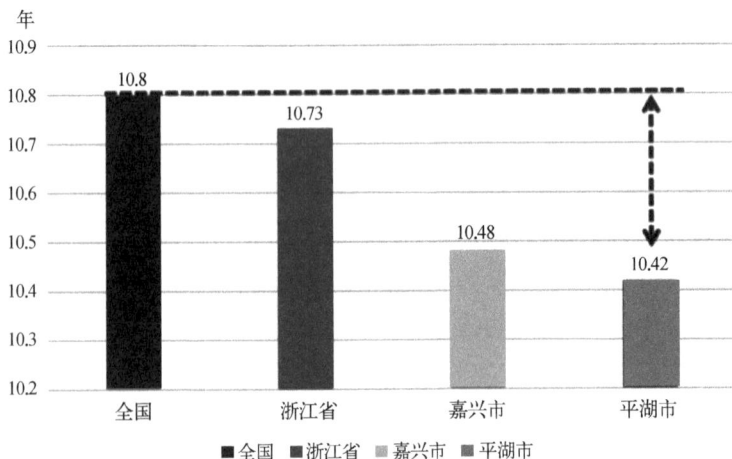

图6-2　基于"七普"数据的16~59周岁劳动力人口平均受教育年限比较

① 徐立. 推进普惠性人力资本行动的"平湖路径"[R]. (2023-04-14)[2025-02-25]. http://www. pinghu. gov. cn/art/2023/4/14/art_1229395937_59827670. html.
② 权威发布!浙江高质量发展建设共同富裕示范区实施方案(2021—2025年)[EB/OL]. (2021-07-20)[2025-02-25]. https://m. thepaper. cn/baijiahao_13659354.

共同富裕的既定目标之间存在着明显的差距。为了弥补这一差距,平湖市需要采取切实有效的措施来提升劳动力素质,包括加大教育投入、提高教育质量、加强职业教育和技能培训、促进教育公平等,以确保更多的劳动力能够达到或超过平均受教育年限的要求。同时,政府和社会各界也应共同努力,营造重视教育、尊重人才的良好氛围,为实现共同富裕示范区建设目标提供有力的支持和保障。

(二)供需匹配度偏低的现实矛盾

教育资源的供应、人才培养的流程与产业实际需求之间,存在着显著的断层。首要问题在于,信息不对称成为阻碍供需精准对接的核心障碍。由于院校与产业界之间缺乏一个顺畅的信息沟通平台,双方难以充分把握对方的需求与可用资源。院校难以把握市场动态和企业需求,而企业也难以获取院校的培养计划和人才资源,这种信息不对称使得供需双方难以形成有效的对接。其次,大数据支持的缺失也加剧了供需不匹配的问题。当前,我们缺乏足够的大数据支持来精准分析和预测人才需求和培养质量。这一状况导致教育资源的配置不尽合理,人才培养的方向与企业的实际需求间产生了偏离,从而进一步激化了供需之间的矛盾。最后,专业与产业的错位也是一个亟待解决的难题。教育机构的专业布局及课程内容往往未能与企业实际需求紧密衔接,致使培养的人才难以直接契合企业的岗位需求。这不仅抬升了企业的人力成本,也对毕业生的就业路径及职业发展构成了阻碍。

面对上述问题,构建资源优化整合的长效机制显得尤为重要,它要求我们对"学校后"教育资源进行全面统筹与协调。通过深化院校与企业间的协作与沟通,搭建一个高效的信息共享与交流平台,促进供需双方的有效对接。同时,利用大数据技术对人才需求和培养质量进行精准分析和预测,为教育资源分配和人才培养方向提供科学依据。此外,我们还应加强院校在人才培养方面的力量建设。提升师资力量、改善教学设施、加强实训实习基地建设等,以提高人才培养质量。同时,鼓励企业参与人才培养过程,提供实践机会和就业指导,帮助毕业生更好地适应市场需求。综上所述,解决教育共富改革中的供需匹配度偏低的问题需要我们从多个方面入手,如加强信息渠道建设、利用大数据支持、优化专业设置和课程设置、加强院校人才培养力量等,以推动教育共富改革的深入发展。

（三）提升内驱力偏低的现实困境

针对员工的调研结果显示,他们在参与学历提升教育与技能培训上的总体意愿呈现出一定的起伏性,在"中等"至"强烈"之间波动。尤为值得关注的是,员工对于投入技能培训的意愿明显高于追求学历提升的意愿,这揭示了在当下的职场环境中,员工更倾向于重视实际操作技能的提高,而非仅仅关注学历层面的晋升。不同年龄段的员工在教育与培训参与意愿上展现出各异的特征。具体而言,年轻员工普遍展现出较高的参与积极性,而随着年龄的递增,这种积极性呈现出递减的趋势。这可能与不同年龄段员工的职业规划、家庭状况、学习动力等因素有关。此外,我们还发现,员工在参与"学校后"教育方面存在一些顾虑。他们担心参与教育会影响工作,增加家庭事务的负担,以及面临学费等经济压力。这些顾虑在一定程度上影响了员工参与教育的积极性。各年龄组员工参加继续教育的困难分析如表6-2所示。

表6-2 各年龄组员工参加继续教育的困难分析

年龄/岁	困难						合计/人
	工作忙/人	家庭事务/人	学费/人	动力不足/人	年纪大/人	其他/人	
21~25	175	10	37	28	8	57	315
26~30	385	78	76	39	28	99	705
31~35	599	149	68	65	67	110	1 058
36~40	296	73	43	48	56	49	561
41~45	187	47	20	31	90	28	403
46~50	91	18	3	17	82	11	222
51~55	33	17	2	8	86	13	159
56及以上	24	17	4	3	128	22	198

在对企业进行的调查中,我们得知众多企业正面临员工学历和技能水平未能契合生产需求的挑战。尽管企业已经认识到提升员工素质的重要性,但在鼓励员工参与"学校后"教育方面仍心存顾虑。这些顾虑主要聚焦于对培训成效的不确定性以及对员工可能离职的担忧等方面。企业最为青睐的教育模

式是委托学校或专业培训机构深入企业内部实施培训。针对上述问题,我们提出如下建议:首先,企业应完善对员工的激励措施,提供更多的成长机会,以激发员工参与教育与培训的热情;其次,企业应加强与培训机构的合作,为员工提供更加符合实际需求的教育形式;最后,政府和社会各界也应加大对教育改革的支持力度,为提升员工内驱力创造更加有利的条件。综上所述,改善员工内驱力偏低的状况需要我们共同努力,从多个方面入手,采取有效的措施加以解决。只有这样,我们才能推动教育改革不断深化,为企业的可持续发展提供有力的人才保障。

二、平湖市的具体改革措施

2022 年 6 月 28 日,《中共平湖市委办公室 平湖市人民政府办公室关于印发平湖市推进面向共同富裕的教育改革发展试点工作实施方案的通知》发布,同年 8 月 18 日,平湖市人民政府办公室印发平政办发〔2022〕42 号文件,落地"学历＋技能"双提升若干政策实施意见。平湖市的探索与实践项目致力于深化教育改革,推动共同富裕目标的实现。该项目聚焦于"增财实学"这一核心理念,着重于实现"学历＋技能"的双重增进,目标在于培育兼具多方面能力的复合型人才,为地方经济与社会的全面发展提供坚实的支撑。在项目推进的过程中,平湖市不仅清晰界定了各项任务目标,还构建了一套健全且系统的制度框架。通过罗列出三个维度共计 23 项指标清单,项目团队对教育改革发展的各个方面进行了全面梳理和深入分析。同时,还制定了 10 项重点改革项目清单和 14 项年度任务清单,确保各项任务能够有序推进并取得实效。

建立指标体系和确定数据需求:① 专业建议采纳率;② 技能建议采纳率;③ 需求服务覆盖率;④ 学习清单推荐采纳率;⑤ 院校生源转化率;⑥ 企业班学员增长率;⑦ 学历教育参与增长率;⑧ 技能教育参与增长率;⑨ 社区教育参与增长率;⑩ 课证互换成功率。确定的数源系统分别为:① 人社平湖人才网;② 省教育厅学分银行;③ 人社用工保障系统;④ 职业技能等级评价查询系统;⑤ 一体化智能化公共数据平台。

为了加强项目管理和提升实施效果,平湖市成立了专门的领导小组,实行专班化实体运作。领导小组下设多个工作组,分别负责不同领域的改革任务,确保各项措施能够落到实处。此外,项目还注重产业跟踪和岗位缺口智能分析,通过建设专业与岗位映射库,实现人才培养与市场需求的有效对接。在项目实施过程中,平湖市还注重个性化引导和便捷服务,通过学历提升推荐、技能课程推荐、社区教育推荐等方式,为市民提供多样化的学习选择。同时,平湖市还采取了企业特色班、报名服务、签到服务等一系列便捷服务措施,方便市民参与学习和培训。

此外,平湖市还积极探索课证互换等创新模式,推动学历教育与技能教育的融合发展。通过企业技能认证备案、课证互换库建设等措施,平湖市实现学历证书与职业资格证书的互认互通,为市民提供更多的职业发展机会。总之,平湖市的探索与实践项目在教育改革发展方面取得了显著成效,为地方经济社会发展注入了新的活力。未来,该项目将继续深化改革创新,推动教育事业的持续发展,为实现共同富裕目标作出更大贡献。

三、平湖市校企合作绩效分析

(一) 多元办学主体的高质量协同

平湖市充分发挥多元办学主体的优势,构建"学校后"终身教育体系,推进普惠性人力资本提升;通过整合高等教育、职业教育、继续教育等资源,形成协同创新的发展格局。高校作为知识创新和人才培养的重要基地,不断扩大高等学历继续教育的供给,积极对接地方产业需求,调整专业设置,加强校地合作,为地方经济高质量发展提供坚实的人才支撑。职业院校则立足职业技能培训,面向社会开展多样化的职业培训和社会服务,提升人力资本和创新创业能力。开放大学体系则利用其开放、灵活的特点,为各类社会人员提供便捷的学习机会,推动终身教育的普及与深化。

(二) 教育数字化的深度应用与创新实践

在数字化时代背景下,平湖市充分利用现代信息技术手段,推动教育数字化的发展。通过创新开发"增财实学"等应用平台,校企合作构建了"学历+技能"双提升的"学校后"教育体系,打破了学历和技能证书互认壁垒,为学员提供了更加便捷、高效的学习体验。同时,联盟还积极打造"校后学习通"等综合服务平台,利用大数据、人工智能等技术手段,实现教育资源的智能推荐和个体升学、就业的精准服务。这些数字化应用不仅提升了教育质量,还增强了教育的普惠性和可及性,让更多人享受到优质教育资源。

(三)实践成效显著助力地方经济发展

平湖市大学与企业继续教育联盟的实践探索取得了显著成效。以浙江工业大学永康五金学院为例,该学院通过与企业合作共建,积极对接地方产业发展需求,开设机械工程、电子工程等专业,并通过工大头雁班和企业订单班等创新模式,培养了大量高素质人才。① 这些人才不仅满足了地方产业对人才的需求,也为地方经济的可持续发展注入了新的动力。同时,联盟还充分利用数字化手段创新教育模式和服务方式,为学员提供个性化学习计划和职业发展指导,帮助他们实现个人价值的最大化。这些成功案例充分展示了联盟在提升地方人力资本水平、促进地方经济发展方面的重要作用。

(四)校企合作深化推动产教融合

为了进一步提升教育质量和服务效能,平湖市大学与企业继续教育联盟将继续深化校企合作,推动产教融合向纵深发展。联盟将加强与企业的沟通和协作,共同制定人才培养计划和课程设置方案,确保教育内容与市场需求紧密对接。同时,联盟还将鼓励企业参与学校的实践教学和科研活动,共同推动科研成果的转化和应用。通过校企深度合作,联盟将实现教育资源的最优配置和高效利用,为地方经济的高质量发展注入更多活力。

(五)应对挑战,共筑未来

面向未来,平湖市大学与企业继续教育联盟将面临诸多挑战和机遇。为了应对这些挑战并抓住机遇,联盟将积极寻求解决方案并加强自身的建设。首先,联盟将进一步优化教育资源配置机制,确保各类教育资源得到充分利用和高效配置。其次,联盟将加强师资队伍建设和管理机制建设,提升教师的专业素养和教学能力。同时,联盟还将加强与国际先进教育机构的合作与交流,引进国际先进的教育理念和教育模式,推动自身教育质量的不断提升。② 通过这些努力,平湖市大学与企业继续教育联盟将不断提升自身实力和影响力,为

---

① 邵焕荣. 普惠性人力资本提升,教育何为?[N]. 浙江教育报,2023-04-21(3).
② 马强,王波,郭俊杰,等. 产教融合提升航海教育应用型人才培养质量的路径研究[J]. 珠江水运,2024(13):76-80.

平湖市乃至浙江省的高质量发展和共同富裕示范区建设作出更大贡献。展望未来，联盟将继续致力于构建高质量的终身教育体系，为个人的全面发展和社会的共同富裕贡献力量。

第五节　继续教育校企联盟跨个案分析

一、区域性继续教育校企联盟的发展动因

区域性继续教育校企联盟的形成与发展，主要受到以下几方面因素的驱动：

（1）政策引导与支持。国家和地方政府出台了一系列政策文件，推动继续教育改革与发展。例如，《教育部关于推进新时代普通高等学校学历继续教育改革的实施意见》《普通高等学校举办非学历教育管理规定（试行）》等文件，为继续教育的高质量发展提供了政策保障。地方政府也积极响应，如浙江省、安徽省、京津冀地区等，通过成立联盟或共同体，推动区域继续教育的协同发展。[①]

（2）区域经济发展需求。区域经济的快速发展对高素质人才的需求日益增加，尤其是产业转型升级、技术创新等领域，亟须通过继续教育提升劳动力的技能水平。例如，浙江省低压电器产业、安徽省的制造业、京津冀地区的雄安新区建设等，都对继续教育提出了更高的要求，推动了校企联盟的形成。

（3）教育资源整合与共享需求。继续教育的发展需要整合高校、企业、政府等多方资源，实现资源共享、优势互补。通过联盟的形式，高校可以更好地对接企业需求，企业则可以借助高校的科研和教学资源，提升员工的技能水平。例如，浙江省高校继续教育高质量发展联盟、安徽继续教育网络园区等，都是通过资源整合实现继续教育的高质量发展的。

（4）技能型与学习型社会建设的推动。随着终身学习理念的普及，社会对继续教育的需求不断增加。继续教育不仅是学历提升的途径，更是职业技能提升的重要手段。校企联盟可以更好地满足社会成员多样化的学习需求，

---

① 许德雅. 新时代湖南省高等继续教育高质量发展的现实困境与路径选择[J]. 湖南大众传媒职业技术学院学报，2022，22(04)：80-85.

推动学习型社会的建设。

二、区域性继续教育校企联盟的关键要素

区域性继续教育校企联盟的成功运作,离不开以下几个关键要素:

(1)政府的主导与支持。政府在联盟的成立和运作中起到了重要的引导和支持作用。政府的政策支持、资金投入以及协调各方资源的角色,是联盟得以顺利发展的关键。例如,浙江省教育厅、安徽省教育厅等地方政府在联盟的成立过程中提供了政策支持和资金保障。

(2)高校与企业的深度合作。高校和企业是联盟的核心主体,二者的深度合作是联盟成功的关键。高校提供教育资源和科研支持,企业则提供实践平台和市场需求反馈。例如,温州大学等地方院校与正泰集团、人民电器集团等企业的合作,推动了区域低压电器产业的快速发展。

(3)资源共享与协同创新。联盟的成功运作依赖于资源的共享与协同创新。通过联盟,高校和企业可以共享课程资源、师资力量、科研平台等,实现优势互补。例如,安徽继续教育网络园区通过共建共享课程资源,推动了高等学历继续教育的信息化和数字化转型。

(4)数字化与信息化的应用。随着信息技术的发展,数字化和信息化在继续教育中的应用越来越广泛。通过在线教育平台、大数据分析等手段,联盟可以更好地满足学习者的个性化需求,提升教育质量。例如,平湖市的"增财实学"平台、安徽继续教育网络园区的在线教学系统等,都是数字化应用的典型案例。随着人工智能技术的快速发展,继续教育校企联盟建设将出现更多新的样态。

(5)人才培养与市场需求对接。联盟的成功还依赖于人才培养与市场需求的精准对接。通过联盟,高校可以更好地了解企业的需求,调整专业设置和课程内容,培养符合市场需求的高素质人才。例如,浙江省低压电器产业创新联合体通过校企合作,培养了大量符合产业需求的技术人才。

三、区域性继续教育校企联盟演化样态

区域性继续教育校企联盟的演化样态可以从以下几个阶段进行分析:

（1）初步探索阶段。在初期,联盟通常是由地方政府或高校牵头,联合几所高校和企业,进行初步的合作探索。这一阶段的联盟主要以学历继续教育为主,合作内容较为单一,主要集中在课程共建、师资共享等方面。例如,2018年成立的"在温高校继续教育联盟",就是由温州地区的9所高校联合发起的,主要服务于区域内的学历继续教育。

（2）双向融合阶段。随着合作的深入,联盟逐渐从单一的学历教育向非学历培训拓展,高校与企业的合作更加紧密,形成了双向融合的局面。这一阶段的联盟开始注重产教融合,校企合作的内容更加多样化,涵盖了课程开发、实训基地建设、科研合作等。例如,温州大学企业继续教育联盟平台,通过与低压电器企业的合作,不仅开展了学历教育,还举办了多期业务培训班,实现了校企的双向融合。

（3）创新联合体阶段。在联盟的成熟阶段,逐渐形成了龙头企业牵头、高校院所集群支撑的创新联合体。这一阶段的联盟更加注重技术创新和产业升级,校企合作的内容更加深入,涵盖了技术研发、成果转化、人才培养等多个方面。例如,浙江省低压电器产业创新联合体,由正泰集团等龙头企业牵头,联合温州大学等高校,共同推动低压电器产业的技术创新和转型升级。

（4）数字化与智能化阶段。随着信息技术的发展,联盟逐渐进入数字化与智能化阶段。通过大数据、人工智能等技术手段,联盟可以实现教育资源的智能推荐、学习过程的个性化定制、教学效果的精准评估等。例如,平湖市的"增财实学"平台,通过数字化手段实现了学历与技能的双提升,推动了终身教育的高质量发展,助力"学校后"终身教育体系构建。

（5）区域协同与国际化阶段。在联盟发展的高级阶段,逐渐形成了区域协同与国际化的合作模式。通过跨区域、跨国的合作,联盟可以更好地整合资源,提升教育质量和影响力。例如,长三角地区高等继续教育联盟,通过沪苏浙皖"一市三省"的合作,推动了区域高等继续教育的协同发展,并与国际先进教育机构合作,未来将提升联盟的国际化水平,助力我国高等继续教育产品的国际输出。

第七章

区域性继续教育校企
联盟机制构建分析

本章厘清联盟机制的核心内涵与特征,聚焦继续教育校企联盟的内部机制与外部机制,以系统性思维梳理从项目驱动向资源驱动、创新驱动深化的运行机制,立足实践导向,提出区域性继续教育校企联盟机制构建的原则,为区域性继续教育校企联盟机制构建提供兼具学理性与操作性的方法论支撑。

第一节　继续教育校企联盟机制内涵、特征

一、继续教育校企联盟机制内涵

《现代汉语词典》中对"机制"的解释是"机体的构造、功能和相互关系""某些自然现象的物理、化学规律"等。机制这一概念,早期在生物学、医学等自然科学领域得到应用,主要用于剖析生物的内在构造、元素间的相互关系及构造系统的动态变化过程。随后,它被引入社会科学领域,用以探究社会事务与现象的结构、相互关联及内外影响,为社会学、经济学、管理学等提供全新理论视角与研究方法,如市场机制、竞争机制等。由此可见,机制的内涵已从最初"机械的构造和工作原理"拓展至更为宽泛的范畴。[①] 在贝塔朗菲一般系统论的影响下,机制被重新定义为"系统要素间通过结构化关联实现特定功能的动态过程",这一认知突破为教育生态系统研究提供了方法论基础。

从一般系统论的结构化分析范式来看,继续教育校企联盟机制是一个复杂的系统,其内部各要素之间存在相互关联和作用。该系统由学校、企业、政府等多元主体构成,各主体在继续教育校企联盟中承担着不同的角色、发挥着

---

① 张艳超. "互联网＋"视阈下我国地方高校继续教育与企业教育融合发展研究［M］. 沈阳: 东北大学出版社,2020.

不同的作用。学校作为知识和人才的供给方,提供教育资源和专业人才;企业作为需求方,提供实践基地和市场需求信息,并对学校继续教育进行技术反哺;政府则通过政策引导和资金支持,为联盟的运行提供保障。通过结构化分析,我们可以清晰地梳理出各主体之间的关系和作用机制,从而优化联盟的运行效率。

从"文化—历史"活动理论的动态演化视角来看,继续教育校企联盟机制是在动态发展的过程中逐步形成的。该理论强调活动系统的动态性和历史性,认为任何活动系统都是在特定的文化历史背景下不断发展和演变的。继续教育校企联盟机制也是如此,它在不同的历史时期和社会文化背景下,会呈现出不同的特点和发展趋势。例如,在经济快速发展和技术快速更新的背景下,联盟机制会更加注重技术创新和人才培养的紧密结合,以适应社会发展的需求。同时,联盟机制也会随着社会文化的变迁而不断调整和优化,以更好地发挥作用。

从结构功能主义理论的适应性功能解构来看,继续教育校企联盟机制具有多种适应性功能。结构功能主义理论强调社会系统的各个部分之间相互依存、相互作用,共同维持社会系统的稳定和运行。继续教育校企联盟机制作为一种社会教育系统,其内部的各个要素(如学校、企业、政府等)相互配合,共同发挥着多种功能。例如,学校与企业的合作可以促进知识的转化和应用,提高教育的实践性和针对性;政府的政策支持可以引导联盟的发展方向,保障联盟的稳定运行;同时,联盟机制还可以通过资源共享、优势互补等方式,提高教育资源的利用效率,促进教育公平和社会发展。

从合作教育理论的协同创新机制来看,继续教育校企联盟机制的核心在于协同创新。合作教育理论强调通过多方合作实现教育资源的优化配置和教育质量的提升。继续教育校企联盟机制通过学校与企业的深度合作,实现教育与产业的深度融合,推动教育创新和人才培养模式的变革。例如,学校与企业可以共同制定人才培养方案、开发课程资源、建设实践基地等,通过协同创新提高教育的适应性和竞争力。同时,联盟机制还可以通过建立有效的沟通协调机制、利益共享机制、风险分担机制等,保障协同创新的顺利进行。

因此,继续教育校企联盟机制,是在继续教育合作中各要素间的关联及运作模式,可细分为内在机制、外部机制和运行机制。内在机制基于系统自身的优劣势分析,从内因层面解决联盟内部问题;外部机制则着眼于外部环境中的机遇与阻碍，以外因视角优化联盟发展环境；运行机制聚焦"政、行、企、校"多方参与的联盟构建与实际运作。需注意，这三种机制并非孤立存在，其区分具有相对性，它们相互联系、相互影响，共同推动继续教育校企联盟高效运转。①

二、继续教育校企联盟机制特征

机制的基本特征可归结为 4 点：一是自发性，机制源于事物内在的原因和能力，依靠自身自发运作，不受外界的强制性干预；二是系统性，体现为事物内在各要素之间的相互关系，涵盖事物各个组成部分及其关联，是系统的关键属性；三是长效性，机制具有长期的可行性、可靠性和可实现性，能够在较长时间内保持稳定运行并发挥作用；四是动态性，事物内部的相互作用关系始终处于变化之中，因此系统的运行机制需随环境和条件的变化进行调整和优化。

继续教育校企联盟机制既不同于企业教育机制，又有别于传统高等教育机制，可界定为：政、行、企、校等多元主体，通过制度安排、资源交互与权力博弈形成的可持续协同网络，旨在实现教育供给与产业需求的结构性耦合。② 其本质是借助规则体系破解"教育孤岛"与"产业壁垒"并存的制度困境，是特定时空和环境下校企合作继续教育的运行机制，具有以下鲜明特征：

（1）服务性。继续教育校企联盟机制是为市场经济和校企共同发展服务的。它以市场需求为导向，通过整合学校教育资源和企业实践需求，为社会经济发展提供高素质的劳动力和技术支持。这种服务性体现为对产业需求的快速响应和对人才市场的精准对接，确保教育内容与实际应用紧密结合。

（2）双重性。继续教育校企联盟机制承载着双重历史使命。一方面，其通过文化传播、知识更新、技术推广等活动，实现劳动力的再生产，精准对接企业对技能型人才的需求。另一方面，该机制着力提升全民素质，优化人才培养质量，积极推动文化传承与创新，全方位服务于社会整体发展。这种双重性要求联盟在实践中平衡经济目标和社会目标，实现经济效益与社会效益的统一。

（3）创新性。在产教融合的时代浪潮下，继续教育校企联盟机制顺势而

① 　张艳超.《"互联网＋"视阈下我国地方高校继续教育与企业教育融合发展研究[M].沈阳：东北大学出版社，2020.
② 　张艳超.《"互联网＋"视阈下我国地方高校继续教育与企业教育融合发展研究[M].沈阳：东北大学出版社，2020.

生,并在实践的磨砺中持续发展完善。校企继续教育联盟是一种创新探索,它打破传统教育与产业相互割裂的局面,以资源共享、优势互补为手段,开辟出一条契合新时代需求的教育与产业协同共进的崭新道路。这种创新不仅体现在机制的搭建上,更贯穿于运行全程,表现为对新技术、新模式的不懈探索与应用。

(4)适应性。继续教育校企联盟机制具有高度的适应性。它能够根据市场变化、技术进步和社会需求动态调整自身运行模式。这种适应性体现在对政策环境的敏感性、对行业动态的快速响应能力以及对新技术的快速吸收和应用能力上。通过灵活调整课程设置、教学方法和合作模式,联盟能够持续满足企业和社会对继续教育的需求。

(5)协同性。继续教育校企联盟机制强调多方协同。它涉及高校、企业、政府、行业协会等多主体的深度合作。通过建立有效的沟通机制、资源共享机制和利益分配机制,各主体能够在联盟中实现优势互补,形成强大的协同效应。这种协同性不仅提高了教育资源的利用效率,还促进了教育与产业的深度融合,推动了教育创新和产业升级。

(6)可持续性。继续教育校企联盟机制具有可持续发展的潜力。它通过建立长期稳定的合作关系,确保教育资源和企业需求的持续对接。同时,联盟注重人才培养的长远规划,通过持续的技术更新和知识传播,为社会经济的可持续发展提供人才保障。这种可持续性要求联盟在运行中注重生态平衡,兼顾经济效益、社会效益和环境效益。

第二节　继续教育校企联盟内部机制分析

一、继续教育校企联盟关系

内在机制设计主要是围绕学校和企业两个运行主体展开的,因此首先要梳理学校与企业在地方继续教育校企联盟机制分析框架中的关系。

(一)学校的角色与职责

在继续教育校企联盟项目中,学校应扮演积极主动的角色。在政府的引导与协调框架下,学校需深度融入产业市场,精准把握市场需求与反馈信息,及时调整办学形态,优化人才培育模式,更新课程体系,强化师资力量,快速响应新时期企业人才培养的多元需求。学校应大力推行"学历＋技能"双轨教育模式,全方位提升学员综合素养,吸引并稳固在职员工生源,为自身长远发展夯实基础。同时,学校应积极向政府、行业协会及第三方评价机构反馈继续教育实践中的问题,主动吸收并运用政府政策文件与研究成果,整合企业优质非学历培训资源,助力普通高等教育教学改革,推动优质教育资源的共建共享。①

(二) 企业的角色与职责

在继续教育校企联盟项目中,企业占据主体地位,发挥着不可替代的关键作用。从人员参与层面来看,企业普通员工作为学习者,在联盟中获取知识与技能,不断充实自我;优秀员工则凭借丰富的实践经验,担任教学者,将实践智慧传递给他人。

同时,企业还拥有优质的管理与技能培训课程资源,这些资源不仅有助于高校优化人才培养模式,也能为其他企业提升人力资源质量、改进组织绩效提供有力支持。在政府的指导协调下,企业应积极与高校合作,充分利用高校的优质教学资源,促进自身人力资本快速提升,实现新时期的转型升级。与此同时,企业的优质培训资源也能借助校企联盟项目得到更广泛的传播与应用。

通过信息共享交流平台,企业既能及时向政府部门、行业协会及学校反馈在人力资本提升过程中遇到的问题,也能精准招揽符合企业发展需求的专业人才。部分优秀企业通过共享精品培训课程,传播自身文化理念,为中小微型企业提供学习范例,有力地推动了企业集群的发展以及行业标准的形成,进一步强化了校企联盟在继续教育领域的影响力和价值。②

(三) 校企联盟双重主体共生关系

在技能型社会与学习型社会建设的大背景下,"文化—历史"活动理论分析表明,继续教育校企联盟呈现双重主体共生关系:一是学校的生态位跃迁,

① 张艳超. 转型期普通高校继续教育信息化建设研究[M]. 武汉:武汉大学出版社, 2015.
② 杨彬. 协同创新视角下的继续教育校企联盟研究[J]. 教育发展研究, 2013, 33(9): 64－68.

学校要适应从知识垄断者到知识经纪人角色的转变,学会通过"技术反哺—课程迭代"闭环,探索教育链与产业链的深度咬合;二是企业的角色嬗变,企业从资源消费者转变为知识生产者,头部企业通过"技术标准嵌入"来影响继续教育项目课程设计,助力工作场所知识的显性化和快速迭代更新,提升继续教育培训内容质量。企业普通员工是学习者,技术骨干兼任实践导师,这样就形成了教育链—产业链的纠缠态。

二、继续教育校企联盟资源依赖程度

(一) 学校对企业的资源依赖程度

通过问卷调查与对访谈数据的深入统计分析(详见第五章内容),并结合资源依赖理论公式——$G_{学校} = F_{企业}(X1, X2, X3)$,本研究揭示了地方学校继续教育对企业资源具有较高的依赖性,且这一依赖程度正持续增强。[①] 这一现象产生的原因可以从以下几个方面进行阐释:

(1) 企业员工构成主要生源。地方高校通过系统设计非学历培训课程体系,有效对接企业岗位能力需求,使这类非学历教育项目逐步发展为继续教育板块的核心业务内容。数据显示,X1指标(该指标通常反映特定生源群体在继续教育总规模中的占比情况)在近年呈现持续上升趋势,其数值显著高于其他生源类型。这种结构性特征形成的内在逻辑在于,企业为提升员工职业技能和创新能力,往往与高校建立定向培养机制,通过定制化培训项目实现人才储备与技术升级的双重目标。同时,员工个人出于职业发展需要,也更倾向于选择与工作场景高度契合的非学历教育形式,从而形成稳定的生源输入。

(2) 企业决策权与投入日趋合理。企业内部培训体系占据主导地位,当涉及是否采用高校继续教育作为外部培训补充时,企业拥有完全自主的决策权。这种决策机制的形成源于企业对培训成本效益的精准评估,通过对比内训与外训的投入产出比,企业优先选择与核心业务需求高度契合的培训模式。值得注意的是,在当前经济周期波动的背景下,企业培训预算分配呈现明显的

① 张艳超. 资源依赖论视阈下高校成人教育与企业教育深度融合研究[J]. 成人教育, 2013, 33(11): 11-14.

理性化趋势。数据显示,X2 指标(该指标通常用于衡量企业培训投入与工作绩效提升的关联性)数值显著高于历史同期水平,反映出企业更倾向于将资源集中投向能够直接提升员工岗位胜任力的培训项目。这种资源配置策略既符合企业短期效益目标,也为长期人力资本积累奠定了基础,形成了培训投入与产出的良性循环机制。

(3)成人教育市场结构性调整。高校继续教育业务体系呈现多元化发展格局,涵盖成人学历教育、非学历职业技能培训及高等教育自学考试等核心板块,其中企业员工教育作为重要组成部分,在整体业务结构中占据特殊地位。当前 X3 指标(该指标通常反映企业员工培训在继续教育总量中的占比情况)数值处于历史较低水平,这一现象与传统生源市场竞争格局密切相关。值得关注的是,随着我国人口结构变化和国家"学习型社会""技能中国"建设战略的深入推进,高校继续教育正经历结构性调整。企业员工培训因其与产业需求高度契合的特点,逐渐成为高校拓展成人教育市场的战略突破口。特别是在制造业升级、数字经济转型等背景下,高校通过开发定制化培训项目、开展校企联合培养等举措,有效提升了服务企业的能力。这种市场需求与政策导向的双重驱动,预示着 X3 指标将在未来较长时期内保持上升趋势,成为衡量高校继续教育发展质量的关键指标。

(二)企业对学校的资源依赖程度

企业对地方学校的资源依赖程度可以表达为 $G_{企业}＝F_{学校}(X1,X2,X3)$。调研数据显示,当前企业对学校的资源依赖度相对较低。这一现象产生的原因可以从以下三个方面进行阐释:

(1)企业对教育资源的需求。随着进入创新驱动时代,劳动密集型中小企业在积极寻求转型升级的过程中,对人力资源、技术资源、信息资源的需求日益增长,而这些需求仅通过企业自身的教育资源难以得到满足。因此,学校继续教育在助推企业转型升级的过程中扮演着重要角色,作为学校服务地方经济发展的主要途径,其对企业的重要性不言而喻,这种重要性直接体现为企业定向培养形成的 X1 生源在继续教育总规模中的占比持续上升,故 X1 值较高。

(2)企业员工学历提升。高校继续教育正经历深刻的结构性转型,这一趋势与高等教育普及化进程密切相关。根据教育部统计数据,2023 年,我国高等教育毛入学率已突破 60％,标志着高等教育进入普及化阶段。[①] 在此背景下,传统学历补偿教育的历史使命基本完成,继续教育机构的办学定位发生战略性调整。企业作为继续教育的重要需求方,其关注点发生显著转变。在人才招聘与培养环节,企业更倾向于通过职业技能认证、岗位能力评估等非学历指标衡量员工价值,导致学历教育资源的吸引力持续减弱。X2 指标(该指标通常用于反映学历教育在企业培训投入中的占比情况)数值较 10 年前下降42％,充分体现了这一市场需求的变化。

(3) 企业员工非学历培训。高校继续教育在非学历培训领域的发展面临结构性挑战。当前教学体系与企业实际需求存在明显脱节,相较于市场化培训机构动态调整的课程体系,高校在课程开发灵活性、数字化教学资源应用等方面存在明显不足。在市场经济环境下,地方高校继续教育机构普遍面临体制机制束缚,决策流程冗长导致市场响应速度迟缓,而企业更倾向于选择能提供即时解决方案的专业培训机构。这种供需错位直接体现在市场份额变化上,近三年企业非学历培训预算中高校承接比例下降至 28％,而专业机构占比升至 53％。数据显示,X3 指标(该指标反映高校在企业非学历培训市场中的占有率)数值已呈下滑趋势,凸显出传统继续教育模式亟待系统性改革。

(三) 继续教育校企联盟资源依赖

继续教育校企联盟的资源依赖本质是教育生态系统在数字化时代的适应性进化。基于资源代谢四象限模型,继续教育校企联盟的资源依赖分布呈现显著的非对称性特征(见图 7 - 1)。

(1) 高价值-高替代性资源(象限Ⅰ)具有依赖脆弱性。在通用技能培训市场,头部企业在线教育平台(如腾讯课堂、网易云课堂)占据主导地位,高校议价能力弱。区域性继续教育校企联盟可以通过差异化定位(如"技能＋认证"捆绑模式)提升资源独特性。

(2) 低价值-高替代性资源(象限Ⅱ)呈现依赖边缘化。基础理论课程被在线平台替代,随着各种人工智能大模型的广泛应用,传统面授模式陷入生存危

---

① 中华人民共和国教育部. 2023 年全国教育事业发展统计公报[EB/OL]. (2024 - 10 - 24)[2025 - 03 - 05]. http://www.moe.gov.cn: 8080/jyb_sjzl/sjzl_fztjgb/202410/t20241024_1159002.html.

机。"微证书＋学分银行"可以将碎片化学习转化为学历教育积分,提升学习过程的留存率和继续教育校企联盟学习平台的用户黏性。

(3) 低价值-低替代性资源(象限Ⅲ)具有依赖长尾性。特定企业文化培训需求分散度高,呈现蚂蚁市场特征。继续教育校企联盟建设要注重教育服务项目的多样性和学习需求的分散化,细分培训市场,降低边际成本。

(4) 高价值-低替代性资源(象限Ⅳ)具有依赖垄断性。在定制化技术研发领域,头部企业(如阿里巴巴达摩院)形成技术壁垒。依托区域性继续教育校企联盟,可以构建"技术联盟池",使中小企业的技术获取成本降低。

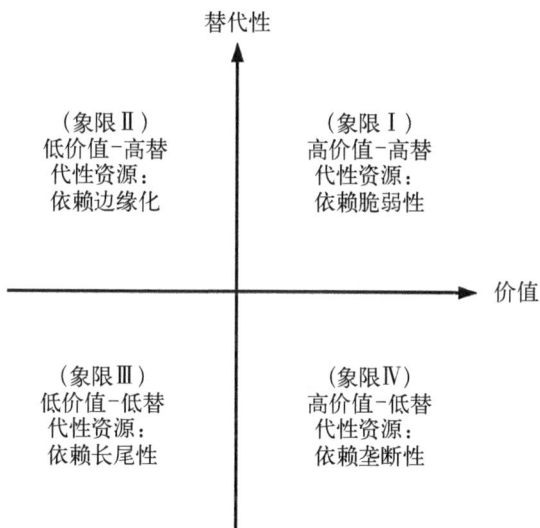

图 7 - 1　继续教育校企联盟的资源依赖分布

三、继续教育校企联盟内部机制的"3W"分析

在建立地方继续教育校企联盟的内部机制时,需要对现有的知识进行建构。本书选用结构化工具"3W"进行机理分析:第一个 W 为 Workplace,即工作场所;第二个 W 为 Work,即工作内容;第三个 W 是 Worker,即工作人员。[①] 工作场所关联组织层面,囊括校企的物理空间、工作环境、产品、文化氛围、领导风格、政策等要素,其中产品与政策为核心要素;工作内容主要

---

① 丁晖. 管理改进三十讲[Z]. 2020.

包括流程、标准、程序、职责等,核心要素就是流程与标准;工作人员包含人员数量、素质、流动情况、意愿、能力、动机、期望等,意愿与能力是关键所在。[1] 本文从工作场所、工作内容、工作人员 3 个层面的 6 个核心要素出发,深入剖析地方继续教育校企联盟项目,各要素含义阐释详见表 7-1。

表 7-1 6 个核心要素含义阐释[2]

要素名称	基 本 含 义	要素度量	绩效体现
产品	产品是部门能够独立创造的价值载体	价值度	组织绩效
政策	政策是对利益相关者的稳定的承诺	吸引度	组织绩效
流程	流程就是创造绩效、创造价值的过程	畅通度	组织绩效
标准	标准就是创造价值的过程要达到的程度	规范度	个人绩效
意愿	意愿就是对做某项工作和创造价值的热望	兴趣度	个人绩效
能力	能力就是能够支持价值创造的行为和动作	推动度	个人绩效

在地方继续教育校企联盟项目中,组织绩效决定个人绩效,产品和政策处在核心的位置,流程与标准处于工作内容的维度,意愿与能力处于工作人员的维度,6 个核心要素的关系如图 7-2 所示。[3]

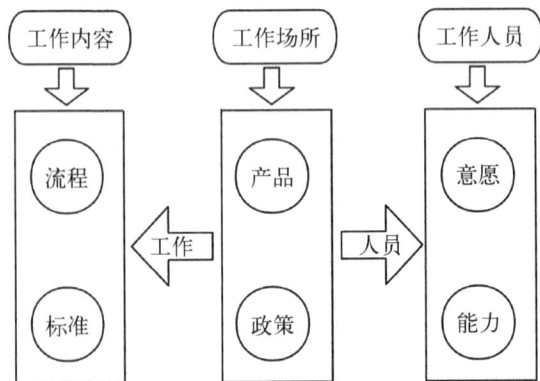

图 7-2 6 个核心要素的关系

---

[1] 张艳超. "互联网+"视阈下我国地方高校继续教育与企业教育融合发展研究[M]. 沈阳:东北大学出版社,2020.
[2] 丁晖. 管理改进三十讲[Z]. 2020.
[3] 丁晖. 管理改进三十讲[Z]. 2020.

（一）一般系统论视角：要素关联与功能涌现

基于贝塔朗菲的一般系统论，继续教育校企联盟的"3W"机理构成一个层级嵌套系统。该系统从宏观、中观和微观三个层面展开，各要素之间相互关联，共同推动系统功能的涌现。其中宏观层（工作场所）的政策与产品构成系统的输入输出界面。政策的有效耦合能够显著提升教育产品的附加值。例如，在浙江的案例中，政策与教育产品之间的协同作用对企业的人力资源和经济效益产生了重要影响。中观层（工作内容）的流程与标准形成能量转化的通道。流程的优化能够大幅提升培训效率，而标准的规范性则为培训质量提供了保障。两者的协同作用是提升培训效果的关键因素。微观层（工作人员）的意愿与能力是系统的动力源。教师的参与意愿和能力水平直接影响培训的质量和效果。合理的激励机制可以有效提升教师的参与度，进而推动系统的高效运行。当6个核心要素的协同度超过一定阈值时，系统会涌现出知识共创效应，显著提升学校继续教育办学能力和企业人力资源质量。这种协同作用不仅优化了培训效果，还为企业带来了实际的经济效益。

（二）"文化—历史"活动理论透视：矛盾驱动与范式迁移

基于"文化—历史"活动理论，校企联盟的发展呈现出三重矛盾驱动的历史演进过程，这些矛盾推动了校企合作模式的不断优化与创新。一是主体间矛盾：知识属性与经济属性的冲突。高校的课程更新周期相对较长，而企业的技术迭代速度较快，这种时间上的差异导致了知识与经济属性之间的矛盾。例如，高校课程更新通常需要1年左右的时间，而企业技术可能在半年内就会发生重大变化。这种矛盾促使校企联盟构建"模块化课程矩阵"，以快速响应企业需求，提升课程的时效性和实用性。二是规则系统矛盾：政策梯度断裂与制度突破。不同院校在获得的政策支持方面存在显著差异，头部院校往往能够获得更多政策红利，而边缘院校获得的支持则相对匮乏。这种政策梯度断裂催生了"飞地经济"模式，即通过校企合作，边缘院校能够参与次级供应链培训，从而获得更多的资源和发展机会。三是劳动分工矛盾：教师与工程师的角色冲突。教师与工程师在角色定位和工作方式上存在差异，这种角色冲突会影响校企合作的效率和效果。研究表明，具有企业经历的教师在培训项目中能够更好地理解企业需求，从而提升培训满意度。因此，继续教育校企联盟可以助力实施区域性"千师万企"计划,推动教师深度驻企,通过实践锻炼提升教师的工程实践能力,促进知识的有效迁移,从而解决教师与工程师之间的角色冲突,提升校企合作的质量。

(三)合作教育理论指引:协同创新与知识生产

基于合作教育理论,校企联盟构建"三维协同创新空间",推动校企深度融合,实现知识生产与创新的协同发展。一是知识生产协同,将企业技术标准转化为教学标准,通过校企合作,将企业的先进技术和工艺融入教学体系,提升毕业生的就业竞争力,使其在职场中更具优势。企业导师深度参与课程设计,将企业中的隐性知识转化为可传授的教学内容,提升学生对实际工作场景的理解和应对能力。二是流程再造协同,采用"设计思维"(Design Thinking)进行课程开发,打破传统课程开发的冗长周期,快速响应市场和企业需求,提升课程的时效性和实用性,通过模块化组合,满足成人学习者的个性化学习需求。三是制度创新协同,优化激励机制,将培训收益与教师绩效动态绑定,激发教师参与校企合作的积极性,提升培训质量。

在深化三维协同创新机制的基础上,还需构建开放共享的外部赋能体系,通过制度性设计打通教育链与产业链的双向互动通道。建立中小型企业议事席位,提升中小企业的参与度和话语权,推动决策过程的民主化,确保校企合作的公平性和可持续性。举办年度"教育—产业对话峰会",促进教育界与产业界的思想交流,提升"教育即生产性投资"的理念认同度,推动社会各界对教育与产业融合的重视。创建"工匠精神传承基地",通过实践教育和文化传承,提升技能人才的职业认同度,培养更多具有工匠精神的高素质人才。

(四)结构功能主义解构:系统维持与适应机制

1. 继续教育校企联盟建设问题概述

目前,地方学校在非学历继续教育培训方面存在产品意识薄弱、培训项目低小散、缺乏品牌项目等问题。这些问题导致学校在与企业合作时缺乏核心竞争力,难以提供有力的合作"筹码"。师资和场地资源容易被替代,企业可以单独聘请师资或寻找其他场地,这使得地方学校在与大中型企业(特别是国企)合作时处于劣势地位。同时,地方学校对与小微型民营企业合作的意愿不足,错失了互利共赢的机会。

2. 继续教育校企联盟内部机制问题分析

(1) 产品开发机制不完善。地方学校在继续教育项目开发中,缺乏市场导向和产品意识,未能充分挖掘中小企业对基层岗位培训的市场需求。培训项目多为低小散的项目,缺乏品牌化和精品化设计,难以满足企业对员工能力提升和绩效改善的需求。例如,中小企业对仓储员、质检员、安全员等基层岗位的培训需求旺盛,但地方学校未能有效联合中小企业重点打造相关非学历继续教育产品。

(2) 人员激励机制缺失。目前,学校继续教育培训的收入机制与培训单位和个人收益脱钩,缺乏"多劳多得"的激励机制。相比之下,横向科研项目在经费分配、职称评审等方面更具优势,导致教师对继续教育项目开发缺乏热情。企业人力资源管理者也因缺乏激励,不愿在校企继续教育项目的设计与开发上投入更多精力。

(3) 项目开发流程不规范。学校在继续教育项目开发中,缺乏科学的课程设计和评估机制,传统的培训项目多为讲座形式,缺乏对培训效果的关注。有企业指出,学校开发的培训课程需紧密结合企业实际,教师需有企业一线工作经验,同时应吸纳企业人力资源管理者参与课程开发。

3. 继续教育校企联盟内部机制优化建议

(1) 强化产品开发机制。地方学校应强化产品意识,将非学历继续教育视为一种产品,注重市场需求调研和产品开发。联合中小企业重点打造针对基层岗位的培训项目,投入精兵强将,制定长期产品开发战略。打破传统壁垒,鼓励教师和管理者深入企业一线,熟悉并掌握企业培训的标准和流程,开发出真正契合企业需求的继续教育产品。

(2) 革新人员激励机制。地方学校应借鉴横向科研项目的成功经验,赋予继续教育项目负责人更大的经费支配权,并在职称晋升等考核标准上给予其明确认可。通过经费分配与使用权改革、收入分配机制优化、职称晋升与学术认可度提升等一系列措施,充分激发教师和相关人员的积极性。

(3) 规范项目开发流程。学校应参照企业大学的继续教育项目标准和流程,优化自身培训项目。邀请企业导师参与课程设计,确保培训内容与企业实际需求紧密结合。教师应深入企业一线,积累实践经验,提升课程开发的科学性和实用性,设计出企业急需的能够明显改善员工绩效的继续教育产品。

总之,区域性继续教育校企联盟的内部机制设计应围绕具体的继续教育项目产品展开,重点聚焦企业基层员工的培训需求。通过强化产品开发机制、革新人员激励机制、规范项目开发流程,继续教育校企联盟可以提升继续教育项目的质量和市场竞争力,推动校企合作的深度发展。

第三节 继续教育校企联盟外部机制分析

依据区域性继续教育校企联盟分析框架,外部环境涵盖宏观与微观环境。宏观环境变化受国家政策、市场需求、信息技术、适龄人口四大因素影响,微观环境变化则主要受区域环境因素影响。外部环境与内部系统的资源交换,共同塑造了影响继续教育校企联盟发展的外部机制。

一、国家政策:继续教育校企联盟的根本保证

在深化教育领域综合改革的进程中,国家相继出台系列战略性文件,为继续教育校企协同发展奠定制度根基。2017 年,《国务院办公厅关于深化产教融合的若干意见》提出要系统破解校企协同育人机制障碍,开启高等教育改革新篇章。2021 年,中共中央办公厅、国务院办公厅印发《关于推动现代职业教育高质量发展的意见》,正式确立技能型社会建设目标,提出"国家重视技能、社会崇尚技能、人人学习技能、人人拥有技能"国家战略。2022 年,中共中央办公厅、国务院办公厅印发《关于加强新时代高技能人才队伍建设的意见》和《关于深化现代职业教育体系建设改革的意见》,构建起"产教融合、职普融通、科教融汇"的现代职教体系改革框架。

在国家教育现代化战略部署中,继续教育被赋予双重使命:既是构建终身学习体系的核心载体,更是推动区域经济发展的关键支撑。基于《教育强国建设规划纲要(2024—2035 年)》提出的数字化赋能战略,校企联盟通过以下路径实现突破发展:其一,打造"三维学习空间"(全域覆盖、全时开放、全民参与),破解传统继续教育时空限制;其二,构建"双主体育人模式",发挥院校知识生产与企业技术创新的协同效应;其三,建立"四维质量保障体系"(制度规范、资源整合、过程监控、效果评估),切实提升非学历教育服务能级。这种政校企协同创新机制,既响应了技能型社会建设需求,更成为区域经济转型升级的重要推手。

二、市场需求：继续教育校企联盟的直接动力

1. 市场需求的传递

需求端的产业结构调整、区域经济发展水平差异、职业薪酬体系变化、企业岗位能力需求迭代等核心变量，通过人才培训需求传导至高校继续教育体系。在供给侧层面，高等继续教育经费结构具有显著特征，学费收入是办学经费的主要来源，高校形成"以收定支"的运行模式。高校需要建立灵敏的需求响应机制，通过动态调整专业设置、优化课程体系、创新教学模式等方式，精准对接市场需求。通过深化产教融合、校企合作等模式，高校既能满足企业技能升级需求，又能为自身发展开辟稳定的经费来源渠道，形成需求牵引供给、供给创造需求的良性循环。

2. 市场变化的应对

在高等教育大众化进程中，学校继续教育市场从"供过于求"转变为"供求平衡"，就业市场也从单纯注重文凭过渡到文凭与能力并重。在此背景下，地方学校面临着提升教学质量，根据士、农、工、商等各行业实际需求，灵活、快速地开发适配各类人员的继续教育产品的重大课题。鉴于地方学校在师资与课程设计能力上存在短板，校企合作开发继续教育产品成为可行之策。随着培训市场的标准不断提高，大学显性知识与企业隐性知识的双向流动将更加频繁，继续教育校企联盟也会持续深化，以满足社会多元化的教育需求。①

三、信息技术：继续教育校企联盟的加速器

1. 人工智能技术的革命性影响

基于 AI(Artificial Intelligence，人工智能)的智慧教育系统通过机器学习算法，能够深度分析学习者的知识储备、学习习惯及认知特点，为每个学生生成动态调整的个性化学习路径。在教学实施层面，AI 助教系统能够实时捕捉学生的微表情数据与交互行为，通过情感计算技术评估学生的学习投入度，为教师提供课堂效果的多维反馈。大数据分析模块则可整合跨平台学习数据，

---

① 张艳超. "互联网＋"视阈下我国地方高校继续教育与企业教育融合发展研究［M］. 沈阳：东北大学出版社，2020.

构建学生能力画像,识别知识盲点并预测学习风险,使教师能够实施精准化教学干预。通过构建虚实融合的智能学习环境,AI 技术正在重塑继续教育的核心竞争力,为构建终身学习体系提供了技术支撑。

2. 5G 技术的广泛推广应用

在产教融合的时代背景下,依托信息技术构建信息交流互动平台具有深远意义。该平台作为关键纽带,将地方学校、企业、行业、政府等利益相关者紧密相连,实现实时交互。它打破了校企沟通的时空限制,极大地优化了校企继续教育项目从合作开发、设计,到应用、反馈与改进的全流程,使双方能够更高效地投入资源、参与合作。这有助于开发出优质的继续教育培训产品,借助互联网实现校企间资源的充分共享与广泛应用,创造可观的社会效益与经济效益,进一步激发校企合作的动力与潜力,为继续教育校企联盟的发展提供强劲助力。[①]

四、适龄人口:继续教育校企联盟的基础

1. 适龄人口的变化

适龄人口的变化直接影响继续教育的需求。随着人口结构的变化,适龄人口的数量和结构也在不断调整,这为继续教育市场带来了新的机遇和挑战。例如,随着老龄化社会的到来,对健康养老、医疗护理等领域的继续教育需求增加;随着年轻人口的减少,对高端技能型人才的培养需求增加。适龄人口的变化不仅影响继续教育的需求,还影响继续教育的供给。地方学校需要根据适龄人口的变化,调整继续教育的课程设置和教学方式,以满足不同年龄段和不同职业背景人群的需求。例如,针对新生代员工,可以采用碎片化学习、在线教育等方式,满足其快节奏的生活和学习需求。

2. 重点社会群体的关注

2017 年,教育部原副部长孙尧指出,办好新时代继续教育,已成为解决好中国教育现代化的"最后一公里"。2022 年政府工作报告指出我国高校毕业生超过 1 000 万人,"就业难"和"人才荒"的矛盾日益突出。大龄农民工群体也是继续教育的重要对象,根据国家统计局发布的《2023 年农民工监测调查报告》,

---

① 张艳超. "互联网+"视阈下我国地方高校继续教育与企业教育融合发展研究[M]. 沈阳:东北大学出版社,2020.

2023 年全国农民工总量为 29 753 万人,其中 50 岁以上的农民工占比为
30.6％。以此测算,2023 年 50 岁以上的大龄农民工数量超 9 000 万人。① 随着
城市化进程的加快,大龄农民工在城市中的就业压力逐渐增大,他们需要通过
继续教育提升技能,适应新的工作环境和积极应对老龄化。地方学校应与企
业合作,开发针对大学毕业生的继续教育产品,如职业素养提升、创业孵化等,
帮助他们实现职业转型和个人成长;针对大龄农民工的特点,设计适合他们的
培训项目,如职业技能培训、安全教育、生活教育等,帮助他们更好地融入城市
生活,提升生活质量。

五、区域环境：继续教育校企联盟的特色根基

1. 区域经济水平直接影响继续教育的需求和供给

经济发达地区对高端技能型人才的需求更大,继续教育市场更为活跃;经
济欠发达地区则需要通过继续教育提升劳动力素质,促进经济发展。地方学
校需要根据区域经济水平,调整继续教育的课程设置和教学方式,以满足不同
区域的需求。

2. 区域文化特色对继续教育的影响不容忽视

不同地域的文化传统与价值取向塑造了差异化的教育需求,并且文化因素
还通过影响社会认知塑造教育参与模式。在某些强调集体主义的文化环境中,
企业更倾向于组织员工参与团队协作类培训;而在个人主义文化显著的区域,个
性化技能提升课程更受欢迎。这种文化赋能的继续教育模式,既满足了地方发
展需求,又通过教育反哺文化传承创新,形成双向互动的良性发展格局。

3. 区域政策支持对继续教育校企联盟的发展至关重要

地方政府通过制定针对性政策工具,构建有利于校企合作的制度环境,有效
激发了学校与企业的合作动力。值得注意的是,政策支持不仅包括直接资源投
入,还包括标准制定、资质认证等软性措施,例如,校企合作办学标准的出台可以
规范合作流程、保障教育质量。这种多维政策体系的构建,促使学校与企业在继
续教育领域形成深度融合,如共建产业学院、开发定制化培训项目、共享师资与

---

① 2023 年农民工监测调查报告［R/OL］. (2024 - 04 - 30)［2025 - 02 - 05］. https://
www.stats.gov.cn/sj/zxfb/202404/t20240430_1948783.html.

设备资源等。数据显示,在政策支持力度较强的地区,校企合作项目数量增长显著,继续教育服务产业发展的能力得到有效提升。这种政策驱动的协同创新模式,既符合国家产教融合战略导向,也为地方经济转型升级提供了人才支撑。

第四节　继续教育校企联盟运行机制分析

运行机制是规范决策及人、财、物相关活动的基本准则与制度,是行为决定因素的总和。区域性继续教育校企联盟需依据实际条件制定发展策略,优化运行机制。其运行机制从项目驱动向资源驱动、创新驱动逐步深化,不断提升发展水平。通过合理制定发展策略,充分利用外部环境和内部资源,继续教育校企联盟可以实现高质量发展,为地方经济社会发展作出更大贡献。

一、机制运行初级阶段:项目驱动

(一) 项目驱动的定义与实施

1. 项目定义

美国项目管理学家约翰·宾认为,项目是在一定的时间里,在预算规定的范围内达到预定质量水平的一次性任务。将驱动理论用于项目则解决了项目实施过程中的推动力的问题。[①]

2. 初期合作模式

在地方院校与企业开展继续教育合作初期,双方通常采用"送教入企"的基础合作模式,这种模式在合作初期具有显著优势。然而,受制于合作初期的信息不对称,校企双方在人才培养目标、课程内容设计等方面的契合度仍有待深化。项目驱动型合作模式在此阶段发挥关键作用,其以具体培训项目为纽带,通过短期集中培训、专题研修等形式,快速响应企业特定需求,并且校企双方能够在合作实践中逐步建立信任关系,为后续开展共建产业学院、联合研发等深度合作奠定基础。这种渐进式合作路径既符合中小企业的发展特点,也

---

① 胡红梅,周波,张家琼. 城乡统筹背景下教师继续教育"项目驱动"模式研究[J]. 重庆教育学院学报,2011,24(1):5-7.

为院校积累了校企协同育人的实践经验。

3. 项目驱动的核心

"互联网＋"背景下的继续教育校企联盟项目驱动，是指以项目的实施为核心，以优化中小企业基层员工继续教育的"外驱环境"及"内驱系统"为关键点，实现面向新生代员工的继续教育项目的设计和开发优化，打造"互联网＋（学校＋企业＋机构）"继续教育联盟平台。[①] 互联网技术的深度应用成为关键支撑，校企联盟通过搭建"学校＋企业＋机构"三方协同的数字化平台，实现资源整合、过程监控与效果评估的全流程管理。这种校企联盟生态系统的构建，标志着继续教育从传统供给模式向精准化、智能化方向的战略转型。

（二）项目需求调研

1. 深入企业调研

通过实地走访、专题访谈、问卷调查等多种形式，院校能够直接接触企业生产经营一线，获取关于技术升级、岗位需求、人才结构等方面的一手资料。在调研过程中，院校团队需与企业管理层、技术骨干、一线员工进行多层次交流，全面了解不同岗位的能力要求和职业发展诉求。在此基础上，双方共同分析数据，提炼关键培训需求，为后续定制化课程开发、教学资源整合提供依据。通过建立定期回访制度、设立企业联络员等方式，院校能够及时跟踪需求变化，确保继续教育项目始终与企业发展同频共振。这种深度互动不仅提升了培训的针对性和实效性，也为校企双方建立长期信任关系奠定了坚实基础。

2. 依托联盟平台调研

地方院校依托继续教育联盟平台构建了立体化的调研机制，通过定期开展系统性调查与深度访谈，形成了多维度的需求反馈网络。联盟平台作为资源整合枢纽，有效连接政府部门、行业协会、第三方评价机构、非项目服务企业等多元主体。[②] 通过持续迭代优化，项目的社会效益与经济效益显著提升：一方面，标准化课程体系降低了企业培训成本，提高了人才培养效率；另一方面，跨行业应用拓展了服务半径，增强了院校的社会影响力。这种基于联盟平台

---

① 张艳超. "互联网＋"视阈下我国地方高校继续教育与企业教育融合发展研究［M］. 沈阳：东北大学出版社，2020.

② 胡红梅，周波，张家琼. 城乡统筹背景下教师继续教育"项目驱动"模式研究［J］. 重庆教育学院学报，2011，24（1）：5-7.

的协同调研模式,既强化了继续教育的问题导向,又为教育资源的优化配置提供了决策依据,推动校企合作向更深层次发展。

(三) 项目周期和教学方式设计

1. 项目周期

学历教育项目一般要 2～3 年;非学历继续教育项目主要由院校和企业双方协商确定,一般为几天时间。

2. 教学方式

由于企业员工流动性大、年龄层次与接受教育程度情况复杂、专业素养比较薄弱,短期培训易导致继续教育内容不系统、理论与实践脱节。因此,继续教育项目的设计应着眼于开发企业员工继续教育长时项目,精准定位问题,采用模块化设计、菜单式服务。根据企业员工具体情况,继续教育项目应采用面授与网络自学相结合的方式,灵活设计教学时间、教学方式。

(四) 项目内容的精品设计

1. 精品设计理念

对于一所学校和一家企业来说,做"好产品"的理念是相通的,也是继续教育校企联盟项目成功的关键。地方院校需要错位发展,重点聚焦于项目内容的精品设计,以工匠精神去进行项目研发,重质量而不强调数量。[①] 值得注意的是,精品设计并非追求完美主义,而是强调精准性与实用性的平衡,通过建立动态反馈机制持续优化产品。例如,某院校与企业共建的"智能工厂运营"课程,每季度根据行业标准更新教学案例,保持内容的前沿性。这种以质取胜的策略,不仅提升了项目的市场认可度,更推动校企合作向深度融合发展,为区域经济转型升级提供高质量的人才支撑。

2. 关键要素

一个精品的继续教育项目由长期的深入调研、校企双方匹配的师资团队、网络化的课程资源建设、有针对性的反馈评价机制等多个关键要素组成。首先,长期的深入调研是项目设计的逻辑起点,院校需建立常态化调研机制,通过定期走

---

① 张艳超. "互联网+"视阈下我国地方高校继续教育与企业教育融合发展研究[M]. 沈阳:东北大学出版社, 2020.

访企业、参与行业会议、分析人才市场数据等方式,持续跟踪产业升级动态与企业痛点。校企双方匹配的师资团队是项目质量的核心保障,要求教师既具备扎实的理论功底,又拥有丰富的企业实践经验。网络化的课程资源建设是数字化时代的必然要求,需构建"线上＋线下"融合的资源库,包括微课视频、虚拟仿真实训平台、案例库等,形成可共享复用的教学资源生态。有针对性的反馈评价机制则贯穿项目全周期,通过学员满意度调查、企业绩效评估、第三方机构认证等多维度评估,及时发现问题并优化改进。这种系统化要素整合,使继续教育项目突破传统培训的局限性,形成具有持续生命力的教育产品。

二、机制运行中级阶段：资源驱动

(一) 资源驱动的背景

1. 稳固的互信关系

校企联盟项目稳固互信关系的建立源于多维度的深度合作实践。长期项目执行中形成的高效沟通机制使双方能够及时化解分歧,达成战略共识;风险共担机制的建立增强了合作韧性;成果共享模式强化了利益纽带。这种信任关系的具象化表现为合作边界的持续拓展,合作边界不断拓展既满足企业人才梯队建设需求,又为院校探索出可持续的办学模式。

2. 资源利用

此类项目不仅孕育了丰富的课程资源、打造了专业的师资团队,还策划出了一系列创新的项目方案。如何充分发掘并利用这些宝贵资源,以创造更大的经济和社会价值,成为当前的重要课题。

(二) 利益分配机制

1. 法律与制度保障

校企双方在法律、制度和道德层面会受到必要的规范和约束,以确保双方在合作过程中能够充分满足对方的利益诉求。构建完善的法律法规体系有助于明确校企双方的权利义务边界,规范合作流程与利益分配机制,为合作提供制度性框架。

2. 具体分析

企业的本质是营利,追求剩余价值是其核心使命,故利益分配机制需具体情况具体分析。若利益分配不明,校企合作便难持续,继续教育校企联盟项目建设也易受到阻碍。

(三) 师资激励办法

1. 改革与重视

师资力量是继续教育联盟项目迈向高质量发展的核心要素。所以,要高度重视并深入改革师资激励办法,构建科学合理的激励机制,激发教师积极性与创造性,为项目持续推进与升级筑牢根基。

2. 具体措施

学校教师、企业指导师(一线优秀员工)以及企业员工是继续教育项目的主要教学对象,他们直接决定了项目的培训效果与质量。当前,学校教师和企业指导师普遍缺乏积极性,根源主要在于利益驱动和考核评价机制不够灵活有效。

(四) 资源推广与客户拓展

1. 拓展目标客户群体

地方学校通常服务于中小型企业,而这类企业的员工培训市场相对有限。为了充分展现校企共同开发的继续教育项目的价值,我们必须积极拓展同类行业企业。

2. 构建理性客户关系

地方学校在开发继续教育产品客户时,应着重于重构理性的客户关系,充分展现产品的独特魅力,并深入挖掘客户的潜在需求,以实现双方的互利共赢和共同发展。

三、机制运行高级阶段:创新驱动

(一) 创新驱动的理论基础

1. 组织内部协调

德国著名物理学家 H. 哈肯(H. Haken)认为,组织内部主体之间的协调、协作形成拉动效应,推动各个主体共同前进,个个获益,整体加强,共同发展。[1]

---

[1] 哈肯. 协同学导论[M]. 张纪岳, 郭治安, 译. 西安: 西北大学科研处, 1981.

2. 创新的本质

创新的本质是提升,是超越已有的成果。随着我国产教融合战略的持续推进,在政府、行业协会等机构的主导和催化下,校企之间通过突破创新主体间的壁垒,充分释放彼此间的"人才、资本、信息、技术"等创新要素活力,从而实现深度合作。[①]

(二) 打造四大价值链

1. 销售价值链

市场、服务、销售是销售价值链的三大职能。三者形成闭环协同机制:市场数据为服务优化提供依据,服务体验反哺销售转化,销售反馈驱动市场策略调整。这种动态互动模式不仅提升了客户满意度,更通过持续优化竞争策略实现了销量与收入的双重增长,最终构建可持续的商业生态。销售价值链最贴近客户,其三个职能均围绕客户和竞争对手展开,共同对销量和收入的结果负责。

2. 交付价值链

设计、采购、生产是交付价值链的三个主要职能。交付价值链是推动客户满意的核心职能,围绕客户的交期、质量和成本展开工作,决定了老客户的长期合作关系。

3. 支撑价值链

财务运营、组织管理以及信息平台是支撑价值链的核心职能,它们以提升组织效率、降低组织风险为主要目标,是决定联盟能否实现长期、稳健、持续发展的关键所在。

4. 发展价值链

发展价值链是继续教育联盟平台实现可持续发展的战略支撑体系,其核心职能在于通过系统性规划保障组织未来发展。发展价值链的运行需建立风险防控体系,通过财务稳健性管理、市场需求预警等措施规避潜在危机。这种系统化架构不仅保障平台当前的运营效能,更通过培育核心竞争力为未来发展筑基,最终实现教育服务与产业需求的动态平衡。

---

① 张艳超. 面向企业教育的开放大学课程建设探究[J]. 远程教育杂志, 2013, 31 (3): 93-98.

(三) 具体措施

1. 精准对接国家政策

继续教育联盟平台的未来发展,既需要聚焦引入产教融合型企业,又需要催化出更多的产教融合型企业。这种双向驱动模式既能提升企业技术创新能力,又能推动继续教育供给侧结构性改革,最终实现校企合作项目的规模化落地与可持续发展。值得注意的是,平台需建立政策跟踪反馈机制,确保合作方向始终与国家战略保持一致。

2. 关注区域产业结构调整

在校企合作推进继续教育的进程中,校企关系宛如鱼水,紧密相连。为促进协同发展,当务之急是尽快绘制继续教育与产业发展的空间区位版图,依据区域产业布局和发展趋势,持续优化继续教育项目,切实增强其与区域产业发展的适配度,实现两者深度融合、共进双赢。

3. 提升办学格局和视野

地方院校教学改革的先遣队,应积极服务于应用型本科高校、示范性职业院校的发展战略,持续探索构建继续教育领域校校协同、校企(行)协同、校地(区域)协同及国际合作协同的新机制和新模式。

第五节　区域性继续教育校企联盟机制构建原则

经由理论剖析与实证探究可得,构建区域性继续教育校企联盟,需兼顾活动系统内部"整体与部分""部分与部分"的整体联系一性,以及"系统与环境"的整体联系一性。前者聚焦校企联盟内部一体化,后者强调与外部经济、社会生态环境协调发展。构建区域性继续教育校企联盟并非要素的简单堆砌,运用一般系统论研究,有助于从整体层面明晰该系统的现存问题及解决路径,促进继续教育体系形成纵向衔接、横向沟通、纵横整合、内外协调、整体优化的架构。①

---

① 叶忠海. 论构建继续教育体系的理论基础和构架[J]. 成人高等教育,2007(1):3-6.

一、继续教育校企联盟的纵向衔接机制

纵向衔接机制强调的是,依据各级教育的职能与作用,实现上下级教育之间的有效连接,以适应技能型社会中个体持续发展的教育需求。这一机制着重于教育发展过程中各个阶段与层次之间的内在联系。在继续教育校企联盟体系中,纵向衔接不仅涉及大专后各类教育与继续教育的衔接,如成人高等教育、职业高等教育与普通高等教育之间的衔接,还涵盖研究生、本科、高职、中职、技工等各层次继续教育之间的衔接。为解决这类衔接问题,政府需从宏观层面出发,制定相关政策法规,打破纵向衔接的壁垒,构建衔接通道。同时,在行业微观层面,企业应制定不同岗位初级、中级、高级的继续教育课程内容,并由继续教育校企联盟制定和实施与员工职业发展紧密结合的一体化教育方案与制度,促进员工的可持续发展。

二、继续教育校企联盟的横向沟通机制

继续教育校企联盟的横向沟通机制旨在打破传统教育内部的隔阂,主动促进各领域、类型与形态的教育培训相互联系,构建有机统一的教育体系。其涵盖不同类型成人学习者(如新入职员工、经营管理人员等不同群体)的继续教育沟通,也包括不同行业(如第一产业、第二产业、第三产业)的继续教育互通。为有效落实横向沟通机制,政府需发挥关键作用:一方面,建立职业资格、技能等级与职称、学历的双向比照认定制度,推动各类学习成果的转换与互认,搭建国家资历框架;另一方面,设立区域性学分银行,实现同专业同层次课程互认及凭职业资格证书免修部分课程,加速继续教育制度落地。从行业专业层面出发,政府应组建继续教育质量保障评估组织,秉持"以人为本"的理念,既方便成人学习者,又能提升继续教育效益,防止教育资源的浪费,从而全方位推动继续教育校企联盟横向沟通机制的高效运行。①

三、继续教育校企联盟的内外协调机制

内外协调机制关注的是,在技能型社会建设的大背景下,校企联盟与外部

---

① 叶忠海.论构建继续教育体系的理论基础和构架[J].成人高等教育,2007(1):3-6.

环境系统的协调发展。这包括继续教育发展与经济发展、社会发展以及成人学习者可持续发展的协调。教育与经济紧密相连,在继续教育领域尤为突出,表现为继续教育对经济发展的促进作用以及其与经济的相互依存性。同时,教育与信息技术高度相关,信息技术的快速发展对继续教育模式产生革命性影响。政治体制改革和发展也是继续教育发展的动因,两者应协调发展,建立和完善回归教育制度,实现"政、产、学、研"的合作。最后,校企联盟应进一步加强继续教育发展与社会生活提升的协调,将继续教育延伸到社会生态领域,如社区、厂区等,以适应社会生态环境的改善以及社会生活方式的多元化、信息化、智能化发展。

四、继续教育校企联盟的整体优化机制

构建继续教育校企联盟体系是一项复杂的社会系统工程,它横跨社会各个领域与层面,因此需要"六力合一",形成一个统一的整体来推动其运行,继续教育校企联盟"六力合一"模型如图 7-3 所示。具体而言,这"六力"包括政府宏观主导力、市场调节力、行业协会主管力、学校教育支撑力、企业教育主体力以及社会参与力。①

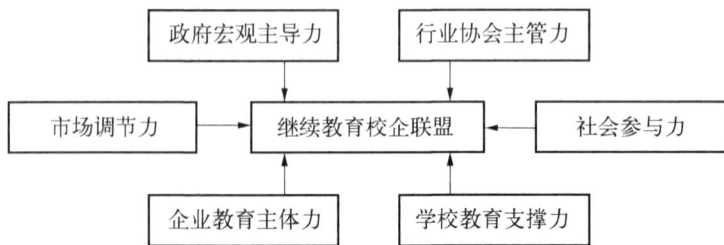

图 7-3 继续教育校企联盟"六力合一"模型②

政府宏观主导力体现为政府在构建区域性继续教育校企联盟体系中的引领作用。政府负责制定规划、政策和法规,进行统筹协调,筹措经费,以及进行督查和评估,实现从微观直接组织培训向宏观调控和保障的转变。

市场调节力是构建继续教育体系的基础性力量。通过技能型人才的供需

---

① 叶忠海. 大学后继续教育论[M]. 上海:同济大学出版社,2011.
② 叶忠海. 大学后继续教育论[M],上海:同济大学出版社,2011.

关系、价格机制以及竞争机制,市场能够敏锐地捕捉外部环境变化,调节继续教育培训资源的配置,促进继续教育培训资源与外部环境的协调发展,使继续教育培训能够精准对接市场需求。

行业协会在继续教育校企联盟体系中具备主管力。行业协会承担着行业管理的重任,在行业内部制定科学规划,明确岗位规范和培训标准,深度参与联盟建设,组织开展部分继续教育项目培训,并负责考核与发证工作。同时,它还组织业内专家进行专业课程认定和证书认可的质量评估,切实落实继续教育各环节的衔接与沟通,保障行业继续教育的规范性和专业性。

学校教育支撑力体现在学校为继续教育校企联盟体系提供教育支撑和专业引领上。学校应积极主动地与行业(企业)开展合作,协助行业协会制定岗位规范和培训标准,参与专业课程认定和证书认可的质量评估,并且接受政府和行业委托,组织专家学者展开并深化不同类型人员、不同行业继续教育之间的专业沟通,以及不同层级继续教育的专业衔接,为继续教育注入专业知识与学术资源。

企业教育主体力是指企业在构建继续教育校企联盟体系中的基础性作用。大量继续教育培训对象来自企业,尤其是中小型民营企业,它们是技能型社会建设的重要阵地。同时,继续教育体系的衔接与沟通最终需各类企业落实,行业领军企业更是关键推动者。此外,企业中专业性强的岗位或特殊工种岗位的分层级继续教育标准,应由企业或行业主导制定,并融入企业人才资源开发整体体系,遵循育人用人一体化原则。

最后,社会参与力在构建继续教育体系中发挥着补充与完善的关键作用。各类社会公益组织及非政府组织,依托自身资源,踊跃投身于区域性继续教育校企联盟建设,有力推动继续教育中介服务体系朝着社会化、网络化方向发展,促使技能型社会下的继续教育培训体系越发完善成熟。

五、继续教育校企联盟构建的关键原则

继续教育校企联盟是一种协同合作机制,旨在推动地区内的继续教育发展、人才培养和知识转移。该联盟由高等教育机构(大学、职业院校)、企业、政府机构和其他利益相关者构成,旨在推动继续教育的创新、实施和评估。在构建继续教育校企联盟机制时,需要考虑多个原则,以确保其有效运作。以下是

一些关键原则。

（一）共同愿景和目标

原则 1：所有参与方应明确共同愿景，以确保方向一致。这个愿景应包括长期和短期目标，如提升教育质量、增强市场竞争力、优化社会影响评价等。

原则 2：机制构建应明确继续教育校企联盟的具体目标，如培训项目的数量、知识转移速度、就业率等。目标应可衡量、可追踪和可操作。

（二）多元参与者

原则 3：继续教育校企联盟应吸引多元化的参与者，包括学校、企业、政府和社会组织。这种多元性有助于促进不同观点、经验和资源的整合。

原则 4：所有参与方应在伙伴关系中平等相处，具有权利和责任。这鼓励所有参与方共同决策和共同承担风险。

（三）透明治理和管理

原则 5：继续教育校企联盟应构建透明的决策机制，确保所有参与方都能够了解和参与重要决策。

原则 6：设立管理机构或协调机构，负责规划、协调和监督合作活动。这个机构应该具备高效的管理能力和决策权。

（四）资源整合和共享

原则 7：学校和企业应共享资源，包括教学设施、设备、研究资金和人才。校企双方应建立资源共享的机制，以促进合作。

原则 8：鼓励知识共享，包括培训成果、最佳实践和专业知识。这有助于提高继续教育项目的质量和效率。

（五）风险共担

原则 9：学校和企业应共同承担合作项目的风险。这可以通过风险分享机制、共同融资和风险评估来实现。

原则 10：继续教育校企联盟应建立激励机制，奖励创新、合作及风险承担等行为，并通过构建知识产权共享机制、设立创新奖励基金、提供合作项目经济激励等具体措施,确保激励机制落地见效。

(六)知识转移和技术转化

原则 11:继续教育校企联盟应明确知识形态转化机制,包括专利和技术许可,以便学校的研究和培训成果能够转化为商业机会,这有助于将研究成果引入市场。

原则 12:促进技术的商业化和市场化,以确保继续教育校企联盟的成果能够产生实际价值。

(七)政策支持

原则 13:政府通过提供资金、税收激励、知识产权保护等支持,鼓励继续教育校企联盟的发展。政府还可以提供法规支持,以清除机制运行障碍。

原则 14:确保各级政府政策和法规与继续教育校企联盟的发展目标一致,协调政策,以支持合作。

(八)社会参与和宣传

原则 15:鼓励社会参与,以促进继续教育校企联盟践行社会责任、实现可持续发展。社会组织、媒体和公众应该了解和支持继续教育校企联盟的活动。

原则 16:建立有效的宣传和沟通机制,以传达继续教育校企联盟的成就和价值。这有助于获得更多的学校、企业和政府支持。

(九)国际合作

原则 17:考虑与国际伙伴合作,以分享经验和技术,发掘市场机会。参加国际会议和交流活动,以扩大合作网络,吸引国际资源。

原则 18:鼓励在国际范围内与跨国公司合作,以拓宽市场和技术渠道,同时加强地区内的继续教育创新。

六、继续教育校企联盟构建的主要步骤

继续教育校企联盟能够有效整合资源、提升教育质量、增强市场竞争力,从而更好地服务于地方经济和社会发展。构建继续教育校企联盟需要系统规

划和分阶段实施,以下是构建继续教育校企联盟的主要步骤。

(一)需求分析和定位

步骤 1:识别地区需求,了解地区的需求和机会,确定继续教育校企联盟的潜在价值和优势。

步骤 2:明确定位和角色,确定学校、企业和政府在继续教育校企联盟中的角色和职责。

(二)合作伙伴招募

步骤 3:寻找合作伙伴,识别潜在的学校和企业合作伙伴,建立联系并确定共同兴趣。

步骤 4:签署协议,与合作伙伴签署正式合作协议,明确合作目标、责任和权益。

(三)机制构建和资源整合

步骤 5:构建联盟机制,设立联盟管理机构和工作组,明确职责和权利。

步骤 6:资源整合,建立资源共享和知识转移机制,确保学校和企业能够充分利用彼此的资源。

(四)创新项目和研究

步骤 7:合作伙伴共同确定继续教育项目,包括培训、开发和知识转移项目。

步骤 8:推动跨学科研究,鼓励多学科合作,以解决复杂问题和推动创新。

(五)知识转移和技术转化

步骤 9:制定知识转移机制,以便学校的研究成果能够转化为商业机会。

步骤 10:促进技术的商业化和市场化,以确保创新成果能够产生实际价值。

(六)政策支持和宣传

步骤 11:与政府合作,争取政府政策法规支持和资金支持。

步骤 12：制定宣传计划，以传达联盟的成就和价值，鼓励社会参与。

（七）评估和学习

步骤 13：建立评估机制，以评估继续教育校企联盟的绩效和成果，不断改进。

步骤 14：从经验中学习，不断调整策略和目标，以应对变化的需求和潜在的机会风险。

第八章

新时期区域性继续教育校企联盟发展策略

本章以内外因素驱动的策略基石为逻辑起点,构建加快技能型社会继续教育校企联盟建设的多元策略体系,聚焦可持续发展风险防范,确保联盟稳定运行。

第一节　内外因素驱动联盟
发展的策略基石

一、继续教育校企联盟协同框架的四维解构

基于多维视角的校企联盟协同框架可系统解构为四大核心维度:在系统结构维度上,依托贝塔朗菲一般系统论,校企联盟建构了涵盖微观双主体合作单元、中观产教集群网络及宏观政策环境的三级嵌套模型;在活动演化维度上,通过"文化—历史"活动理论揭示了共享客体的动态演化机制,强调主体—共同体互动、中介工具创新与分工整合策略,构建起价值共创的"生产—消费—交换—分配"闭环体系;在功能适配维度上,基于结构功能主义 AGIL 模型论证了校企联盟通过环境适应、目标达成、资源整合、潜在模式维系等功能实现系统稳态发展的内在机理;最终在协同创新维度,通过螺旋升级模型实现了知识—技能—资格的三维螺旋跃迁,并运用创新券、教育税等制度杠杆驱动治理体系迭代升级。这一多维度分析框架为后续探讨产教融合的动态平衡机制奠定了理论基础。

在继续教育体系中,学校与企业作为两个异质活动系统,均承担着技能型人才培养的关键职责,二者存在潜在共享目标。按照帕森斯的 AGIL 模型,校企合作经历了从相互了解适应、目标达成、资源整合到潜在模式维系的过程。这一过程通过持续迭代创新,推动了具有异质性和跨界性的继续教育校企联

盟的形成与发展。[①] 与此同时,继续教育校企联盟具有明显的阶段性特征:在探索发展阶段,校企合作程度较低,实践模式单一,人员互访交流成为联盟构建的有效方式,满足企业员工学历提升和岗位培训需求;在多元发展阶段,校企合作程度提升,信息技术助力实践模式多样化,聚焦人才培养与资源共建共享、协同制定教学相关环节成为联盟成员培养高技能人才的共识;在创新发展阶段,人工智能快速发展,继续教育校企联盟需思考如何为新质生产力培育赋能,在教育供应链、人才培养链与产业需求链间扮演重要的立交桥角色。

二、继续教育校企联盟三维困境的生成逻辑

经实证分析,区域性继续教育校企联盟在运行过程中存在"认知分化—协同不足—成效滞后"的系统性困境。第一,战略定位层面呈现显著的愿景—需求错位:企业对联盟功能的认知集中于政策红利承接与人才获取,而对行业标准共建等战略价值认同不足,导致顶层设计与实践诉求产生结构性张力。第二,在协同机制层面,校企合作凸显传统路径依赖与创新动能矛盾,传统对接模式覆盖率与合作深度呈显著负相关,新兴平台虽提升对接效率却受限于功能迭代迟滞,叠加政企校权责模糊、政策引导不足、主体能力差异等结构性矛盾,形成多维协同壁垒。第三,在实践效能层面,校企合作出现"规模—质量倒挂"现象,创新模式普及率低,折射出短期逐利逻辑与人才供需结构性失衡的深层冲突。上述三维困境的交互作用,不仅印证了企业需求、政策支持与资源整合的多维矛盾,更为后续深入探讨校企联盟的生态重构路径提供了关键切入点。

三、继续教育校企联盟的多维发展机理与演化路径

继续教育校企联盟的建设本质上是教育供给侧与产业需求侧在数字文明时代的适应性共变实验。其成功不仅需要系统科学的顶层设计和教育生态的动态调适,更需要在文化—历史维度上构建"命运共同体"的意义认同。建设

---

① 张艳超,徐昊宇,赵杰. 技能型社会构建中的继续教育校企联盟:内涵特征、演进分析和发展策略[J]. 终身教育研究,2024,35(5):36.

技能型社会的逻辑起点是改良技能生态系统。技能生态系统概念的提出者戴维·芬戈尔德(David Finegold)认为,影响技能形成的因素是"企业、个人、政策、职业教育和培训"。① 从我国继续教育校企联盟的演进逻辑与实践样态来看,继续教育校企联盟作为工业化、信息化时代的产物,深受外部环境影响。国家政策、市场需求、适龄人口、信息技术等因素,持续推动着校企联盟的发展,也促进了人才供给侧与需求侧的改革。

基于跨区域校企联盟的多案例比较研究,校企合作可进一步系统解构其发展机理与演化规律。研究发现,继续教育校企联盟的形成遵循"政策驱动—经济需求—资源整合—社会建构"的多维动力机制:国家政策与地方实践(浙江、安徽等区域联盟)形成制度牵引,区域产业升级与技能型社会建设需求则构成内生动力,二者协同驱动教育链与产业链的深度耦合。从结构化要素看,联盟效能取决于政府主导、校企协同、数字赋能及供需适配四重维度的交互作用。其演化样态呈现渐进式跃迁特征:从初期学历教育合作到双向融合(非学历培训与产教协同),再进阶为创新联合体与数字化生态(AI驱动的终身学习平台),最终迈向区域协同(长三角跨省联盟)与国际化拓展。这一动态发展路径不仅验证了"需求牵引—技术赋能—制度迭代"的螺旋升级逻辑,更为构建适应产业变革的终身教育体系提供了理论参照与实践范式。

第二节　多元策略维护联盟运行的构建指南

随着国务院发布《深入实施以人为本的新型城镇化战略五年行动计划》,未来会有大量的农业转移人口转变为产业工人,为有效提升农民工群体的学历和技能,帮助其在城镇稳定就业,继续教育校企联盟将在区域性"学校后"终身教育体系建设中起到主力军的作用。为此,加快技能型社会继续教育校企联盟建设非常有必要,建议从以下四个方面着手推进。②

---

① 张创伟,肖绿英. 三重螺旋驱动下的技能生态系统模型构建及实践研究[J]. 终身教育研究,2024,35(4):21-28.
② 张艳超,徐昊宇,赵杰. 技能型社会构建中的继续教育校企联盟:内涵特征、演进分析和发展策略[J]. 终身教育研究,2024,35(5):30.

一、明确政校企生态位,促进继续教育校企联盟可持续发展

1. 激发地方政策的潜能与活力,促进联盟创新发展

学校和企业的属性不同,开展继续教育培训的政策规定也不同。为了使继续教育校企联盟运行机制更加适应市场经济的需要,地方政府主管部门要进一步激发继续教育办学领域政策的潜能与活力,促进区域经济可持续发展。2024年8月,《国务院关于促进服务消费高质量发展的意见》指出,要激发改善型消费活力,鼓励普通高校、职业院校和企业合作共建开放型区域产教融合实践中心,培育复合型、应用型、技能型服务业人才。这就需要地方政府强化统筹谋划,制定专项政策来促进产教融合的发展。例如,传统的继续教育校企联盟可以探索实行公司化管理,建立独立的运营机构或公司,以提高运营效率和灵活性,既激发校企参与继续教育联盟建设的人员的工作积极性,又可以保障国有资产不会流失。同时,公司化运营模式有助于探索建立多元化的盈利模式,如培训费、技术咨询费、专利转让费、人才推荐费、政府购买服务费等,实现继续教育校企联盟的可持续发展和独立运营。浙南数智造公共实训基地在这方面已经进行了积极的探索实践,取得了良好的经济效益和社会效益。①

2. 发挥学校的支撑性作用,体现学校服务社会的能力

学校作为重要的教育机构,在教学、科研及人力资源整合方面具备独特优势。于继续教育校企联盟而言,学校可提供学术与技术支撑,源源不断地输送技能型人才,保障培训项目的高质量开展。同时,学校可通过技术咨询、转移、科研合作等途径,为企业提供多元技术支持,助力企业提升生产效率与技术水平,增加企业经济效益,进而激发企业参与校企联盟建设的积极性。科研成果转化为新质生产力的过程也会催生新的继续教育培训项目,学校应重视开展高质量培训,彰显其服务企业与社会的能力。

3. 凸显企业的主体性地位,促进企业增效

建立继续教育校企联盟旨在推动技能型人才培养,契合市场需求,故而企

---

① 浙南数智造公共实训基地破解招聘难题[EB/OL]. (2023-05-10)[2025-02-25]. https://www.wenzhou.gov.cn/art/2023/5/10/art_1217829_59205087.html.

业在联盟中的主体地位不容忽视。设立企业代表机构或专门委员会,赋予企业在联盟决策中的关键话语权,不仅有助于精准对接市场对高技能人才的需求,还能提升继续教育培训质量。同时,充分发挥"企业出题"对科研攻关方向的引导作用,采用龙头企业牵头模式,面向行业开展技术路线图研制与技术发展方向研判,梳理出"卡脖子"的关键技术清单。企业应以联合研究、委托或共建研究中心、实验室等形式,与高校、科研院所合作开展产业应用基础研究。此外,鼓励企业深度参与课程设计、教学内容制定和实践环节安排,使培训课程紧密贴合实际岗位需求,缩短企业新员工岗位培训周期,增强学员就业竞争力,搭建起技能人才链与企业用工链的快速对接桥梁,降低企业用工成本,实现企业降本增效。[①]

二、采取区域推进方式,因地制宜建设继续教育校企联盟

1. 基于区域发展不均衡,注重联盟模式多样性

我国区域间社会经济发展不均衡,致使人才需求体系呈现多层次、多类型的特点。受政治、经济、文化等因素影响,不同省(区、市)的外部环境差异明显,这不仅导致继续教育校企联盟在实施路径和发展水平上参差不齐,还使其建设形式呈现多样化特征。若统一设定继续教育改革发展目标,可能出现高水平区域动力和潜力无法充分发挥、低水平区域因目标过高难以实现的状况。从高等学历继续教育综合发展水平来看,我国各省(区、市)依地域可分为 3 个发展梯队,非学历培训受区域社会发展水平的影响则更为显著,面临类似问题。[②] 因此,继续教育校企联盟的建设推进需注重差异化发展,拓宽学校继续教育与企业教育办学的生态位,促进办学机构间的互利共生,实现公平办学,从而形成多元、多层次的人才培养模式。为此,各省(区、市)应结合自身实际情况,出台地方特色政策文件,如浙江省的《关于开展省域技能型社会建设的指导意见》或平湖市的《平湖市"学历+技能"双提升若干政策实施意见(试行)》,确保将国家宏观政策文件的精神落到实处,并具备实际可操作性。

---

① 张艳超, 徐昊宇, 赵杰. 技能型社会构建中的继续教育校企联盟: 内涵特征、演进分析和发展策略[J]. 终身教育研究, 2024, 35(05): 37.
② 张艳超. 生态视角下我国高等学历继续教育可持续发展研究[D]. 上海: 华东师范大学, 2019.

2. 发挥政府主导作用,健全平台支撑体系

在区域性继续教育校企联盟不断发展的进程中,在制定实施意见时,需充分考量各成员的作用,确保政府在继续教育校企联盟中发挥主导作用。

一方面,政府应加大政策扶持力度。政府应出台区域性继续教育校企联盟建设的专项政策,为联盟发展提供坚实的政策保障。以温州市为例,《温州市公办中等职业学校社会服务激励机制实施办法(试行)》明确规定,根据学校上一年以市场委托方式获得的社会培训和企业服务收入,按不高于收入总数35％的比例核定增加绩效额度,这一举措极大地激发了温州高校开展继续教育的积极性,促使其主动投身于校企联盟建设,为区域经济社会发展贡献力量。① 同时,政府要强化财政支持。政府应发挥财政引导的关键作用,吸引产业基金、创投基金等金融资本投入,为校企联盟提供资金支持。同时,政府应鼓励区域性校企合作承担市级科技创新基金项目,并优先推荐其申报国家重大攻关项目,助力联盟提升科研创新能力,推动继续教育校企联盟高质量发展。

另一方面,政府应健全由其主导的平台支撑体系。政府应整合多方资源,搭建起政府、产业园区、高校、企业四方协同的平台支撑体系,进一步发挥产业园区的载体作用,促进政府、高校、企业资源的有效对接。产业园区可以建立健全校企对接机制,主动邀请高校参与,共同制定人才培养方案,优化课程内容;整合当地企业的培训需求,引导高校提供精准化的教学资源,形成供需有效衔接;发挥自身的管理、服务优势,为校企合作提供政策支持、场地资源等配套保障。

3. 鼓励组建院校及企业集群,发挥中介机构辅助效能

继续教育校企联盟在区域推进过程中,一方面,在院校与企业协同层面,鼓励组建"应用本科—高职—中职/技工"院校集群,整合不同层次教育资源,构建完整的继续教育培训生态系统,契合社会对多层次人才的需求,拓宽与拉长供给侧人才链。同时,倡导组建"领军企业—行业协会—中小企业"企业集群,贯通产业链上下游,扩大需求侧人才需求,助力大中专毕业生就业择业。此外,实施"教育局—人社局—经信局"等多部门联合的培训服务招标采购机

---

① 张艳超,徐昊宇,赵杰. 技能型社会构建中的继续教育校企联盟:内涵特征、演进分析和发展策略[J]. 终身教育研究,2024,35(05):37.

制,激励校企联合承接政府委托服务,以培训资源为纽带,深化校企合作。

另一方面,继续教育校企联盟应作为校企合作的关键纽带,着力提升创新服务水平。积极培育专业化科技中介服务机构,支持其在载体运营、技术咨询、成果转化等领域强化专业能力与人才队伍建设,打造枢纽型创新中介平台,为校企及科研院所合作创新提供精准信息与引导。同时,加强中介机构信用统一监管,落实评价考核、入库清库及动态调整管理机制,实行末位淘汰制,强化失信惩戒,切实提高中介服务质量与效率,保障校企联盟的高效运行。

三、配合"三教"协同创新,发挥继续教育校企联盟衔接作用

1. 依托联盟区域化多元合作,完善产教融合"窗口"衔接职能

党的二十大报告着重强调"统筹职业教育、高等教育、继续教育协同创新"。高等教育与职业教育涵盖职前、职后教育,其中职后教育属于继续教育范畴。当前,继续教育在数字化转型与社会服务层面展现出独特优势。而在职前教育中,高等教育凭借学科建设与科研能力表现突出,职业教育则在技能实训与产教融合方面优势显著。[①] 尽管"三教"在形式与内容上存在差异,但其核心任务均为培养适应经济社会发展的人才,且教学改革与创新的关键都在于产教融合,只是校企合作的侧重点有所不同。由此可见,企业群体作为"三教"共同的合作对象,是实现"三教"协同创新的重要载体。

继续教育校企联盟具有活动区域化、成员多元化、服务多样化、目标明确化等特点,作为学校服务地方的关键"窗口",能够搭建起政府、学校与企业互动交流的平台。随着技能型社会建设的深入,在政府就业技能培训、新型学徒制培训等项目补贴的激励下,校企合作通常从员工培训和职业技能鉴定起步,随着双方互信与了解的加深,合作领域逐步拓展至课题联合研发、企业技术攻关、全日制人才培养等。

2. 依托市域产教联合体,发挥联盟的重要"窗口"职能

市域产教联合体作为区域产教融合的创新模式,在省级政府的统筹指导

---

① 谢浩,赵昕,杨广俊,等. 职业教育、高等教育、继续教育协同创新的内涵、历史演进及政策指向[J]. 中国职业技术教育,2024(6):21－27＋37.

下,以产业园区等经济实体为核心依托,由政府、企业、教育机构、科研单位等多元主体共同构建。《教育部办公厅关于开展市域产教联合体建设的通知》明确规划,至2025年,全国计划建设与培育约150家市域产教联合体。自2024年起,教育部优先从省级认证的联合体中筛选推广先进案例,激励各省积极培育优质项目,这为区域性继续教育校企联盟创造了更为丰富的发展机遇和广阔的发展空间。

面向产业园区企业,开展员工岗位培训和学历技能提升是产教联合体的重要职能。继续教育校企联盟作为其组成部分,借助中央和地方政府"金融＋财政＋土地＋信用"的组合式激励政策,得以快速发展。这有效提升整个产业园区企业员工的综合素质和学校应届毕业生的就业能力,赢得了政府主管部门、区域行业企业和成人学习者的认可,推动区域经济与教育协同共进。

3. 提升学校继续教育办学地位,破解人才培养供需脱节问题

继续教育校企联盟在深化产教融合、推动校企合作模式转变等方面具有关键意义。它促使校企合作从政府引导逐步向基于市场需求的自发行为过渡,合作范畴也从单一内容拓展至全方位、多类型合作。

在人才培养层面,校企合作培养专业人才夯实了人才根基。区域高校积极对接本地支柱产业与新兴产业,布局相关学科专业。学校与企业通过共建现代产业学院、创新创业实践基地、实训实习基地等,以行业重大技术需求为导向开展人才培育,实现教育链与产业链的深度融合。学校主导的"学历＋技能"模式、企业主导的"送教进企"模式、政府主导的"学校后"终身教育体系构建模式等继续教育领域的校企合作模式,不仅助力学校继续教育发展,还推动了普通高等教育与职业教育的进步。以长三角、京津冀地区的院校为例,在继续教育办学实践中,相关学科和专业建设水平得到提升,有效解决了学校人才培养与企业用人需求脱节的问题,实现"教育链、人才链、产业链、创新链"的有机衔接,达成校企合作共赢。①

在科技支撑方面,联盟鼓励地方高校内设研发平台。高校院所面向区域支柱产业,搭建实验室、研发基地等校企研发平台,积极建设概念验证、中

---

① 张艳超,徐昊宇,赵杰. 技能型社会构建中的继续教育校企联盟:内涵特征、演进分析和发展策略[J]. 终身教育研究,2024,35(5):38.

试平台,完善科技成果转化链条。同时,联盟推动高校科研人员服务企业技术创新,建设智慧大脑。教师和科研人员在保留原单位职称职级的前提下,深入企业,通过共建专家工作站、承担重大产业化项目等方式协同攻关。并且,联盟允许符合条件的科研人员经单位批准,携科研项目和成果到企业开展创新工作或创办企业,促进基础研究、应用研究与产业化的深度融合。

四、重视人工智能技术,促进继续教育校企联盟高质量发展

当下科技飞速发展,人工智能技术已成为推动各行业变革与创新的关键力量。继续教育作为培养终身学习人才、提升社会整体素质的重要领域,同样迎来了新的机遇与挑战。对于继续教育校企联盟而言,重视人工智能技术的应用与融合,不仅是顺应时代潮流的必然选择,更是实现高质量发展的核心驱动力。人工智能技术能够在构建智能化平台、深化产教融合、促进资源共享、拓展国际合作等多个方面发挥巨大作用,从而全方位提升联盟的服务能力、人才培养质量与国际影响力,为社会源源不断地输送适应新时代需求的复合型人才。依托人工智能和大数据技术,构建智能化的继续教育校企联盟平台,是实现学习资源的精准推荐、学习过程的个性化定制和学习效果的智能评估的重要途径。

1. 革新多元学习路径,鼓励高校构建仿真实训平台

高校在沉浸式虚拟实训系统开发中,应凸显其在职业教育、高等教育、继续教育中的协同作用。通过整合院校优势的教学资源,以教学实训仿真模拟软件等为载体,服务多家院校,有效解决传统教育实训过程中存在的问题。通过技术赋能,高校能够让职工的实践技能培训更加生动、高效。

其一,构建仿真实训平台,融合高校科研优势。高校在仿真实训平台的构建中,应充分发挥科研优势,利用计算机图形学、传感器技术等前沿科技,搭建贴近企业实际生产环境的虚拟训练场景。高校通过再现复杂的工艺流程、设备操作等环节,结合高校的科研成果,开发多样化的虚拟教学场景,定制针对性的任务情境和训练项目。这不仅提高了学习的临场感和实践效果,也使得职工能在模拟环境中进行操作练习,同时将高校科研成果转化为教学内容,实

现科研与培训的深度融合。①②

其二,融合 AR(Augmented Reality,增强现实)、VR(Virtual Reality,虚拟现实)技术,提升沉浸感和交互性。高校应进一步引入 AR、VR 等新兴技术,增强实训的沉浸感和交互性。通过在虚拟场景中植入增强现实元素,让职工实时感知设备运转状态、工艺参数等关键信息;或搭建基于 VR 的远程协同实训系统,使职工也能远程体验操作过程。此外,高校可以利用自身在虚拟助教和智能教学系统方面的研发优势,为职工提供强体验、富交互、高拟真、生成性的低风险教学实训环境,缩短理论与实践的距离。③

其三,优化实训教学设计,发挥高校教学优势。针对不同岗位的实操需求,高校应系统设计相应的仿真实训课程。如针对生产制造类岗位,可以重点设置设备操作、故障维修等模块;对于管理类岗位,则可以设计基于数据分析的智能决策实训等。同时,高校应加强实训过程的引导与点评,分析过程性实训成长数据,及时反馈学习效果,促进职工的技能内化。通过这种方式,高校能够提供高质量的实训课程,通过教学设计优化,高校能够提升职工的学习效率和技能掌握水平。

2. 深化产教融合,建设"AI+产业"实训基地

结合区域产业发展需求,在联盟内共建"AI+产业"实训基地,引入企业的真实项目和数据,开展实践教学。开发基于 AI 技术的实训课程,如智能制造、智能物流、智能金融等,满足产业转型升级的需求。鼓励企业参与实训基地的建设和运营,提供技术支持和实践指导。在联盟内设立校企联合发展基金,支持学校和企业共同开展 AI 相关的研究项目,聚焦区域产业的关键技术难题,推动技术创新和成果转化。

3. 构建数字化资源共享机制,助力学分银行建设

利用云计算和大数据技术,建设区域性继续教育资源共享平台,实现课程资源、师资力量和教学数据的共享。通过平台,学校和企业可以共享优质的课程资源和教学经验,提升继续教育的整体质量。利用区块链技术,构建安全、

① 王龚,顾小清,胡碧皓. 基于元宇宙和生成式人工智能的教师实训成效研究[J]. 开放教育研究, 2024, 30(3): 74-86.
② 任毅,张振楠. 人工智能技术在继续教育智慧化发展中的应用及其影响[J]. 中国成人教育, 2017(23): 126-128.
③ 朱孝平,林晓伟,张剑平. 虚实融合的实训教学环境及应用研究:以数控加工为例[J]. 中国电化教育, 2015(12): 87-92.

透明的"学分银行"系统,实现学习成果的认证和积累。通过区块链技术,学习者的学历证书、技能证书和学习记录可以得到有效认证和共享,从而促进技能型社会、学习型社会建设。

4. 加强国际合作,打造全要素创新协同生态

构建国际化的继续教育合作平台,是促进联盟成员单位与国际机构深度合作的关键路径。首先,应激励企业与泛区域内的跨国企业、科研院所开展创新协同,加大在教育与研发方面的投入,尤其在成果转化等核心环节发力,使科研成果在更广阔的范围和领域为企业高质量发展提供强劲动力。

其次,强化机制保障至关重要。应建立健全产学研协同攻关机制,明确各方在科研过程中的职责与分工;完善收益分配激励机制,充分调动各方积极性;构建知识产权共享机制,消除合作障碍;优化内部协商与外部协调机制,引导产学研各方建立公平合理的权益分配机制,形成自我驱动、长期稳定合作的"利益共同体"。[1]

最后,要有效发挥新闻媒体的宣传推广作用。应通过优化区域产业创新联合体发展的社会环境,深入挖掘典型案例与亮点工作,积极宣传创新联合体取得的重大科技成果;支持开展创新沙龙、产业论坛等合作交流活动,促进信息交流与经验互鉴,增强创新联合体的凝聚力与影响力。

新时期区域性继续教育校企联盟的发展具有重要的现实意义,虽然目前面临一些问题,但也迎来了诸多机遇。完善合作机制、加强师资队伍建设、提升企业参与积极性、创新继续教育模式等策略,能够有效推动区域性继续教育校企联盟的健康发展,为区域经济发展和人才培养作出更大的贡献。在未来的发展中,区域性继续教育校企联盟应紧跟时代步伐,不断适应新的需求和挑战,持续创新和优化合作模式,实现学校、企业和学员的多方共赢。

第三节 继续教育联盟可持续发展的风险防范

在当今产教深度融合的时代浪潮下,区域性继续教育校企联盟已成为推

---

[1] 张仁开. 上海支持企业牵头组建创新联合体的思路及建议[J]. 科技中国,2022(5):12-16.

动人才培养与经济发展的关键力量。然而,任何创新模式在发展进程中都伴随着风险,精准把控风险并积极应对,是确保校企联盟行稳致远的核心要素。

一、校企联盟风险透视:目标偏差、利益纷争与信息壁垒

1. 战略适配风险:目标函数异质性困境

从风险评估层面来看,校企联盟面临着多维度的挑战。在战略层面,目标定位的偏差是首要难题。根据战略适配理论,企业以市场为导向,追求利润最大化与技术创新成果的快速转化,而学校秉持教育初心,注重人才培养的系统性与学术研究的深度拓展。[①] 校企协同创新的战略层面存在显著的目标函数异质性问题。企业作为市场主体遵循利润最大化原则,其创新决策呈现明显的技术经济导向特征,要求教育机构提供即时性技术人才供给与应用型研发成果转化。与之形成鲜明对比的是,高等教育机构坚持人力资本积累的长期战略,强调知识体系的系统性建构与学术研究的深度拓展。这种目标函数的根本性差异,在智能制造领域的校企合作中尤为突出。某典型智能制造企业与职业院校的合作案例显示,企业期望通过模块化培训快速填补生产线技术岗位空缺,而院校受制于学制框架与课程体系的完整性,难以实现人才培养周期与企业用工需求的动态匹配。这种供需脱节形成了显著的时滞效应,导致人才培养与企业需求之间存在时间差,最终制约了校企合作成效。

2. 利益协调风险:交易成本结构失衡

校企合作中的经济利益协调机制存在复杂的交易成本结构。基于交易成本理论,合作项目涉及多重委托代理关系,在成本分担、收益分配、知识产权归属等关键环节存在天然的利益冲突风险。[②] 以某新能源技术联合研发项目为例,由于前期未建立完善的动态利益分配机制,当产品成功实现商业化后,校企双方在技术分成比例上产生重大分歧。这种事后协调困境暴露出合作契约的不完全性不仅增加了协商成本,更可能导致合作关系的结构性破裂。值得注意的是,这种风险具有显著的行业差异特征,在研发密集型产业中表现尤为

---

① Venkatraman N, Camillus J C. Exploring the Concept of "Fit" in Strategic Management[J]. Academy of Management Review, 1984, 9(3): 513–525.

② Williamson O E. Transaction-Cost Economics: The Governance of Contractual Relations[J]. The Journal of Law and Economics, 1979, 22(2): 233–261.

突出。

3. 信息传导风险：知识流动梗阻机制

校企间的信息不对称问题构成知识流动的双重梗阻。一方面，根据信号传递理论，企业作为市场信息的前沿受体，掌握着技术变革的动态轨迹与产业升级的具体需求，但由于缺乏制度化的信息传导机制，难以将这些关键信息有效转化为教育机构的教学改革动力。[①] 另一方面，高校的科研成果转化存在典型的"死亡谷"现象，大量实验室成果因缺乏市场适配性评估而无法进入产业化流程。[②] 这种双向的信息壁垒导致校企合作陷入"需求—供给"的非均衡状态，降低了协同创新的整体效能。在数字化转型背景下，这种信息传导梗阻正呈现指数级放大效应。

二、多维策略防御驱动：战略共识、权益保障与智能共享

1. 战略共识：深化校企协同发展机制

校企双方应在合作初期建立深度沟通机制，可以成立联合战略规划小组。该小组由校企高层、行业专家组成，负责定期审视和调整合作战略，以适应培训市场和企业需求的发展变化。校企双方应定期开展战略研讨会议，明确短期项目合作目标，规划长期人才培养与技术创新愿景，确保发展方向一致；将长期愿景分解为可量化的年度目标，明确双方在资源投入、成果转化等方面的权责关系。例如，在启动合作项目时，高校与企业共同制定详细的合作规划，涵盖未来三年的培训项目内容、人才培养目标、技术研发方向以及预期的经济效益和社会效益。继续教育联盟纵向跟踪员工培训后12～24个月的职业发展轨迹，横向比对行业人才能力基准值，量化评估继续教育对于企业人力资本提升的效果。校企双方还应构建"双回路"反馈机制，即管理回路（季度战略评估会）与技术回路（月度专家工作组），确保重大决策同时具有商业价值和技术可行性。

2. 权益保障：构建多方协同分配方案

在合作过程中，继续教育校企联盟引入专业的第三方评估机构，根据合作

---

① Spence M. Job Market Signaling [J]. Quarterly Journal of Economics, 1973, 87: 355 - 374.

② Mowery D C, Rosenberg N. Technology and the Pursuit of Economic Growth [M]. Cambridge: Cambridge University Press, 1991.

项目的投入成本、预期收益以及双方贡献度,制定科学合理的利益分配方案。同时,校企通过完善合同条款,明确知识产权的归属与使用权限,保障双方合法权益。例如,在签订校企合作协议时,双方应详细规定知识产权的归属,以及双方在合作过程中的权利和义务,确保知识产权的合理使用和保护。此外,还可以建立争议解决机制,当在合作过程中出现分歧时,校企双方可以通过协商、调解、仲裁等方式及时解决,维护合作关系的稳定性。

3. 智能共享:搭建数字化协同平台

为解决信息不对称问题,搭建一体化的校企信息共享平台势在必行。该平台利用大数据、云计算等技术,实时更新企业的技术需求、岗位空缺,以及学校的科研成果、专业设置、人才培养进展等信息,实现校企信息的实时交互与精准匹配。例如,依托继续教育联盟建设区域产业人才数据库,运用知识图谱技术构建动态能力模型,集成岗位需求画像(企业端)、技能成长档案(员工端)、教学资源库(高校端)三大模块,企业可以在系统中发布最新的技术需求和岗位招聘信息,高校则可以展示教科研成果和学生的实习实践情况。校企双方能够及时了解彼此的需求和资源,促进合作的顺利进行。同时,继续教育校企联盟还可以建立一个多维度的反馈收集机制,实施"三阶效果追踪"——即时反馈(培训当天)、短期评估(3个月岗位适应度)、长期追踪(2年职业成长曲线),以全面了解培训项目的绩效,从而为后续培训内容的优化提供依据。

三、风险防控的动态演化机制与智能治理

1. 风险生成机制的多维解构

基于结构功能主义的分析框架揭示,校企战略协同存在显著的目标系统失调问题。企业对政策红利的过度依赖导致合作项目呈现明显的短视性特征,教育链与产业链衔接错位问题突出,校企文化冲突引发的协同障碍使得不同类型的高校在校企合作中的满意度呈现显著差异。演化博弈论视角下的非对称信息环境分析表明,需求失真与机会主义行为构成主要风险源;知识管理理论框架显示,制造业培训标准缺失与知识传承效率问题并存,数字化培训资源配置失衡现象显著;新增环境不确定性风险维度显示,制度变革与技术迭代对传统合作模式构成持续冲击,国际技术壁垒对研发合作产生明显制约效应。

2. 智能防御体系的协同建构

针对风险系统的复杂性,校企联盟智能防御体系的构建需以战略共识、智能治理、制度韧性、文化共生和动态演化为核心要素,形成协同防御体系。该体系在战略共识层面引入平衡计分卡建立四维目标体系,通过专项基金、需求动态图谱、协同认证标准及能力发展指数实现战略协同;在智能治理层面开发智能化联盟管理系统,集成需求预测模块、资源匹配引擎及多维度风险预警系统;在制度创新层面构建利益调节模型,通过股权分配、收益储备金及社会责任积分机制实现利益平衡;在文化共生层面实施融合计划,通过文化手册、创新实践推广及跨组织导师制提升认同感;在动态演化层面部署数字孪生平台,通过虚拟仿真测试、数据共享及智能助教系统实现虚实融合治理。经试点验证,该体系显著提升风险识别能力,有效降低重大风险事件发生率,为继续教育治理现代化提供可复制的解决方案。

综上所述,虽然新时期区域性继续教育校企联盟蕴含巨大潜力,但风险如影随形。通过全面、科学的风险评估,深度剖析战略、经济、信息等层面的潜在问题,并构建全方位、多层次的应对体系,校企联盟定能突破发展瓶颈,在推动区域经济发展与人才培养中发挥更大效能,实现教育与产业的互利共赢。

附录

附录1：继续教育校企联盟发展路径
调查问卷(学校版)

您好！我们正在进行一项关于"继续教育校企联盟发展路径调查问卷"的研究,旨在深入了解当前学校在继续教育领域的校企合作现状、挑战与机遇。您的意见和建议对我们至关重要,将为推动区域性继续教育校企联盟模式的创新与优化提供宝贵参考。本问卷采取匿名形式,所收集的信息仅用于学术研究,我们将对您的个人信息严格保密,请您根据实际情况,客观、真实地填写,感谢您的支持与配合！

一、基本信息

1. 贵校名称：

2. 您的职位：

3. 贵校类型：

A. 大学本科　　　B. 高职院校　　　C. 中专学校　　　D. 其他

二、校企合作现状维度

4. 贵校继续教育的主要合作伙伴类型有哪些？请按合作重要性排序。(排序题)

A. 国有企业　　　B. 民营企业　　　C. 政府部门　　　D. 行业协会

E. 事业单位

5. 贵校是否已与企业建立合作培养人才的机制？

A. 是　　　　　　B. 否　　　　　　C. 正在计划中

6. 贵校主要与哪些类型的企业合作培养人才？(多选)

A. 制造业　　　　B. 信息技术　　　C. 服务业　　　　D. 金融业

E. 教育培训　　　F. 其他

7. 过去三年内,贵校与企业合作开展的继续教育项目数量是?

A. 10 个以下　　　　　　　　　B. 11～20 个

C. 21～50 个　　　　　　　　　D. 51～100 个

E. 100 个以上

8. 贵校与企业合作共建的实训实习基地情况如何?

A. 全方位共建,规模显著　　　　B. 深入共建,规模较大

C. 已共建,规模适中　　　　　　D. 初步共建,规模较小

E. 没有共建

9. 您认为贵校与企业的合作深度如何?

A. 非常深,全方位深度合作　　　B. 较深,涉及多个关键领域

C. 一般,能满足基本需求　　　　D. 较浅,合作范围有限

E. 非常浅,仅限于表层交流

10. 贵校在继续教育中最常采用的人才培养方式是?（多选）

A. 理论授课　　　B. 实践操作　　　C. 线上学习　　　D. 案例分析

E. 研讨会与论坛　F. 其他

11. 您对目前校企合作项目的整体满意度如何?

A. 非常满意　　　B. 满意　　　　　C. 一般　　　　　D. 不满意

E. 非常不满意

三、需求与期望维度

12. 您认为学校在继续教育方面应改进哪些方面以更好地满足企业需求?（多选）

A. 课程设置与企业需求对接　　　B. 加强实践教学环节

C. 引入行业专家进行授课　　　　D. 提高教师行业背景与经验

E. 优化教学资源与设施　　　　　F. 其他,请说明:_____

13. 贵校在未来一年内最希望开展哪些方面的继续教育项目?（多选）

A. 职业技能培训　　　　　　　　B. 资格认证考试培训

C. 行业前沿知识讲座　　　　　　D. 创新创业培训

E. 企业文化与领导力培训　　　　F. 其他,请说明:_____

14. 您认为当前企业在继续教育方面对哪些类型的人才需求迫切？请进行排序。（排序题）

    A. 技术人才   B. 管理人才

    C. 市场营销人才   D. 复合型人才

    E. 其他，请说明：_____

15. 您对校企合作人才培养的意愿如何？

    A. 非常满意   B. 满意   C. 一般   D. 不满意

    E. 非常不满意

16. 您认为高校与企业的人才供给需求匹配程度如何？

    A. 非常匹配   B. 匹配   C. 一般   D. 不匹配

    E. 非常不匹配

四、挑战与障碍维度

17. 您认为目前影响学校与企业深入合作的主要因素有哪些？（多选）

    A. 学校教学资源有限   B. 企业参与意愿不强

    C. 经费支持不足   D. 政策引导与激励机制不健全

    E. 双方需求对接不精准   F. 其他，请说明：_____

18. 您对以下影响校企合作开展继续教育的因素认同程度如何？（单选）

	非常认同	认同	一般	不认同	非常不认同
(1) 学校师资力量不足					
(2) 企业参与动力不足，缺乏长期合作意愿					
(3) 合作项目与市场需求脱节					
(4) 资金筹集困难，缺乏稳定经费来源					
(5) 沟通协调机制不完善，合作效率低					
(6) 企业对学生实习期间的管理和指导不足					

19. 您对区域性继续教育校企联盟建设的认同程度如何？（单选）

	非常认同	认同	一般	不认同	非常不认同
(1) 本科高校、高职和中专等院校要形成院校联盟,扩大人才的多元化供给					
(2) 行业协会、领军企业要带领相关企业形成企业联盟,增加人才的多元化需求					
(3) 校企联盟之间要建立适应机制,促进联盟形成和发展					
(4) 校企联盟之间要建立共同目标和愿景,并去积极达成					
(5) 校企联盟之间要进行资源整合,提升人才培养质量					
(6) 校企联盟之间要多进行互动交流,维持联盟正常运行					

20. 您认为区域性继续教育校企联盟可以发挥哪些作用?请按重要性程度排序。(排序题)

A. 协调组织承接地方政府的继续教育购买服务,包括成人学历提升与非学历技能培训

B. 制定地方性继续教育培训标准,减少恶意市场竞争

C. 作为沟通桥梁,推动政府的政策落地,促进校企之间的合作交流,促进行业协会之间的交流

D. 建设培训基地,为企业培养急需人才,促进应届毕业生就业择业,促进社会失业人员的再就业

E. 构建交流平台,与其他地区交流学习,不断提升区域继续教育的办学水平和影响力

五、政策支持与环境维度

21. 您是否了解当地关于校企合作的相关政策?

A. 非常了解　　B. 比较了解　　C. 不太了解　　D. 完全不了解

22. 您认为当地校企合作政策在推动学校继续教育与企业合作方面的效果如何?

A. 非常不满意　　B. 比较不满意　　C. 一般　　　　D. 比较满意

E. 非常满意

23. 您希望政府在校企合作中为学校提供哪些支持或优惠政策？（多选）

A. 设立校企合作专项基金　　　　B. 给予学校培训经费补助

C. 提供教师培训和发展机会　　　　D. 通过培训增加学校绩效额度

E. 搭建校企合作信息平台,促进信息交流

F. 其他,请说明:_____

六、未来发展路径维度

24. 贵校在未来一年内校企合作发展的短期目标是什么？（开放性问题）

25. 贵校在未来三年内关于校企合作的长期战略规划是怎样的？（开放性问题）

26. 您对校企合作的创新合作模式有哪些建议或想法？（开放性问题）

七、开放性问题维度

27. 您认为当前校企合作中存在的最大问题或挑战是什么？您认为应该如何解决？（开放性问题）

28. 您对当地校企合作的总体评价和建议是什么？（开放性问题）

29. 您对当地未来教育资源的整合与利用,以及提升继续教育质量有哪些具体的建议或意见？（开放性问题）

非常感谢您的宝贵时间和真诚反馈！您的意见对我们至关重要,将直接助力我们优化校企合作模式,推动继续教育的创新发展。期待您的持续关注与支持！

附录2：继续教育校企联盟发展
路径调查问卷（企业版）

　　您好！我们正在进行一项关于"继续教育校企联盟发展路径调查问卷"的研究，旨在深入了解当前继续教育领域的校企合作现状、挑战与机遇。您的意见和建议对我们至关重要，将为推动区域性继续教育校企合作模式的创新与优化提供宝贵参考。本问卷采取匿名形式，所收集的信息仅用于学术研究，我们将对您的个人信息严格保密，请您根据实际情况，客观、真实地填写，感谢您的支持与配合！

　　注：人才一般包含技术、管理、市场、财务、人力、创新、客服、供应链、法务与战略等多类型专业人才，在本问卷中统称为"企业所需人才"。

一、基本信息

1. 贵单位名称：

2. 您的职位：

3. 贵单位所属行业：

4. 贵单位规模（员工人数）：

A. 100 人以下　　　　　　　　B. 101～500 人

C. 501～1 000 人　　　　　　　D. 1 001～5 000 人

E. 5 000 人以上

二、校企合作现状维度

5. 贵企业人才的来源是？（多选）

A. 校园招聘　　　　　　　　B. 社会招聘

C. 与学校合作培养　　　　　D. 员工内培

E. 其他

6. 贵企业有无与学校合作培养人才？

A. 有　　　　　B. 无　　　　　C. 正在计划

7. 贵企业希望通过哪些途径与学校合作培养人才？（多选）

A. 属地人才办组织的校招活动　　　B. 第三方教育类公司牵线搭桥

C. 企业直接找学校对接　　　　　　D. 学校主动过来找企业对接

E. 通过继续教育校企联盟平台(线上＋线下)

F. 其他＿＿＿＿＿＿

8. 贵企业计划或已经与哪类学校合作培养人才？（多选）

A. 普通高校　　　B. 高职院校　　　C. 成人高校　　　D. 中职院校

E. 其他

9. 过去三年内,贵企业与高校的合作项目数量是?

A. 0个　　　　　B. 1～5个　　　　C. 6～10个　　　D. 11～20个

E. 20个以上

10. 贵企业与学校合作共建实训实习基地的情况如何?

A. 全方位共建,规模显著　　　　　B. 深入共建,规模较大

C. 已共建,规模适中　　　　　　　D. 初步共建,规模较小

E. 没有共建

11. 您认为贵企业与学校的合作深度如何?

A. 非常深,全方位深度合作　　　　B. 较深,涉及多个关键领域

C. 一般,能满足基本需求　　　　　D. 较浅,合作范围有限

E. 非常浅,仅限于表层交流

12. 您接受的企业所需人才培养方式是?（多选）

A. 师徒制　　　　　　　　　　　　B. 订单式

C. 定期继续教育培训　　　　　　　D. 技能大赛

E. 其他

13. 您对目前校企合作项目的整体满意度如何?

A. 非常满意　　　B. 满意　　　　　C. 一般　　　　　D. 不满意

E. 非常不满意

14. 您认为校企合作对贵企业所需人才能力提升的帮助有多大?

A. 帮助非常大　　B. 帮助较大　　　C. 一般　　　　　D. 帮助较小

E. 几乎没有帮助

15. 您认为校企合作对您个人职业生涯发展的帮助有多大?

A. 帮助非常大　　B. 帮助较大　　　C. 一般　　　　　D. 帮助较小

E. 几乎没有帮助

三、需求与期望维度

16. 您认为学校教育教学应改进哪些方面来培养合格的人才？（多选）

A. 加强专业技能培养   B. 加强职业道德教育

C. 更新专业理论教学   D. 改善专业设施设备

E. 加强与企业需求对接

F. 其他，请说明：_____

17. 贵企业对人才专业的要求，请按照紧缺程度排序。（排序题）

A. 技术   B. 管理   C. 市场营销   D. 财务

E. 人力资源   F. 创新创业   G. 客服   H. 法务与战略

18. 贵企业对人才学历的要求，请按照紧缺程度排序。（排序题）

A. 硕士研究生及以上   B. 大学本科

C. 大专   D. 中专及高中

E. 初中及以下

19. 贵企业培养人才的主要方式是什么？（多选）

A. 师徒制   B. 订单式培养

C. 定期开展培训讲座   D. 高等学历继续教育

E. 其他，请说明：_____

20. 贵企业对人才的考核指标有哪些？（多选）

A. 工作目标完成度   B. 技术服务满意度

C. 员工技能提升   D. 技术创新与研发

E. 操作技能考核   F. 理论知识考试

G. 其他，请说明：_____

21. 您认为实习学生主要存在哪些问题？（多选）

A. 专业知识和专业技能不强，不能直接上岗

B. 人际关系处理不好，缺乏社会经验

C. 职业素养不够，缺乏吃苦耐劳精神

D. 缺乏良好的沟通能力，团体意识不强

E. 自我期待值过高，缺乏脚踏实地能力

F. 纪律意识不强，擅自离岗

22. 您对校企合作培养人才的意愿如何？

A. 非常愿意   B. 愿意   C. 一般   D. 不愿意

E. 非常不愿意

23. 您认为学校与企业的人才供给需求匹配程度如何？

A. 非常匹配　　　B. 匹配　　　　C. 一般　　　　D. 不匹配

E. 非常不匹配

四、挑战与障碍维度

24. 您认为目前影响企业参与校企合作的主要因素有哪些？（多选）

A. 企业对人才的需求不大

B. 企业需要较大的经费投入

C. 缺乏政府相应的政策引导和激励

D. 企业在校企合作中的回报率不高

E. 学校不能满足企业的人才需求

F. 其他，请说明：＿＿＿＿＿＿＿

25. 您对以下影响校企合作开展实习见习的因素认同程度如何？（单选）

	非常认同	认同	一般	不认同	非常不认同
(1) 学生参与的积极性不高					
(2) 学生岗位适应力不强，需要企业更多培训					
(3) 实习见习影响企业的正常生产经营活动					
(4) 企业额外的经费支出					
(5) 学生安全保障问题					
(6) 毕业生就业后短时间内流失率高，岗位变动频繁					

26. 您对区域性继续教育校企联盟建设的认同程度如何？（单选）

	非常认同	认同	一般	不认同	非常不认同
(1) 本科高校、高职和中专等院校要形成院校联盟，扩大人才的多元化供给					

	非常认同	认同	一般	不认同	非常不认同
(2) 行业协会、领军企业要带领相关企业形成企业联盟,增加人才的多元化需求					
(3) 校企联盟之间要建立适应机制,促进联盟形成和发展					
(4) 校企联盟之间要建立共同目标和愿景,并去积极达成					
(5) 校企联盟之间要进行资源整合,提升人才培养质量					
(6) 校企联盟之间要多进行互动交流,维持联盟正常运行					

五、政策支持与环境维度

27. 您是否了解当地校企合作相关政策?

A. 非常了解　　　　　　　　B. 比较了解

C. 一般了解　　　　　　　　D. 不太了解

E. 完全不了解

28. 您认为区域性继续教育校企联盟可以发挥哪些作用? 请按重要性程度排序。(排序题)

A. 协调组织承接地方政府的继续教育购买服务,包括成人学历提升与非学历技能培训

B. 制定地方性继续教育培训标准,减少恶意市场竞争

C. 作为沟通桥梁,推动政府的政策落地,促进校企之间的合作交流,促进行业协会之间的交流

D. 建设培训基地,为企业培养急需人才,促进应届毕业生就业择业,促进社会失业人员的再就业

E. 构建交流平台,与其他地区交流学习,不断提升区域继续教育的办学水平和影响力

29. 政策支持满意度调查

	非常满意	比较满意	一般	比较不满意	非常不满意
(1) 您对当地校企合作政策的满意度如何?					
(2) 您认为当地校企合作政策推动技能型和学习型社会建设的效果如何?					

30. 您希望政府在校企合作中提供哪些优惠政策?(多选)

A. 员工职业培训费用补助

B. 设立校企合作贡献奖

C. 教育费用计入生产成本和减免所得税

D. 设立专项合作基金

E. 其他,请说明:_____

六、未来发展路径维度

31. 贵企业在未来一年内校企合作的短期发展目标是什么?(开放性问题)

_____

32. 贵企业在未来三年内校企合作的长期战略规划是什么?(开放性问题)

_____

33. 您对校企合作有哪些创新合作模式的提议?(开放性问题)

_____

七、开放性问题维度

34. 您对当地目前校企合作的总体评价和建议是什么?(开放性问题)

_____

35. 您对当地未来人才引进和培养有哪些具体的建议或意见?(开放性问题)

_____

参考文献

[1] Andersson E, Laginder A-M, Salo P, et al. Adult Education and Lifelong Learning Research in the Nordic Countries: A Mapping of Recent Articles in International Journals [J]. Paper presented at NERA/NFPF's 36th Congress, 2008: 1-9.

[2] Berg S A, Chyung S Y. Factors That Influence Informal Learning in the Workplace [J]. Journal of Workplace Learning, 2008, 20 (4): 229-244.

[3] Buchanan J. The Oxford Handbook of Skills and Training [M]. New York: Oxford University Press, 2017.

[4] Cedefop. Continuing Vocational Training in EU Enterprises[EB/OL]. (2019-06-24)[2025-02-25]. https://www. cedefop. europa. eu/ files/5573_en. pdf.

[5] Chan K, Serban F C, Tse M, et al. Impact of Collaboration with ICT Industry Partners on Secondary Students' Knowledge, Attitudes, and IT Competence[J]. Education and Information Technologies, 2024, 29 (5): 5259-5282.

[6] Etzkowitz H, Leydesdorff L. The Dynamics of Innovation: From National Systems and "Mode 2" to a Triple Helix of University-Industry-Government Relations[J]. Research Policy, 2000, 29(2): 109-123.

[7] Freeman C. Technology Policy and Economic Performance: Lessons from Japan[M]. London: Pinter Publishers, 1987.

[8] Fuller A, Munro A, Rainbird H. Workplace Learning in Context[M].

New York: Routledge, 2004.

[9] Gregorio D D, Shane S. Why Do Some Universities Generate More Start-ups Than Others[J]. Research Policy, 2008(32): 209 – 227.

[10] Hutchins R M. The Learning Society[M]. San Francisco: Praeger Publishers, 1968.

[11] Knowles M S. The Modern Practice of Adult Education: From Pedagogy to Andragogy [M]. Rev. ed. Chicago: Association Press, 1980.

[12] Kyndt E, Dochy F, Nijs H. Learning Conditions for Non-formal and Informal Workplace Learning [J]. Journal of Workplace Learning, 2009, 21 (5): 369 – 383.

[13] Li C, Li G, Shi Y. Analysis of the Construction and Implementation of the New Mode of School-enterprise Cooperation in Higher Vocational Colleges from the Perspective of Educational Reform[J]. Open Journal of Social Sciences, 2019, 7(11): 246 – 253.

[14] Mowery D C, Rosenberg N. Technology and the Pursuit of Economic Growth [M]. Cambridge: Cambridge University Press, 1991.

[15] North D. Structure and Change in Economic History [M]. New York: W. W. Norton & Company, 1981.

[16] Spence M. Job Market Signaling[M]. New York: Academic Press, 1978.

[17] Stevens M, Kirst M W. Remaking College: The Changing Ecology of Higher Education[M]. Palo Alto: Stanford University Press, 2015.

[18] UNESCO Institute for Lifelong Learning. Global Report on Adult Learning and Education(Ⅰ)[EB/OL]. (2009 – 01 – 01)[2025 – 02 – 25]. https://unesdoc. unesco. org/ark:/48223/pf0000186431?posInSet=1& queryId= f21b0cf2-60ef-4178-9e7f-2f071f3d1092.

[19] UNESCO Institute for Lifelong Learning. Global Report on Adult Learning and Education(Ⅱ)[EB/OL]. (2013 – 09 – 01)[2025 – 02 – 25]. http://unesdoc. unesco. org/images/0022/0 02224/222407E. pdf.

[20] UNESCO Institute for Lifelong Learning. Global Report on Adult Learning and Education(Ⅲ)[EB/OL]. (2016 − 09 − 08)[2025 − 02 − 25]. https://unesdoc. unesco. org/ark:/48223/pf0000245917? posInSet = 9& queryId=f21b0cf2-60ef-4178-9e7f-2f071f3d1092.

[21] UNESCO Institute for Lifelong Learning. Global Report on Adult Learning and Education (Ⅳ)[EB/OL]. (2019 − 12 − 05)[2025 − 02 − 25]. https://unesdoc. unesco. org/ark:/48223/pf0000372274.

[22] UNESCO Institute for Lifelong Learning. Global Report on Adult Learning and Education(Ⅴ)[EB/OL]. (2022 − 06 − 15)[2025 − 02 − 25]. https://unesdoc. unesco. org/ark:/48223/pf0000381669.

[23] United Nations. Transforming Our World: The 2030 Agenda for Sustainable Development[R/OL]. (2015 − 09 − 25)[2025 − 02 − 25]. https://sustaina bledevelopment. un. org/content/documents/21252030％ 20 Agenda％20for％20Sustainable％20Development％20web. pdf.

[24] Venkatraman N, Camillus J C. Exploring the Concept of "Fit" in Strategic Management[J]. Academy of Management Review, 1984, 9 (3): 513 − 525.

[25] Williamson O E. Transaction-cost Economics: The Governance of Contractual Relations[J]. The Journal of Law and Economics, 1979, 22(2): 233 − 261.

[26] Yu Y, Gu H, Liang B, et al. Performance Evaluation of School Enterprise Collaborative Innovation and Practice of Innovation and Entrepreneurship Education Based on the Improved AHP Fuzzy Comprehensive Evaluation Method[J]. Discrete Dynamics in Nature and Society, 2024(1): 1 − 15.

[27] Zhang L. The Application of Adaptive Analytic Hierarchy Process Driven by Multisource Big Data in the Training of School-Enterprise Joint Engineering Ability [J]. Scientific Programming, 2022 (1): 1 − 14.

[28] Zhou Y, Jiang Z, Chiang F K, et al. Impact of School-Enterprise Cooperative Informal STEM Learning on the STEM Career Intention of

Female High School Students [J]. Research in Science Education, 2024：1-20.

[29] Zhou Y, Xu G. Vocational School-Enterprise Cooperation in China：A Review of Policy Reforms, 1978 - 2022 [J]. ECNU Review of Education, 2023, 6(3)：433-450.

[30] 2023 年农民工监测调查报告[R/OL].（2024-04-30）[2025-02-05]. https://www. stats. gov. cn/sj/zxfb/202404/t20240430_1948783. html.

[31] 白炳贵. 成人高校面向企业开展教育的研究与实践：以温州大学为例 [J]. 高等继续教育学报, 2016, 29(1)：24-28+43.

[32] 本刊记者. 建设校企合作平台推进人才培养创新：大学与企业继续教育联盟访谈[J]. 继续教育, 2015, 29(8)：3-5.

[33] 镡铁春. 我院参加京津冀地方高校继续教育联盟 2024 年年会[EB/OL].（2024-07-12）[2025-02-26]. https://mp. weixin. qq. com/s?__biz＝MzI4NTUzMjkwMg＝＝&mid＝2247488582&idx＝1&sn＝6047765a8f18475fb8905e646a72518a&chksm＝ea2e2a15e18e55607c6ecd802f9fdf744583672d2e74f11e08310d0c2b819c81498b6cefe7e9&scene＝27.

[34] 陈宝江. "互联网＋"背景下校企继续教育深度合作模式创新[J]. 中国成人教育, 2018(15)：111-114.

[35] 陈解放. 合作教育的理论及其在中国的实践[D]. 上海：华东师范大学, 2002.

[36] 邓小华. 技能型社会建设进程中的高等继续教育发展：危机、战略与路径[J]. 终身教育研究, 2022, 33(1)：39-46.

[37] 刁庆军. 继续教育理论探索：上[M]. 北京：清华大学出版社, 2015.

[38] 董奇, 郭苏华. 高职院校开展校企合作办学的现状分析[J]. 职教论坛, 2007(12)：22-25.

[39] 杜利. 我国职业教育发展的理论与实证研究[D]. 武汉：武汉理工大学, 2008.

[40] 范青武, 郑全英, 郑鲲, 等. "六面一体"立体化校企深度合作模式的探索与实践[J]. 实验技术与管理, 2013, 30(12)：26-30.

[41] 服务地方, 回馈社会：记"温州大学企业联盟继续教育平台"低压电器行业人才培养校企合作研讨会[EB/OL].（2013-02-01）[2025-03-

03]．https：//wdcj．wzu．edu．cn/info/1136/3292．htm.

［42］ 付跃钦，陈晋南，冀鼎全，等．历史的盛会 辉煌的事业：第九次世界继续工程教育大会中方代表与会感言综述［J］．继续教育，2004(7)：7－11.

［43］ 高明，林小琦，吉小岑．改革开放以来中国共产党领导职业教育现代化的历程、经验与展望［J］．当代职业教育，2022(3)：54－61.

［44］ 高泽金．专创融合方法论［M］．北京：中国铁道出版社有限公司，2021.

［45］ 顾明远．中国教育大百科全书(第1卷)［M］．上海：上海教育出版社，2012.

［46］ 郭宏芳．高校与企业继续教育资源共享研究［D］．大连：大连理工大学，2016.

［47］ 国家发展改革委，教育部．国家发展改革委 教育部关于印发《建设产教融合型企业实施办法(试行)》的通知［EB/OL］．(2019－03－28)［2025－02－25］．http：//www．moe．gov．cn/jyb_xxgk/moe_1777/moe_1779/201904/t20190404_376681．html.

［48］ 国家体改委办公厅．十一届三中全会以来经济体制改革重要文件汇编(下)［M］．北京：改革出版社，1990.

［49］ 韩通，郄海霞．面向2035：我国技能型社会建设的内涵实质、现实逻辑与机制路径［J］．职业技术教育，2022，43(19)：20－26.

［50］ 郝克明．终身学习与"学分银行"的教育管理模式［J］．开放教育研究，2012，18(1)：12－15.

［51］ 贺丹．加强战略研究迎接新时代人口发展挑战［J］．人口研究，2018，42(2)：3－6.

［52］ 贺炜．第七次世界继续工程教育大会主题和论题［J］．继续教育，1997(2)：19.

［53］ 侯兴蜀．我国高等教育、职业教育与继续教育融合发展实践与推进策略［J］．中国职业技术教育，2021(28)：19－25.

［54］ 胡红梅，周波，张家琼．城乡统筹背景下教师继续教育"项目驱动"模式研究［J］．重庆教育学院学报，2011，24(1)：5－7.

［55］ 姜大源．论空间与教育空间：职业教育与继续教育［J］．国家教育行政学院学报，2024(5)：63－73.

[56] 姜燕飞. 在温高校继续教育联盟成立大会隆重召开[EB/OL]. (2018 - 03 - 30)[2025 - 02 - 26]. http://wdcj. wzu. edu. cn/info/1052/8680. htm.

[57] 教育部职业教育与成人教育司. 职业教育与继续教育工作贯彻落实《教育规划纲要》取得显著进展[EB/OL]. (2013 - 06 - 26)[2025 - 02 - 25]. http://www. moe. gov. cn/jyb _ xwfb/xw _ zt/moe _ 357/s7093/s7419/s7429/201306/t20130627_153556. html.

[58] 金海和, 等. 产学研战略联盟及其机制研究[M]. 北京: 中国社会科学出版社, 2024.

[59] 经济合作与发展组织. 教育概览2014 OECD指标[M]. 北京: 教育科学出版社, 2016.

[60] 乐传永, 刘兰兰. 高校继续教育内生发展的理论模型与实现路径[J]. 职教论坛, 2022, 38(1): 95 - 104.

[61] 李洪深, 张晶. 企业大学运营体系及发展质量评价研究[M]. 北京: 经济管理出版社, 2022.

[62] 李梦卿, 余静. 我国技能型社会建设的时代背景、价值追求与实施路径[J]. 中国职业技术教育, 2021(24): 5 - 11＋25.

[63] 李永珍. 我国校企合作开展继续教育的问题与对策研究[D]. 大庆: 东北石油大学, 2017.

[64] 李玉静. 技能型社会: 理论根基与建构路径[J]. 职业技术教育, 2021, 42(22): 1.

[65] 联合国教科文组织国际教育发展委员会. 学会生存: 教育世界的今天和明天[M]. 华东师范大学比较教育研究所, 译. 北京: 教育科学出版社, 1996.

[66] 林世员, 史枫. 公共治理视域下高等继续教育质量保障机制探析[J]. 中国职业技术教育, 2021(31): 34 - 39.

[67] 林勇. "城校互动"职业教育发展模式研究[M]. 重庆: 重庆大学出版社, 2008.

[68] 刘红梅. 大学生创新培养研究: 以经济管理类大学生为例[M]. 上海: 上海财经大学出版社, 2008.

[69] 刘进, Son Hyejin, 吕文晶. 韩国高等教育如何促进产教融合[J]. 高等工程教育研究, 2023(1): 148 - 156.

[70] 刘平，莫荣寿，于险波. 校企科技人员互访研修是继续教育的一种有效形式[J]. 继续教育，1997(5)：22 - 23.

[71] 刘晓明，杨如顺. 高职校企合作的现状、问题及模式选择[J]. 职教论坛，2003(14)：30 - 31.

[72] 刘须群，陈星. 产学研合作问题研究综述[J]. 江西社会科学，2002(12)：159 - 161.

[73] 龙汛恒，张妙华，武丽志. 成人教育与继续教育：概念的内涵与发展[J]. 中国成人教育，2013(14)：5 - 8.

[74] 卢鲭宇，李阳倩. 新时代地方高校服务区域经济社会发展研究[J]. 成都中医药大学学报(教育科学版)，2020，22(4)：96 - 98.

[75] 马强，王波，郭俊杰，等. 产教融合提升航海教育应用型人才培养质量的路径研究[J]. 珠江水运，2024(13)：76 - 80.

[76] 马香媛，吴刚. 革新实验室：一种新的工作场所学习方法在中国的实践[J]. 浙江社会科学，2016(8)：82 - 89+158 - 159.

[77] 莫尔. 乌托邦[M]. 戴镏龄，译. 北京：商务印书馆，1982.

[78] 彭扬，吴承健，张晓萍. 物流系统建模与仿真[M]. 杭州：浙江大学出版社，2015.

[79] 钱强，张艳超. 应用型大学促进区域创新联合体演进研究：基于浙江低压电器产业的案例分析[J]. 教育发展研究，2022，42(19)：17 - 23.

[80] 钱宇. 京津冀地方高校与在温高校继续教育联盟年度工作研讨会在我校召开 [EB/OL]. (2018 - 12 - 03)[2025 - 02 - 26]. https://news.wmu. edu. cn/ show/45/25178. html.

[81] 人力资源社会保障部等. 人力资源社会保障部等七部门关于实施高技能领军人才培育计划的通知[EB/OL]. (2024 - 01 - 30)[2025 - 02 - 25]. https://www. gov. cn/zhengce/zhengceku/202402/content_6930751. htm.

[82] 任毅，张振楠. 人工智能技术在继续教育智慧化发展中的应用及其影响[J]. 中国成人教育，2017(23)：126 - 128.

[83] 上海市教育委员会. 长三角地区高等继续教育联盟成立大会召开[EB/OL]. (2024 - 12 - 18)[2025 - 03 - 02]. https://edu. sh. gov. cn/xwzx_tpxw/20241230/281b124af0174d44b3e6a5955d9cd29e. html.

[84] 上海市教育委员会等. 上海市教育委员会等七部门关于印发《关于推进

新时代职工继续教育创新发展的意见》的通知[EB/OL].(2021-08-26)[2025-02-26].http://edu.sh.gov.cn/xxgk2_zdgz_zsjy_01/20210820/74f3d4902bd44a2482f01dc4bcc8b993.html.

[85] 上海市教育委员会.上海市高校继续教育指导服务中心在二工大挂牌成立[EB/OL].(2023-02-15)[2025-02-26].https://edu.sh.gov.cn/xwzx_tpxw/20230223/71c6b237b68948379425f343eb4140b5.html.

[86] 上海市学习型社会建设与终身教育促进委员会办公室.上海企业教育模式研究[M].北京:中国人民大学出版社,2012.

[87] 上海市学习型社会建设与终身教育促进委员会办公室.上海企业教育实务研究[M].北京:中国人民大学出版社,2014.

[88] 沈光辉,陈晓蔚.内涵本质、功能定位与发展模式:基于学习型社会视野的社区教育理论研究热点问题探讨[J].现代远距离教育,2015(2):9-14.

[89] 沈光辉,刘颖,钱宁,等.企业职工"二元制"继续教育模式研究与实践[J].终身教育研究,2022,33(3):71-79.

[90] 石伟平.比较职业技术教育[M].上海:华东师范大学出版社,2001.

[91] 石伟平.发展高质量职业教育 建设技能型社会[J].职教通讯,2021(5):1-2.

[92] 宋维英,柳军.职业教育集团化办学路径探析[J].教育评论,2019(12):15-19.

[93] 孙宁,张晓军,张桂荣.德英现代学徒制比较[J].职业教育研究,2017(2):82-86.

[94] 谭文君,叶怡伲.新文科背景下"文书与档案管理"课程的教学改革与实践[J].宁波教育学院学报,2024,26(6):82-85.

[95] 童娟,张金华."互联网+"时代继续教育的校企合作信息化建设[J].中国成人教育,2018(5):134-137.

[96] 童莉莉,李小文.ST螺旋型模式:全过程评估理念对继续教育的效果促进研究[J].中国电化教育,2015(2):123-128.

[97] 童霞芳.浙江省高校继续教育高质量发展联盟成立大会在我校举行[EB/OL].(2022-06-28)[2025-02-25].http://www.news.zjut.edu.cn/2022/0630/c5415a189276/page.htm.

[98] 童玉芬. 中国人口的最新动态与趋势：结合第七次全国人口普查数据的分析[J]. 中国劳动关系学院学报，2021，35(4)：15-25.

[99] 屠琼芳. 京津冀地方高校继续教育联盟成立大会在河工大举行[EB/OL]. (2018-05-18)[2025-02-26]. http://www.hbjyw.cn/news/detail/95687/12.html.

[100] 万赛罗，胡立峰，李斌，等. 基于省级继续教育在线平台的教学设计与实践：以生物化学课程为例[J]. 成都师范学院学报，2019，35(11)：17-24.

[101] 王龚，顾小清，胡碧皓. 基于元宇宙和生成式人工智能的教师实训成效研究[J]. 开放教育研究，2024，30(3)：74-86.

[102] 王浩斌. 马克思主义社会结构理论的结构功能主义审视[J]. 曲靖师范学院学报，2010，29(5)：6-10.

[103] 王慧慧. 校企合作的继续教育模式研究：以中冶集团人才学院为例[D]. 西安：西安建筑科技大学，2010.

[104] 王玲，张义芳，武夷山. 日本官产学研合作经验之探究[J]. 世界科技研究与发展，2006(4)：91-95+90.

[105] 王茂荣，朱仙顺. 成人教育学基础[M]. 北京：职工教育出版社，1988.

[106] 王鹏，张元钊，黄鸿鸿. 改革开放以来我国成人高等教育政策历史嬗变分析[J]. 长春工业大学学报（高教研究版），2013，34(4)：136-139.

[107] 王瑞，蔚志坚，陈炯. 美、德、日三国职业技能培训的模式、经验及对我国的启示[J]. 教育与职业，2023(10)：94-101.

[108] 王宪磊，张焕波，吕欣. 全球要事报告：2015—2016[M]. 北京：时事出版社，2016.

[109] 王小西. 浙江省高校继续教育高质量发展联盟轮值主席换届会议在宁波大学召开[EB/OL]. (2024-8-24)[2025-02-26]. https://www.nbu.edu.cn/info/1072/55270.htm.

[110] 王岩峰. 有色金属勘查设计企业供应链管理与成本控制[J]. 世界有色金属，2024(14)：199-201.

[111] 魏其濛. 长三角地区高等继续教育联盟在沪成立[EB/OL]. (2024-12-17)[2025-02-26]. https://baijiahao.baidu.com/s?id=1818675952046

175689&wfr=spider&for=pc.

[112] 魏战刚. 职业教育赋能乡村人才振兴的五维策略[J]. 山西农经, 2024 (20): 168-170.

[113] 吴刚, 洪建中. 一种新的学习隐喻: 拓展性学习的研究: 基于"文化—历史"活动理论视角[J]. 远程教育杂志, 2012(3): 23-30.

[114] 吴刚, 邵程林, 王书静, 等. 产业工人技能形成体系研究范式的新思考[J]. 现代远距离教育, 2020(2): 23-31.

[115] 吴刚, 赵军, 苏静逸, 等. "工作—学习"理论的创新与发展: 第四代"文化—历史"活动理论及应用价值[J]. 远程教育杂志, 2022, 40(2): 86-95.

[116] 吴家瑞. 企业大学与高校继续教育的合作模式研究[D]. 上海: 上海交通大学, 2008.

[117] 吴震. 高考选报志愿的技巧方法[M]. 北京: 中国城市出版社, 1995.

[118] 吴志红. 再探温州民营经济: 别是一乾坤[EB/OL]. (2019-11-15) [2025-02-26]. https://www.rmzxb.com.cn/c/2019-11-15/2466484. shtml.

[119] 肖珍教. 国外校企合作、工学结合教育的发展与启示[J]. 职业教育研究, 2007(11): 177-178.

[120] 谢浩, 赵昕, 杨广俊, 等. 职业教育、高等教育、继续教育协同创新的内涵、历史演进及政策指向[J]. 中国职业技术教育, 2024(6): 21-27+37.

[121] 徐世浩, 陈龙根. 成人高等教育人才培养与企业人力资本提升耦合机制的比较研究[J]. 教育学术月刊, 2012(1): 80-82.

[122] 许丽梅, 黄华斌, 沈金海, 等. 地方本科院校"立德树人"+"校企合作"人才培养模式探索[J]. 当代教育理论与实践, 2023, 15(3): 112-117.

[123] 许日华. 转入善治: 高校继续教育迈向治理现代化的时代议题[J]. 职教论坛, 2022, 38(1): 112-120.

[124] 严冰, 张晓华. 开辟数字化学习新疆域: 广州市推进学习型城市建设的创新探索[M]. 北京: 中央广播电视大学出版社, 2013.

[125] 杨彬. 协同创新视角下的继续教育校企联盟研究[J]. 教育发展研究, 2013, 33(09): 64-68.

[126] 杨彬，张艳超. 成人教育"产学研"融合模式路径探索：基于温州地区企业教育改革的思考[J]. 高等农业教育，2013(2)：114－117.

[127] 杨丽茹. 比较教育研究方法论中的结构功能主义：从帕森斯、安德森到卢曼、施瑞尔[J]. 外国教育研究，2009，36 (12)：27－32.

[128] 叶忠海. 大学后继续教育创新发展的战略思考[J]. 教育发展研究，2006，(21)：78－80.

[129] 叶忠海，大学后继续教育论[M]. 上海：同济大学出版社，2011.

[130] 叶忠海. 论构建继续教育体系的理论基础和构架[J]. 成人高等教育，2007(1)：3－6.

[131] 于文浩. 工作场所中知识型专业人才的共创性学习：基于一家咨询企业的案例研究[J]. 终身教育研究，2020，31(2)：34－41.

[132] 张斌，武宸妤. 国际角度下的职业技能培训：以德国、瑞士、韩国、日本等国家为例[J]. 中国人力资源社会保障，2020(12)：20－21.

[133] 张车伟. 中国人口与劳动问题报告. No.19，中国人口与劳动经济40年：回顾与展望[M]. 北京：社会科学文献出版社，2018.

[134] 张创伟，肖绿英. 三重螺旋驱动下的技能生态系统模型构建及实践研究[J]. 终身教育研究，2024，35(4)：21－28.

[135] 张国安. 服务的力量[M]. 武汉：华中科技大学出版社，2013.

[136] 张荷，詹王镇. 高职学分银行社会化衔接的构建[J]. 西北成人教育学院学报，2016(6)：25－27＋77.

[137] 张蕾，罗建婷. 创业创新与成人高等教育转型发展：中国成人教育协会成人高等教育理论研究委员会第十九届年会综述[J]. 高等继续教育学报，2016，29(1)：49－53.

[138] 张仁开. 上海支持企业牵头组建创新联合体的思路及建议[J]. 科技中国，2022(5)：12－16.

[139] 张艳超，周志峰. 文献挖掘与可视化实验教材[M]. 沈阳：东北大学出版社，2020.

[140] 张艳超. "互联网＋"视阈下我国地方高校继续教育与企业教育融合发展研究[M]. 沈阳：东北大学出版社，2020.

[141] 张艳超. 面向企业教育的开放大学课程建设探究[J]. 远程教育杂志，2013，31(3)：93－98.

[142] 张艳超. 生态视角下我国高等学历继续教育可持续发展研究[M]. 武汉：武汉大学出版社，2021.

[143] 张艳超，吴刚，马香媛."文化—历史"活动理论视角下科学家精神与企业家精神融合研究[J]. 河北工程大学学报（社会科学版），2023，40（2）：87-93.

[144] 张艳超，徐昊宇，赵杰. 技能型社会构建中的继续教育校企联盟：内涵特征、演进分析和发展策略[J]. 终身教育研究，2024，35(5)：30-39.

[145] 张艳超. 转型期普通高校继续教育信息化建设研究[M]. 武汉：武汉大学出版社. 2015.

[146] 张艳超. 资源依赖论视阈下高校成人教育与企业教育深度融合研究[J]. 成人教育，2013，33(11)：11-14.

[147] 郑永年：ChatGPT 时代，大学存在的理由是什么？[EB/OL]. (2024-02-16)[2025-01-02]. https://mp. weixin. qq. com/s/JJOdepfoGUDw3J2AGGTueA.

[148] 郑永年. 共同富裕的中国方案[M]. 杭州：浙江人民出版社，2022.

[149] 中共中央办公厅，国务院办公厅. 中共中央办公厅 国务院办公厅印发《关于推动现代职业教育高质量发展的意见》[EB/OL]. (2021-10-12)[2025-02-25]. https://www. gov. cn/zhengce/2021/10/12/content_5642120. htm.

[150] 中共中央，国务院. 中国中央 国务院印发《中国教育现代化 2035》[N]. 人民日报，2019-02-24(001).

[151] 中华人民共和国教育部. 高校继续教育改革发展研讨会暨高校继续教育服务学习型城市、学习型企业发展论坛在四川成都召开[EB/OL]. (2012-10-11) [2025-02-25]. http://www. moe. gov. cn/jyb_xwfb/gzdt_gzdt/moe_1485/201210/t20121011_143132. html.

[152] 中华人民共和国教育部. 教育部关于印发《教育信息化 2.0 行动计划》的通知 [EB/OL]. (2018-04-13)[2025-02-25]. http://www. moe. gov. cn/srcsite/A16/s3342/201804/t20180425_334188. html.

[153] 中华人民共和国教育部. 开创新时代普通高校学历继续教育改革发展新局面：教育部职业教育与成人教育司负责人就《教育部关于推进新时代普通高等学校学历继续教育改革的实施意见》答记者问[EB/OL].

(2022 - 08 - 17)[2025 - 02 - 25]. http://www.moe.gov.cn/jyb_xwfb/
s271/202208/t20220817_653287.html.

[154] 中央教育科学研究所调研组. 学有所教：为制定《国家中长期教育改革
和发展规划纲要》提供的六十条建议[J]. 教育研究, 2009, 30(3)：
3 - 25.

[155] 周鹏, 许艺馨, 韦明杰, 等. "碳达峰、碳中和"背景下高职环保类专业
实践教学体系重构研究[J]. 中国教育技术装备, 2024(9)：127 - 130.

[156] 周跃, 李道永, 高山. 中国矿业大学继续教育学院：坚守服务行业初心
办高质量继续教育[N]. 光明日报, 2024 - 04 - 23(10).

[157] 朱小军. 多元合作共治：职业教育校企合作的路向选择[J]. 职教论坛,
2016(7)：31 - 35.

[158] 朱孝平, 林晓伟, 张剑平. 虚实融合的实训教学环境及应用研究：以数
控加工为例[J]. 中国电化教育, 2015(12)：87 - 92.

索引

B

本科高校　80,91－93,98,133,202

C

产教融合　8,12,15,17,20,37,44,
  49,50,57,67,74,79,80,82,106,
  107,143,149－151,157,163,164,
  173,176,181,192－194,196,201,
  202,213,216,219－222

成人教育　22,30,31,44,45,48,62,
  68,70,73,75,77,80,87,101,150,
  153－155,158,163,184,185,221

创新联合体　80,163－167,175,176,
  215,223

D

大学后继续教育　69,73,204

G

高等教育　12,21,30,36,44,45,75,
  77,79,84,87,93,146,147,149－
  152,157,161－163,167,168,172,
  181,183,185,192,193,202,203,
  205,219－221,224

高技能人才　15,82,83,87,153,
  158,163,164,192,214,217

高职院校　16,44,80,91－93,129,
  149

管理人才　97,116

H

行业协会　23,24,41,46,49,50,98,
  100,105,106,124,133,134,150,
  164,182,183,197,201,204,205,
  218

J

技能型社会　3－5,7－9,13,15,17,
  18,29,33,35,44,47,59,60,62,
  74,79－82,84,92,153,159,163,
  183,192,203,205,213－215,
  217－220,223

技术人才　12,16,72,96,107,175

继续教育　3,11,16,17,19－27,29,
  30,32－38,40,44－49,51,54,

58—61,63,65,67—73,75—85,
87,89,91—102,105,106,112—
116,122—124,132—137,139,
141,143—153,155,157—164,
167,170,172—177,179—186,
188—208,211,213,216—223,
225—227

继续教育校企联盟 1,27,29,30,33—
37,39—44,46,48—51,53,54,
59—65,67,68,72—74,76—89,
91—93,98—100,102,112—116,
122,123,128—130,132—136,
141,143,157,159—161,174,175,
177,179—184,186—198,200,
202—209,211,213—221,223,
225—227

K

可持续发展 37,43,44,58,63,71,81,
83,86,100,103,113,123,125,
139,147,171,173,182,201—204,
207,213,216,217

L

立交桥 20,214

P

培训基地 100,124,134,137,155
培训项目 9—14,18,25,48,50,
148,153,155,156,184,185,189—
191,195,196,206,216,225,226

Q

企业联盟 77,98,116,133,158
企业需求 38,83,87,92,97,102,
113,116,119,120,162,169,174,
182,189—191,214,224,225
区域性 1,17,27,29,33—35,46,
48—51,53,54,59,62,65,67,76,
80,81,84,89,91—93,98—100,
102,112—116,123,124,133—
136,139,141,143,144,151,157,
158,163,164,167,174,175,177,
179,186,187,190—192,196,
202—205,211,214,215,218,220,
222,223,227

R

人才供给 92,98,107,132,139,151,
215,224
人才需求 12,92,97,106,107,116,
125,126,138,152,169,217,218
人工智能 6,72,73,79,83,85—87,
107,149,172,175,176,186,193,
214,221

S

社会招聘 233
市场营销 116

X

新质生产力 146,214,216

信息技术 10,16,70,72,73,76,79,
81,85,86,94,107,113,115,162,
172,175,176,192—194,204,214,
215

学分银行 17,22,47,145—147,150,
153,171,187,203,222,223

学历提升 100,123,134,135,137,
161,162,170,172,174,185,214

学习型社会 1,3,5—12,14—18,21,
22,31,36,44,76,80,84,92,93,
113,147,149,152—159,167,174,
183,185,223

Y

优化整合 169
院校联盟 98,116,133

Z

政策引导 8,15,19,20,22,43,69,

103,106,116,124,125,137,139,
174,180,214

政策支持 15,18,47,50,82,92,114,
125,135,139,175,180,189,195,
196,207,208,214,218

职业技能 12—14,16,17,33,35,37,
46,47,60,68,70,82,83,85,92,
95,102,153,156,161,171,172,
174,184—186,195,219

职业培训 10,12—14,17,19,20,48,
73,84,87,172

资源整合 34,36,41,46,50,92,98,
109,116,134,137,149,151,174,
192,197,206,208,213—216